基于代际传承的浙江家族企业创始人烙印演变研究：路径、影响机制与效果

刘晖 著

科学技术文献出版社
·北京·

图书在版编目（CIP）数据

基于代际传承的浙江家族企业创始人烙印演变研究：路径、影响机制与效果 / 刘晖著. —北京：科学技术文献出版社，2022.4
ISBN 978-7-5189-9056-6

Ⅰ.①基… Ⅱ.①刘… Ⅲ.①家族—私营企业—企业管理—研究—浙江 Ⅳ.① F279.245

中国版本图书馆 CIP 数据核字（2022）第 051443 号

基于代际传承的浙江家族企业创始人烙印演变研究：路径、影响机制与效果

| 策划编辑：周国臻 | 责任编辑：韩 晶 | 责任校对：王瑞瑞 | 责任出版：张志平 |

出 版 者	科学技术文献出版社
地　　址	北京市复兴路15号　邮编100038
编 务 部	（010）58882938，58882087（传真）
发 行 部	（010）58882868，58882870（传真）
邮 购 部	（010）58882873
官方网址	www.stdp.com.cn
发 行 者	科学技术文献出版社发行　全国各地新华书店经销
印 刷 者	北京厚诚则铭印刷科技有限公司
版　　次	2022年4月第1版　2022年4月第1次印刷
开　　本	787×1092　1/16
字　　数	229千
印　　张	10.25
书　　号	ISBN 978-7-5189-9056-6
定　　价	42.00元

版权所有　违法必究

购买本社图书，凡字迹不清、缺页、倒页、脱页者，本社发行部负责调换

前　言

作为企业管理的核心人物，浙江家族企业创始人历来以艰苦奋斗、勤劳勇敢闻名于世，他们经历了企业的从无到有，为企业的生存和发展贡献颇多，也在此过程中积累了特有的经验，可以说创始人在企业多年的经营管理已经深深地烙印在企业认知、结构、资源和文化等层面的核心内容中。当前浙江家族企业处于代际传承的关键时期，也是企业发展过程中的关键敏感期，而家族企业代际传承的本质是显性控制权和隐性权威在创始人和继任者之间的传递，在此期间企业会经历一系列巨大变化，新的规则和信念逐渐替代旧的规则和信念，创始人烙印也必然发生相应的改变。从现有研究看，关于家族企业创始人烙印的研究主要集中在企业初创期创始人烙印的形成机制上，而鲜有文献将代际传承过程和创始人烙印演变过程"并轨"，并站在代际传承的视角研究创始人烙印在传承过程中的整体演变机制及演变对企业传承效果的影响。

针对上述问题，本书通过应用代际传承理论和烙印理论等进行理论分析，并通过探索性案例分析和实证研究的方法，将创始人烙印演变置于家族企业传承的特殊背景之中，主要进行了以下几个方面的研究工作。①代际传承背景下创始人烙印演变的路径。在总结归纳敏感期含义的基础上，本书将家族企业代际传承过程中创始人烙印的演变分为渐变期、剧变期和质变期3个时期，并对应传承的准备阶段、进行阶段和完成阶段3个阶段，分别研究创始人认知烙印、结构烙印、资源烙印和文化烙印4种烙印在3个不同敏感期的演变情况，研究发现在各个敏感期创始人烙印的演变有所不同，在渐变期认知烙印和结构烙印不发生演变，而资源烙印和文化烙印会发生小幅衰退，在剧变期认知烙印和结构烙印衰退较快，而资源烙印和文化烙印衰退较慢，在质变期4种烙印均会呈现大幅衰退。

②代际传承背景下创始人烙印演变的影响机制。本书将传承情境作为影响创始人烙印演变的本质原因，以代际冲突、组织变革和创始人帮扶为解释变量，以隐性知识转移为中介变量，以认知烙印、结构烙印、资源烙印和文化烙印4种烙印为被解释变量，构建了"传承情境—隐性知识转移—创始人烙印演变"的影响机制与作用机制，研究发现，在家族企业代际传承过程中，创始人与继任者的冲突及发生的组织变革会加快创始人烙印衰退，而创始人对继任者在继任方面的帮扶则有利于创始人烙印的维持，同时，双方有效的隐性知识转移也能够对创始人烙印的维持发挥积极作用。③创始人烙印演变对传承效果的影响。本书主要探究代际传承结束后创始人烙印的演变结果对家族企业传承效果的影响，以认知烙印、结构烙印、资源烙印和文化烙印4种烙印为解释变量，以跨代创业为调节变量，以任务绩效、关系绩效和创新绩效为被解释变量，为家族企业传承效果的差异性提供新的解释，研究发现创始人烙印的不同演变情形对企业传承后的绩效有着显著影响，继任者的跨代创业发挥了显著的调节作用。

本书的研究意义和创新之处在于提出了代际传承作为家族企业生命周期中的特殊敏感期，其与初创期所经历的环境资源和家族情境有着本质区别，并进一步认为家族企业创始人烙印演变的差异性是由代际传承过程中家族情境的异质性造成的，据此探究在代际传承背景下家族企业创始人烙印是如何演变的，其影响机制是什么，以及烙印演变后的结果对家族企业代际传承后的成长所产生的影响，这将有助于拓深在家族企业代际传承与烙印动力学等领域的成果。这在实践上为维持浙江家族企业创始人烙印提供了可行性路径，也有利于浙江家族企业创始人和继任者更清晰地透视创始人烙印演变对家族企业传承效果的影响，从而为浙江家族企业的代际传承提供一定的管理经验。

本书的出版得到浙江省哲学社会科学规划基金项目"'余威'尚在？基于代际传承的浙江家族企业创始人烙印演变研究：路径、影响机制与效果"（课题编号：21NDJC319YBM）的资助。

家族企业代际传承是家族企业为保持家业长青所必须面临的问题，是一个需要不断探索和长期深入研究的课题，本书以代际传承的视角研究家族企业创始人烙印的演变路径、影响机制与效果，由于存在样本量较少等客观因素，因此研究成果仍有诸多不足之处，欢迎社会各界批评指正，以助我们进一步修改完善。

目 录

1 引言 ... 001
1.1 选题背景 ... 001
1.1.1 现实背景 ... 001
1.1.2 理论背景 ... 002
1.2 研究意义 ... 004
1.2.1 理论意义 ... 004
1.2.2 现实意义 ... 005
1.3 关键概念界定 ... 006
1.3.1 家族企业 ... 006
1.3.2 代际传承 ... 006
1.3.3 创始人烙印 ... 007
1.4 研究目标、内容、方法和可能的创新点 ... 008
1.4.1 研究目标 ... 008
1.4.2 研究内容 ... 008
1.4.3 研究方法 ... 009
1.4.4 可能的创新点 ... 011
1.5 研究框架和内容安排 ... 011
1.5.1 研究框架 ... 011
1.5.2 内容安排 ... 012
1.6 本章小结 ... 013

2 文献综述与理论基础 ... 014
2.1 文献综述 ... 014
2.1.1 组织烙印的内涵与特征 ... 014
2.1.2 组织烙印的来源 ... 019

2.1.3 组织烙印的固化 ··· 026
　　2.1.4 组织烙印的影响 ··· 028
　　2.1.5 研究评述 ·· 031
2.2 理论基础 ·· 031
　　2.2.1 代际传承理论 ·· 031
　　2.2.2 组织变革理论 ·· 035
　　2.2.3 家族创业理论 ·· 038
2.3 本章小结 ·· 040

3 创始人烙印演变的影响因素和效果：探索性案例研究 ················ 041

3.1 案例研究方法概述 ··· 041
　　3.1.1 案例研究的原理和思路 ·· 041
　　3.1.2 案例研究的分类 ·· 042
　　3.1.3 案例研究的步骤 ·· 043
3.2 研究设计 ·· 044
　　3.2.1 理论预设 ·· 044
　　3.2.2 案例选择 ·· 046
　　3.2.3 调研过程与访谈对象 ·· 047
3.3 案例分析与初始假设命题提出 ··· 051
　　3.3.1 创始人烙印演变的直接影响因素 ·· 051
　　3.3.2 隐性知识转移对创始人烙印演变的中介作用 ··························· 056
　　3.3.3 创始人烙印演变对传承效果的影响 ··· 058
　　3.3.4 跨代创业对传承效果的调节作用 ·· 060
3.4 本章小结 ·· 061

4 基于代际传承的家族企业创始人烙印演变机制：理论分析 ·········· 063

4.1 家族企业代际传承中的敏感期 ··· 063
　　4.1.1 敏感期的内涵 ·· 063
　　4.1.2 代际传承过程中敏感期的阶段 ··· 064
4.2 基于代际传承的家族企业创始人烙印演变阶段 ································ 066
　　4.2.1 渐变期创始人烙印演变机制分析 ·· 066
　　4.2.2 剧变期创始人烙印演变机制分析 ·· 071

  4.2.3　质变期创始人烙印演变机制分析 ·· 075
 4.3　创始人烙印演变的效果分析 ·· 079
 4.4　本章小结 ··· 081

5　基于代际传承的创始人烙印演变影响机制：实证研究 ································ 082
 5.1　关键问题界定 ··· 082
 5.2　研究变量的选取和测量 ··· 083
  5.2.1　变量的选取 ··· 083
  5.2.2　变量的测量 ··· 088
 5.3　模型构建与研究假设 ··· 094
  5.3.1　模型构建 ··· 094
  5.3.2　研究假设 ··· 094
 5.4　数据分析与假设检验 ··· 098
  5.4.1　样本基本情况 ·· 098
  5.4.2　量表质量分析 ·· 099
  5.4.3　研究假设检验 ·· 104
 5.5　研究发现与讨论 ··· 108
 5.6　本章小结 ··· 109

6　创始人烙印演变与传承效果：实证研究 ··· 110
 6.1　关键问题界定 ··· 110
 6.2　研究变量的选取和测量 ··· 111
  6.2.1　变量的选取 ··· 111
  6.2.2　变量的测量 ··· 111
 6.3　模型构建与研究假设 ··· 114
  6.3.1　模型构建 ··· 114
  6.3.2　研究假设 ··· 114
 6.4　数据分析与假设检验 ··· 119
  6.4.1　量表质量分析 ·· 119
  6.4.2　研究假设检验 ·· 121
 6.5　研究发现与讨论 ··· 124
 6.6　本章小结 ··· 124

7 结论、不足与展望 ······ 125
7.1 主要结论 ······ 125
7.2 理论贡献和管理启示 ······ 126
7.2.1 理论贡献 ······ 126
7.2.2 管理启示 ······ 127
7.3 不足之处和研究展望 ······ 127
7.4 本章小结 ······ 128

附录一 探索性案例研究企业访谈提纲 ······ 129

附录二 创始人烙印演变与浙江家族企业传承调查问卷 ······ 131

参考文献 ······ 139

1 引言

浙江大多数家族企业由于发展时间相对较短，仍然由一代创始人掌管经营，一代创始人往往是家族企业的核心人物，其行事风格、思维范式与经营理念自企业开创后就深深地扎根其中并产生烙印作用，对企业的可持续发展与代际传承有着长期且深远的影响。本章作为引言部分，主要对全书的选题背景，研究意义，关键概念界定，研究目标、内容、方法和可能的创新点，以及本书的研究框架和内容安排做了介绍。

1.1 选题背景

1.1.1 现实背景

我国改革开放 40 多年来，浙江家族企业作为民营企业的主力军，推动着浙江省经济持续快速发展。无论是理论界还是实务界，均对家族企业特殊的代际传承、治理结构、家族文化及创新创业等方面产生浓厚的兴趣。从浙江家族企业传承面临的现实背景来看，这些家族企业的一代创始人年龄普遍达到了 50 岁以上，从更好地应对不确定性风险等方面考虑，一代创始人应该把培养接班人的工作放在重要位置。国内几个家族企业传承失败的案例也表明，随着一代创始人年龄的增长，其自身的健康风险、突发情况发生的可能性处于较高的状态。

《2019 年全球新生代调研——中国报告》[①] 显示，预计将有高于全球平均水平 70% 的中国内地二代家族成员从商学院毕业，并且掌握外语技能；33% 的家族二代认为首要任务是证明自己——他们往往受过良好的教育，可以推动创新和突破传统思维；67% 的一代希望二代从家族企业内部获取经验或达到其职位专业工作要求。同时应注意到，创始人是家族企业创立伊始的精神领袖，他们通过对各种有利资源的拼凑、协调与整合组建企业，对企业设定规则、秩序和程序并创建文化，引领企业不断发展壮大，在企业各个生命周期中均扮演着举足轻重的核心角色（Anderson et al., 2003；夏立军 等, 2012）。家族企业创始人的目的还在于提高其个人、家庭和家族的福祉，家族控制使企业被家族底层逻辑、价值观和信念渗透（梁强 等, 2020）。一代创始人往往集创业者、决策者和经营者于一身，由此形成的家族权威不

---

① 资料来源：https://www.pwccn.com/zh/entrepreneurial-and-private-business/nextgen-survey/nextgen-survey-china-report-2019.pdf。

仅源于法律赋予的家族所有权，创业历程中形成的人格特征、经验和领袖魅力也是权威的重要来源（李新春 等，2018）。由此可见，创始人作为企业的灵魂人物，使企业原有秩序和文化深深地留下了创始人的烙印。

然而，Politis（2005）指出，创始人部分经验对继任者的影响会随着时间的流逝而逐渐衰弱甚至消失，但有一些经验对继任者的影响会一直延续，从而改变其看待和思考世界的方式。《民企二代生存现状调研报告》[①]显示：有72%的"富二代"认为自己和创始人的成功模式有很大区别，有49%的"富二代"并不认同创始人的经营与管理理念。Miller等（2003）更明确地指出：根据福布斯《2014年中国家族企业调查报告》，二代继任者掌权的家族企业表现引人注目，净利润增速高达11.5%，与创始人掌权家族企业2.5%的增长速度相比，可谓一骑绝尘。一般情况下，创始人CEO作为家族企业的开创者，对企业有着强烈的控制欲和占有欲，但随着时间的推移和环境的变迁，其经验和才能未必能一直满足企业成长的需要。有研究发现，企业的生命周期存在阈值，一旦超过这个阈值，创始人的经验和才能将难以维持企业的后续成长，就必须功成身退让位给更适合的继任者。相较创始人CEO，家族继任者在学历、精力、理论知识及国际视野等方面更具比较优势，这些要素将会引导企业迈入新的发展阶段，提升家族企业未来的绩效。

由此可见，浙江家族企业创始人和继任者之间知识和价值观的传递进程是长久而艰难的，在代际权杖接力的背后，创始人烙印必然发生深刻变化，这些变化又会引起企业传承后的绩效变化，这也构成了本书研究的现实背景。

1.1.2 理论背景

近年来，我国学者对组织烙印在管理领域的作用有着广泛兴趣并开展了一定程度的研究。组织烙印起源于西方发达国家社会经济活动的实践，现有的大多研究成果也得益于将发达国家企业作为样本进行理论总结和实证检验。黄勇等（2014）对国际主流期刊关于组织烙印的研究成果开展系统梳理，详细阐释了组织烙印的概念、形成过程、固化及未来研究方向。黄永聪（2015）根据上市公司的相关数据，在文献研究的基础上通过实证研究，采用"制度烙印—企业行为"的研究范式，建立了中国企业治理背景下企业创始期制度烙印与跨省并购速度之间的逻辑关系。田莉（2010，2012）重点研究了初创企业生存与成长的初始条件，构建了新的研究框架来反映初创企业的初始条件和未来成长之间的关系，并提出企业初始战略的演化时间和条件是在组织烙印和变革驱动两种力量的交互影响下发生变化的，以此构建了一个整合模型。王砚羽等（2016）在阐释组织烙印概念的基础上，分析了组织烙印可能的作用领域，深入剖析组织烙印的产生和持续性机制，构建了组织烙印固化作用的系统动力学模型。戴维奇等（2016）阐述了民营企业家能力烙印与认知烙印对"赚快钱"的作用。梁强等（2017）基于组织生态学视角，通过质性研究法，构建了初创企业的烙印因素与企业绩效之间的关系模型，研究发现：市场空间的成长性、企业资源禀赋、创业者特征等烙印因

---

① 《民企二代生存现状调研报告》，由接力中国青年精英协会和上海青年家园民间组织服务中心于2010年发布。其对来自我国12个省份的130位企业家二代进行了问卷调研和访谈。相关网址：http: news.cnnb.com.cn/system/2010/06/30/006582099.shtml。

素显著影响初创企业的战略选择。自 Marquis 等（2013）系统化地将烙印理论进行界定和综述后，烙印的概念已经用于各种情境和不同层次的分析研究。这些研究的统一主题是一个实体（个人、团体、组织）能够发展和传递突出特征（如知识、价值观、技能）到另一个实体（个人、团体、组织），这些突出特征持续存在。

（1）个人烙印者中创始人烙印的研究

个人烙印者一般是企业创始人或创始团队（Beckman et al., 2008）。个人有两种方式能够成为烙印者。首先，个人本身是所处环境的集合产物，因此，他们能够代表一个有力的信息传播渠道，将某时间范围内和某地点发生的独特事件传递给公司。例如，Hannan 等（1996）指出创始人将创业环境的元素和他们自己的心智模型传递给公司。创始人选择将自身特异元素纳入公司管理和经营，导致组织间存在持久的异质性。创始人的想法烙印到新的组织中作为侧面的势力影响着产业范围的公司环境，创造对组织的长期影响。其次，个体特征可以直接、间接或选择性地对公司的结构、战略进行烙印，并影响随后的绩效。Charles E. Eesley 探究了企业创始团队中冒险想法形成的组织环境和绩效之间的关系，主要聚焦在战略行为和产出的关系上，揭示了组织不同阶段的烙印与创始人特征之间的相互关系，从而使不同市场环境下组织绩效有了差异。Harris 等（1999）研究了创始人采用初始战略愿景的策略组合问题，从而产生战略红利（创始人的初始愿景是变化的，是适应性的）或战略不适（创始人的视野制约了企业的权变能力），这取决于他们的烙印程度和当前环境的影响。在创始人和组织结构中有类似的研究，如追踪组织战略、雇佣模式和蓝图方面的内容（Baron et al., 1999; Baron et al., 2002）。

然而，个人的烙印作用并不局限于组织的初创时期，也有可能发生在职位交替和组织重构的过渡时期。最突出的实例就是同一职位前任、现任之间的关系，特别是当前任是初始位置的持有者或是团队中跨边界的角色时（Burton et al., 2007）。Gentz Franz 的研究中就说明了这个问题。当前任占据职位时，他们会成为这个职位角色的制定者，他们会按照个人经验和偏好制作和修正这个角色，并因此产生一个独特的位置，将烙印传递给未来的继任者。前任的烙印是一个过程，通过传递成功角色关键的特征给继承者，使他们被同事、导师和领导者所瞩目，有明显的提示告诉他们如何去做。在这种方式下，当烙印存在于家族企业中时，创始人作为前任对现任、二代继任者的烙印作用就变得清晰可见。

（2）家族企业中创始人烙印的研究

在专门针对创始人烙印研究的方面，Giovanni 等（2016）对创始人烙印的整个机制和过程进行了研究。他将创始人烙印机制定义为：在短暂的敏感期，创始人（创始人团队）采用烙印的方式，将他们的认知和经验模式传递给组织。无论之后有无显著的环境变化，这种模式继续留存。这种模式指的是企业家创建一个新企业（涉及其战略、组织、结构等）的整套框架，与烙印过程密切相关。

Giovanni 等（2016）提出了 3 种烙印机制，包括架构、扩散和转移。第一个机制是架构，是指将现有的有形资源和无形资源进行重整、重组和重构。这些资源包括战略、产品、实践、过程、结构和市场。通过 3 种方法来识别特定的框架，包括：内部方面企业家的自我评估；横向与其他类似企业的比较；对企业基础组织特征的事后历史纵向分析。第二个机制是扩散，通过组织动员或组织联盟的方式构建合法化。第三个机制是转移，转移的烙印过程可以产生4种结果：成功（原有企业家模式的传播或持续）；失败（原有企业家烙印被遗弃，新的烙印被刻上去）；转型（原有企业家与他人模式两者的结合）；未解决的争议。该研究是基于烙印过程来探究创始人的烙印机制的，将企业家前期建立的烙印视为通过一些必备的元素搭建框架和模式的过程。进而这种模式产生扩散和转移给其他实体的效应，所带来的结果以烙印转移到实体上的程度来进行划分。它提供了对创始人烙印的关注与机制的解释，但并未置于家族企业研究的情境中。在家族企业中，创始人的这种烙印作用更为显著。

虽然现有文献中对个人层面烙印者（企业家及创始人）的研究较多，但是对家族企业创始人烙印的研究尚不完善。这使得我们对创始人烙印作为家族企业中代际传承关键影响因素的理解仍然有限。

1.2 研究意义

1.2.1 理论意义

作为企业管理的核心，家族企业的创始人是企业成长的关键部分，决定了企业最初的组织架构和战略方向，也是企业持续经营与业绩稳定的重要保障（Blake et al., 2014）。诸多研究发现，家族企业在创始之初极易受到创业资源和环境的影响（Dobrev et al., 2010），从而被深深地打上能反映当时创业条件各项特征的烙印，创始人作为其中一个重要影响源，其早期决策和环境条件对新企业成长和生存有着深远影响（Marquis et al., 2010）。例如，创始人在敏感期形成的经验对后续创业决策，特别是战略选择具有深远影响（Mathias et al., 2015）；创始人的政治关联决定了企业"赚快钱"的偏好并长久存在于企业中（戴维奇 等，2016）；家族企业创始人的传统性会影响家族成员管理者的战略行为，具体表现为管理者的心态、理念、价值观、行为和风格等方面（Kelly et al., 2000）。这些研究总体上得出如下三点结论：一是家族企业初创期是一个敏感期，在此期间极易受到外界影响而留下烙印；二是家族企业创始人作为个体影响源可以对组织进行烙印并留下其特征；三是随着时间的推移，这些特征仍然存在。

然而从家族企业生命周期来看，敏感期并非只有初创期，产品和要素市场的不连续性时期（Dieleman, 2010）、新市场进入时期（Benne et al., 2012）、业绩不佳或危机时期（Baker et al., 2010）及高级管理层重大变动时期（Datta, 2003）都有可能成为家族企业的敏感期。从家族企业自身角度来看，由于代际传承是一个复杂且充满不确定性的过程，可能会引起企业结构、文化、制度的根本改变，在家族企业传承中权力的交接会产生一定的破坏性（陈凌 等，2003），因此企业的组织结构和行为会受到家族情境的深刻影响（Williamson, 2000），从而可能成为更为特殊的敏感期（李博文，2017）。Marquis等（2013）对烙印动力学进行了研究，提出企业在其生命过程中存在多个敏感期的可能性，以及随着时间推移创始人烙印的持久性和衰变之间有着紧密联系，这扩大了烙印研究的范围，远远超出企业创始时期单个敏感期的范畴。Simsek等（2015）在此基础上将烙印形成之后的变化总结为4种类型，即持续、放大、衰退和破坏。Giovanni 等（2016）提出烙印过程可以产生 3 种可能的结果，即持续、遗弃和转型。但是上述研究只是构建了烙印演变的通用框架，并没有说明家族企业在代际传承这个特殊敏感期创始人烙印是如何演变的。

同时，大量有关代际传承的实证研究发现，代际传承不利于企业价值的实现（Villalonga et al.，2006），其原因主要包括：家族企业继任者已经不满足于被动接受创始人的安排（孙秀峰 等，2017），区别于创始人的战略惯性，家族企业继任者会基于自身价值观与认知能力重新调整企业战略（李新春 等，2016）；家族企业继任者掌权的家族企业更注重强化家族控制，也更偏好保守型的战略政策，从而损害企业绩效（刘静 等，2017）；创始人卓越的管理经验和丰富的网络资源无法有效转移（Bennedsen et al.，2007）；继任者缺乏管理经验或继任者选择失灵（Caselli et al.，2013）；家族潜在继任者之间的权力战争（Bertrand et al.，2008）；等等。鲜有文献站在创始人烙印演变的角度研究其对家族企业代际传承的影响。

因此，本书提出代际传承作为家族企业生命周期中的特殊敏感期，其与初创期所经历的环境资源和家族情境有着本质区别，并进一步认为家族企业创始人烙印演变的差异性是由代际传承过程中传承情境的异质性造成的，据此探究在代际传承情境下家族企业创始人烙印是如何演变的，其影响机制是什么，以及烙印演变的结果对家族企业代际传承后的成长所产生的影响，这将有助于拓深家族企业代际传承与烙印动力学等领域的成果。

1.2.2 现实意义

烙印理论有助于理解家族企业传承过程的重复性和动态性，打破对传承路径单一性、不可逆性、被动性的固有认知，解释和分析认知框架为什么及如何随着时间的推移而褪色，或者如何与新的框架并置或融合。从实践角度看，在代际传承的情境下，Peter（2012）认为管理好烙印过程及对组织发展的后续影响才是最关键的，也就是处理好家族企业创始人烙印在企业传承情境异质性背景下的演变问题。本书通过构建家族企业代际传承过程中创始人烙印三阶段演变机制的理论框架，将家族企业传承过程中创始人烙印的演变分为渐变期、剧变期和质变期，为浙江家族企业创始人烙印演变研究提供了如下可操作的内容。

（1）代际传承中敏感期的认定

创始人烙印从起源以来会发生烙印持续、扩大、衰退和转变的动态变化，展现了烙印演变的一般规律。因此，家族企业除了关注初创期之外，也要重视企业成长过程中其他敏感期的影响，利用创始人烙印演变的一般规律引导企业健康稳定发展。代际传承作为企业发展的特殊时期，从传承准备至传承结束往往会经历漫长的时间，从而产生若干敏感期。本书在对家族企业代际传承阶段系统研究的基础上，将浙江家族企业传承阶段分为准备阶段、进行阶段和完成阶段 3 个阶段，并对应提出渐变期、剧变期和质变期 3 个创始人烙印演变的敏感期。

（2）提供了创始人烙印演变路径

创始人烙印在不同环境条件、价值观和准则下受到两代人的影响，基于年代的烙印比基于组织血统的烙印偶然，其影响力的持续性取决于代际传承的过程、路径和机制。继任事件事关企业各个层面，对于企业内部人员来说，掌权人继任可视为翻天覆地的管理变动，继任会直接影响企业的经济和政策环境的变化,同时使创始人烙印遭到破坏。一方面,家族企业继任者的接班一定会使企业内部的组织结构和团队成员发生变化,进一步引发企业内部经营环境变动;另一方面,继任者为家族企业的经营注入"新生力量",带来新的管理方式和资源,并引发企业内部组织、资源结构和文化认同等方面的变化,这些变化总体上会导致创始人烙印的衰退。

(3)揭示创始人烙印演变与传承后企业绩效的关系

刘静等(2017)研究发现,相较于继任者接任的家族企业,创始人管理的企业绩效更佳,即家族代际传承会导致企业绩效受损,原因是被创始人视为家族企业优势的特殊资源,在继任者接手后都会被弱化。可以认为对浙江家族企业长期发展有利的创始人烙印的衰退对企业后续成长是不利的,因此做好相关创始人烙印的维持工作将有利于企业的传承。

1.3 关键概念界定

1.3.1 家族企业

Church(1969)认为认定家族企业的必要条件是家族必须控制企业全部的所有权,Fröhlich(1991)提出以60%为临界值,当家族中某成员拥有60%及以上的资产所有权时,即可认定为家族企业。孙治本(1995)认为是否拥有经营管理权才是家族企业的本质特征和判断标准,即若家族成员或泛家族成员直接或间接掌控企业的经营管理权,那么该企业就应为家族企业。吕政(2002)指出家族企业是企业与家族的有机结合体,其不仅是一个经济组织,而且是一个社会伦理组织。储小平(2004)提出家族企业是以家族性资源为支配对象的家族关系契约和资源要素契约的综合体,是家族成员和泛家族成员对企业的所有权和经营权保持控制的一个连续性函数,是家族文化秩序在不同程度影响组织行为的经济组织。王世权(2008)认为家族企业需同时满足两个条件:一是家族成员控制企业全部或多数的所有权与经营权;二是家族成员实际掌管企业的经营管理活动。张潇镳(2013)在王世权(2008)的基础上提出家族企业必须满足5个条件:家族成员控制企业的所有权和经营管理权;企业的继任者是(泛)家族成员;家族成员与企业有共同的愿景;企业具有与家族相同的伦理文化和价值观;核心家族成员的关系网络与企业关系网络基本契合。

可见,学术界对家族企业的定义是多维度和动态化的,综合上述国内外诸多学者在不同视角下研究的观点,本书从经营管理权、所有权和控制权、家族和企业利益、权力更替、伦理文化5个方面来综合界定家族企业:家族企业是以血缘关系为基础、社会网络关系为补充进行运营的,(泛)家族成员持有企业临界持股比例(控制权比例)以上的,追求家族和企业双重收益目标的,所有权能够在家族内部进行合法自由转移的,家族和企业双重文化交叉的企业形态。

1.3.2 代际传承

代际传承是家族企业成长过程中的重要环节,关于代际传承的定义历来不乏争论和探讨，但基本聚焦在家族企业的两代之间应该传递哪些要素，根据贾生华等（2010）的总结，大致包括职位、领导权、所有权、管理权、控制权和企业本身等6个方面（表1-1）。

表1-1 代际传承的内涵

代际传承的内涵	研究类型	典型文献
企业领导人或领导职位的更替	理论研究	Grusky（1960），Hershon（1976）
	实证研究	Trow（1961），Birley（1986），Stavrou（2005）
企业领导权从一代人向下一代人的传递	理论研究	Matthews（1999），Sharma（2005）
	实证研究	Ibrahim（2001），Vera（2005）
企业所有权从一代人向下一代人的传递	理论研究	Gersick（1999），Surd（2001）
	实证研究	Ambrose（1983），Harveston（1997）
企业管理权或控制权从一代人向下一代人的传递	理论研究	Dimsdale（1974）
	实证研究	Sharma（2000），King（2003），Chittor（2007）
企业管理权及所有权从一代人向下一代人的传递	理论研究	Churchill（1987），Harvery（1994），Kimhi（1997），Burkart（2003）
	实证研究	Chau（1991），Swogger（1991），Murray（2003），Venter（2005）
企业从一代人向下一代人的传递	理论研究	Pettker（1989），Handler（1994）
	实证研究	Berenbeim（1990），Keating（1987），Mornis（1997）

本书认为，对于家族企业代际传承，除了要关注传承内容以外，还要考虑传承的对象和模式。基于中国的传统文化和法律法规，家族企业的所有权绝大多数都是由子女继承，而经营管理权则可能发生分离。基于此，本书认为代际传承是一个家族企业的上一代将所有权转移给子女，将经营管理权传递给子女、（泛）家族成员或外部职业经理人的过程，同时伴随着企业各类资源的重置，包括创始人烙印的演变。

1.3.3 创始人烙印

现有文献对于创始人烙印鲜有描述，相关研究主要还是集中在对组织烙印的界定上。组织烙印的产生过程体现了某种环境要素是如何映射到组织上的。在管理实践中，组织烙印现象广泛存在。在企业创建过程中，内外部环境中的制度、文化和知识均可能是组织烙印的来源，对组织的制度化、结构化和效率化产生持久的影响。受创始人特征和组织创建时敏感期环境条件两大主要因素的影响，组织会形成反映初始条件的特性，这些特性会持续存在并对组织产生深远影响。不少学者通过梳理研究文献发现，并非所有环境因素都会产生烙印效应，如果组织成立时对外部环境中某项因素的依赖程度不高，或者创始人自身的资源和行为能够打破初始条件中个别因素的约束，那么这些因素就难以形成组织烙印，即使这些因素最终产生了烙印效应，其效应大小也会存在比较大的差异。因此，可以认为组织烙印是将组织早期某些环境要素中的突出特征映射到企业上从而形成的组织特性，而创始人资源获取、转化和利用能力的差异可以从某种程度上解释不同创始人对其企业进行烙印后产生不同组织烙印的原因。本书重点研究创始人自身资源和特征在企业实践中形成的烙印。

因此，根据 Marquis 等（2013）的研究成果，从创始人视角出发，将创始人烙印界定为：创始人烙印的本质是组织烙印，是在短暂的敏感期内，组织发展过程中反映创始人突出特性的特征，即使后续时期组织环境发生了明显变化，这些特征仍然存在，具体包含认知烙印、结构烙印、资源烙印和文化烙印 4 个维度[①]。由以上定义可知由创始人特性形成的创始人烙印具备 3 个基本特征：①在特殊的敏感期，创始人施加的影响使得组织产生高度易感性；②组织能够及时反映敏感期创始人特征；③即使后期创始人变更或退出，在敏感期内形成的这些特征依然持续存在。

1.4 研究目标、内容、方法和可能的创新点

1.4.1 研究目标

本书的研究目标是通过对国内外家族企业代际传承及创始人烙印等相关研究的理论分析，研究在浙江家族企业代际传承过程中创始人烙印的演变机制，以及创始人烙印的演变结果和家族企业传承效果之间的关系，具体期望达到以下几个目标。

①敏感期作为企业发展历程中的关键时期，其产生的原因往往是企业内外部环境剧变，由于代际传承会促使企业最高领导者的更替，并产生一系列重大变化，因此在代际传承的特殊情境下，家族企业会经历哪些敏感期，在这些不同的敏感期内创始人烙印的各个要素是否也发生不同的变化。

②从微观角度来看，在家族企业代际传承过程中，创始人的哪些烙印会发生变化，在这个过程中会受到哪些因素的影响，是否和继任者的隐性知识转移有关，从而会得到什么样的演变结果，应该构建什么样的理论框架进行研究。

③根据 Simsek 等（2015）的烙印演变的远端效应对企业绩效影响的研究，创始人烙印演变对传承后的家族企业是否会产生影响，哪些烙印的何种变化是对企业有利的，反之，哪些烙印的何种变化是对企业不利的。

1.4.2 研究内容

本书旨在围绕代际传承影响家族企业创始人烙印演变及创始人烙印演变影响企业传承效果这两个核心问题，在文献梳理、理论剖析和实证研究的基础上，结合 Marquis 等（2013）的研究成果，首先构建了家族企业代际传承过程中创始人烙印三阶段演变机制的理论框架；然后具体研究每个阶段创始人烙印的演变机制，重点研究了传承情境（代际冲突、组织变革和创始人帮扶）和隐性知识转移对创始人烙印（认知烙印、结构烙印、资源烙印和文化烙

---

① 从烙印结果（imprinted）来看，Simsek 等（2015）将烙印定义为带有烙印源所施加的影响的标记实体，包括认知、结构、资源和文化 4 个部分。

印）演变的影响；最后研究代际传承结束后创始人烙印演变和跨代创业对传承效果的影响。具体内容包括以下几个方面。

（1）构建家族企业代际传承过程中创始人烙印三阶段演变机制的理论框架

将家族企业的代际传承划分为准备阶段、进行阶段和完成阶段3个阶段，分别对应创始人烙印演变的渐变期、剧变期和质变期3个时期，分别研究了各个传承阶段创始人烙印的演变情况及其影响因素，据此构建了家族企业代际传承过程中创始人烙印三阶段演变机制的理论框架，以此来研究各个阶段创始人烙印的演变机制，也为后文的实证研究提供了理论基础。

（2）探究家族企业代际传承过程中创始人烙印演变的影响因素及隐性知识转移的中介作用

该部分内容将创始人烙印划分为认知烙印、结构烙印、资源烙印和文化烙印4个维度，将传承情境分为代际冲突、组织变革和创始人帮扶3个维度，同时以隐性知识转移为中介变量，通过实证研究来探索传承情境与创始人烙印演变之间的直接效应及加入隐性知识转移后的中介效应。

（3）探究创始人烙印演变对家族企业传承效果的影响

该部分内容首先将家族企业传承效果分为任务绩效、关系绩效和创新绩效3个维度，以跨代创业为调节变量，通过实证研究来探索创始人烙印演变和传承效果之间的直接效应及加入跨代创业后的调节效应。

1.4.3　研究方法

（1）规范分析

本书通过对家族企业代际传承和烙印理论等大量相关文献资料的梳理，明确学术界对家族企业代际传承过程中创始人烙印演变研究的进展程度，挖掘相关研究成果，寻找其中的研究热点、兴趣点及"真空地带"，以此作为本书的研究基础。同时，在代际传承、家族企业治理和烙印演变等相关成果的基础上，确立了本书是站在代际传承的视角研究浙江家族企业创始人烙印问题，探究家族企业代际传承过程中创始人烙印的演变机制，即在此过程中哪些创始人烙印会发生演变，在这个过程中会受到哪些因素的影响，特别是继任者受隐性知识转移的影响，从而会得到什么样的烙印演变结果，创始人烙印变化后是否有利于家族企业传承。基于此，进一步通过文献整理确定了本书需要研究的传承情境、隐性知识转移、创始人烙印、跨代创业及传承绩效的构成维度，并确定了其测量的依据。

（2）探索性案例研究

采用案例法进行理论框架的探索，通过企业访谈、文献资料及企业文档形成"数据三角"。与浙江6个典型家族企业家进行面对面的语言交流，家族企业家生动、具体地描述本企业传承和烙印变化的经过，真实、自然地表达自己的观点和见解，并且由于访谈能够给予适当解释、引导和追问的机会，因此可探讨需要了解的复杂问题，并获得有价值的、深层次的信息。

访谈共涉及5块内容20个题项。第一块内容是询问公司的基本情况和发展历程（4个题项），主要是希望了解公司的基本发展情况及是否有过重大的历史事件；第二块内容是询问公司是如何开展代际传承的（代际传承从选择继任者开始到创始人退出公司为止，6个题项），主要是希望了解公司在代际传承过程中传承计划的制订、经历的阶段和代际冲突等情况；第三块内容是询问公司在代际传承过程中发生的组织变革情况（3个题项），主要是希望了解公司在代际传承过程中战略、组织制度、高管团队和业务范围等方面发生的变化；第四块内容是询问公司在代际传承过程中创始人烙印发生的变化（4个题项），主要是希望了解创始人认知烙印、结构烙印、资源烙印和文化烙印在代际传承过程中及结束后发生的变化；第五块内容是询问公司在代际传承后绩效方面发生的变化（3个题项），主要是希望了解公司在传承后任务绩效、关系绩效和创新绩效发生的变化。

采用数据编码归类的方法对通过访谈文件获取的文本资料进行分析与整理，从大量的定性资料里凝练主题，探讨前面在研究理论里提出的问题，然后进行渐进式编码，最后通过编码结果进行案例分析并提出理论预设。

（3）实证研究

本书的实证研究是通过问卷调查采集相关数据而实施的，首先是问卷的设计，本书附录二"创始人烙印演变与浙江家族企业传承调查问卷"分为3个部分，其中第二、第三部分的问卷均采用5点Likert量表形式设计。

第一部分为背景信息，主要是了解被调查公司的总体情况和企业家的个人情况，共计16个题项，其中和公司相关的有9项，和继任者相关的有6项，和创始人相关的有1项。

第二部分为创始人烙印演变的影响因素，主要测量三类变量，其中每一项测量条目均通过查阅相关文献和实地调研得出。一是自变量，即传承情境因素，共3个维度28个题项，其中，代际冲突主要测量在代际传承过程中创始人和继任者在传承意愿、思想观念、管理理念和文化认同等方面的冲突，共计7个题项；组织变革主要测量在代际传承过程中创始人和继任者为了传承的顺利进行和企业的稳定发展而制定的一系列组织变革措施，共计11个题项；创始人帮扶主要测量创始人在企业家精神、企业家能力、内外部资源等方面对继任者进行的帮扶，共计10个题项。二是中介变量，即隐性知识转移，主要测量继任者是否吸收消化了创始人的企业管理经验、愿景和核心价值观等隐性知识要素，共计6个题项。三是因变量，即创始人烙印的演变，共4个维度26个题项，其中，认知烙印主要测量创始人的认知烙印在家族企业代际传承过程中的变化，共计4个题项；结构烙印主要测量创始人的结构烙印在家族企业代际传承过程中的变化，共计6个题项；资源烙印主要测量创始人的资源烙印在家族企业代际传承过程中的变化，共计8个题项；文化烙印主要测量创始人的文化烙印在家族企业代际传承过程中的变化，共计8个题项。

第三部分为企业传承效果的评价，主要测量两类变量（其中自变量创始人烙印演变已在第二部分测量）。一是因变量，即企业绩效，共3个维度18个题项，其中，任务绩效主要测量企业财务情况和战略变化，共计5个题项；关系绩效主要测量员工态度和企业氛围，共计8个题项；创新绩效主要测量企业传承后的创新能力，共计5个题项。二是调节变量，即跨代创业，主要测量继任者跨代创业的程度和方式，共计4个题项。

浙江是民营企业大省，2012年浙江共有民营企业78万家①，首份《中国家族企业发展报告》指出，浙江民营企业中家族式企业占比在90%左右，远远高于全国比例。因此，以浙江的家族企业作为调查对象，研究和总结浙江家族企业基于代际传承的创始人烙印演变问题，具有一定的典型性和价值性。

下面为问卷发放情况。共计向浙江11个地级市发放问卷368份，其中杭州56份，宁波53份，温州58份，嘉兴35份，湖州30份，台州42份，绍兴34份，金华28份，丽水15份，舟山7份，衢州10份；回收275份，回收率为74.73%，其中杭州42份，宁波45份，温州46份，嘉兴29份，湖州23份，台州28份，绍兴24份，金华19份，丽水9份，舟山3份，衢州7份。剔除空白或无意义的作废问卷149份②，共得到有效问卷126份，有效回收率为34.24%。

在获取数据后，本书通过使用SSPS 20.0统计分析软件，对问卷中涉及的变量及相互间的关系进行实证分析，主要采用因子分析、相关性分析方法对测量条目的效度和信度进行检验，采用回归分析进行假设检验。

1.4.4 可能的创新点

（1）以代际传承作为新的敏感期

过往研究多以企业初创期（组织起源）作为敏感期，以此来研究创始人烙印的形成机制，而代际传承作为家族企业的后续敏感期，与在初创期所经历的环境资源和企业情境有着本质区别，在此基础上研究创始人烙印有可能产生新的结论。

（2）为创始人烙印演变路径提供了机制分析

过往已有部分研究站在烙印动力学的角度分析了烙印形成之后的后续变化并得出相关结论，但是缺乏相关的特定情境作为背景，也没有进行相关的机制分析，因此在代际传承背景下，构建"传承情境—隐性知识转移—创始人烙印演变"的作用路径与关键机制，可以为烙印动力学研究方面提供一定的理论补充。

（3）为家族企业传承效果的差异性提供新的解释

关于家族企业的传承效果，已有大量文献从企业经营、继任者选择、去家族化及家族特殊资产传承等多个角度解释了传承效果的差异性，但是从创始人烙印演变的角度进行分析和实证检验的文献还较为少见，因此探究创始人烙印演变对传承效果的影响，可能会为家族企业传承效果的差异性提供新的解释。

1.5 研究框架和内容安排

1.5.1 研究框架

本书各章的逻辑关系与所要完成的研究内容如图1-1所示。

---

① 数据来源：2012中国民营企业峰会。
② 出现空白问卷的大多数原因是问卷在开头已标明：企业尚未发生传承或继任者尚未接手最高管理权，则无须参加本次问卷调查。回收得到的问卷所涉企业大多数符合这样的条件。

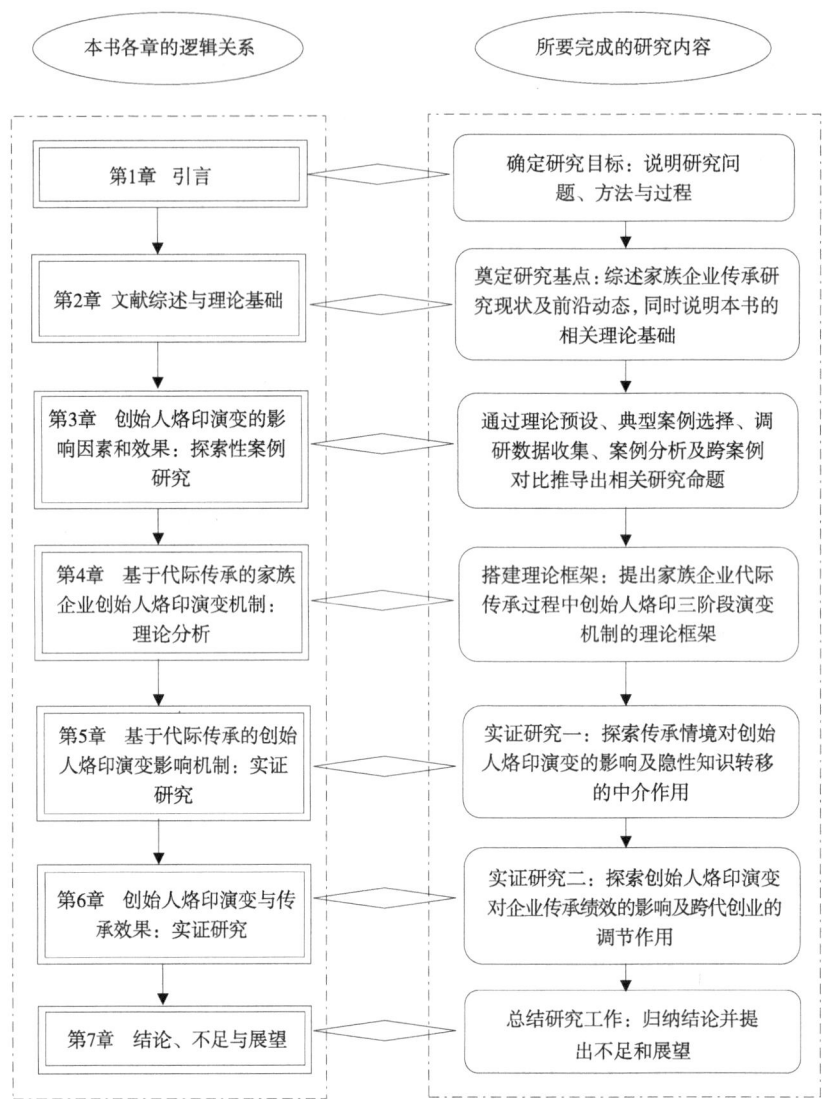

图 1-1 本书各章的逻辑关系与所要完成的研究内容

1.5.2 内容安排

本书各章的内容安排如下。

第 1 章为引言。本章从浙江家族企业代际传承和创始人烙印演变的现实背景和理论背景出发，阐明本书的研究意义，对关键概念做出界定，进而提出研究的目标、内容、方法和可能的创新点。

第 2 章为文献综述与理论基础。本章主要对本书涉及的研究领域和范围进行了梳理，并阐述了本书所用的理论基础。在文献综述中，主要回顾和组织了与烙印相关的 4 个方面的文献研究：一是组织烙印的内涵与特征，即组织烙印的本质是什么；二是组织烙印的来源，即组织烙印的形成条件是什么；三是组织烙印的固化，即组织烙印的持续性是什么；四是组织烙印的影响，即组织烙印产生的效果是什么。本书所用的理论基础为代际传承、组织变革和家族创业。

第3章为创始人烙印演变的影响因素和效果：探索性案例研究。本章基于对相关文献综述得出的启示，选取6个浙江家族企业的典型案例深入开展探索性案例研究。通过理论预设、典型案例选择、调研数据收集、案例分析及跨案例对比等研究步骤，推导出传承情境、隐性知识转移对创始人烙印的影响及创始人烙印和跨代创业对传承效果的影响。

第4章为基于代际传承的家族企业创始人烙印演变机制：理论分析。本章搭建了本书的理论框架，将家族企业的代际传承分为准备、进行和完成3个阶段，并提出了与家族企业的代际传承相对应的3个创始人烙印演变期，分别为渐变期、剧变期和质变期，从而提出了家族企业代际传承过程中创始人烙印三阶段演变机制的理论框架。

第5章为基于代际传承的创始人烙印演变影响机制：实证研究。本章主要研究在家族企业传承中哪些因素对创始人烙印演变具有影响。首先，确定了相关变量的选取和采集，其中创始人烙印使用认知烙印、结构烙印、资源烙印和文化烙印4个维度，传承情境包括代际冲突、组织变革和创始人帮扶3个维度，并以隐性知识转移作为中介变量，控制变量为企业规模、行业、继任者角色和企业存续期。其次，确定了各个变量的采集条目。再次，提出实证研究模型并提出相关假设，进行量表质量分析，使用因子分析、相关性分析对测量条目的效度和信度进行检验。最后，使用回归分析对假设进行检验并得出结论。

第6章为创始人烙印演变与传承效果：实证研究。本章主要研究在家族企业传承结束后，创始人烙印演变对企业传承绩效的影响。首先，确定了相关变量的选取和采集，其中创始人烙印的维度和第5章一致，传承效果采用企业绩效衡量，分为任务绩效、关系绩效和创新绩效3个维度，并以跨代创业作为调节变量。其次，确定了各个变量的测量条目。再次，提出实证研究模型并提出相关假设，进行量表质量分析，使用因子分析、相关性分析对测量条目的效度和信度进行检验。最后，使用回归分析对假设进行检验并得出结论。

第7章为结论、不足与展望。本章总结本书的研究内容，归纳出本书研究的结论，简要提炼本书的理论创新点，并根据理论框架和实证研究的结果，对家族企业在传承过程中如何进行有效的创始人烙印管理提供了启示，最后总结了本书研究的一些不足之处并提出未来的研究方向。

1.6 本章小结

本章为引言部分，首先介绍了本书所研究内容的现实背景和理论背景，说明了研究浙江家族企业代际传承过程中创始人烙印演变的重要性，然后对关键概念进行了界定，并提出研究的目标、内容、方法和可能的创新点，最后提出研究框架和内容安排，为本书后续研究打好扎实的基础。

2 文献综述与理论基础

2.1 文献综述

烙印最初作为组织层面的概念被引入组织文献,描述了组织如何感知其创始环境的要素,以及这些要素如何在创始阶段之后持续存在(Stinchcombe,1965)。关于组织分析层面上的烙印观点出现了大量研究,记录了创始条件对组织后续轨迹的持久影响。本书在第1章关键概念中指出创始人烙印的本质是组织烙印,因此本书文献综述部分重点对组织烙印的相关研究进行总结和梳理。当前组织领域的烙印研究长期关注西方企业的战略变革与选择、组织行为与组织绩效、企业经营管理中烙印的作用机制(Bamford et al.,2000;Kriauciunas et al.,2006)。其具体涉及4个方面的内容:烙印是什么;烙印如何产生;烙印如何演变;烙印的后续影响。

2.1.1 组织烙印的内涵与特征

长期以来,组织研究人员一直将烙印作为一种理论视角,用以理解各种不同的有意义的现象,以达到解释、评价和管理的目的。烙印的直观吸引力促进了它在许多学科和研究领域的广泛传播。但是,相关理论和实证证据的日益分散,使我们对烙印的内涵和特征的理解变得模糊,因此有必要站在历史逻辑起点的角度审视事物发展过程中烙印的本质。

(1)组织烙印的内涵

烙印的概念起源可以追溯到早期的生物学领域。学者们通过对鸟类行为的长期观察和研究发现,动物的早期经历对其后续行为表现会产生持续且强大的作用[①]。根据这种现象,德国生物学家Lorenz(1937)认为这种作用机制在动物生命活动早期的某个特殊时间点产生并持续存在,即使随后的环境发生变化,其影响仍在,并将其定义为烙印(Imprinting)。

在组织研究中,最早将烙印概念引入的是社会学家Stinchcombe(1965),他描述了组织如何利用其创始环境的部分元素,以及这些元素如何在创立阶段之后仍然保持下去,并强调了外部环境力量对塑造企业的初始结构和这些模式的长期持续性的重要性,以此提出组织烙印的固化机制。总体来说,Stinchcombe认为组织架构和类型具备历史特征,它决定了组织结

---

① 英国生物爱好者Spalding(1954)在1873年发现鸟类对它们看到的第一个运动的物体存在追随现象。

构后续发展的各种倾向[①]。

虽然 Stinchcombe 主要关注烙印在社会技术条件层面对组织结构的影响，但是在烙印的后续研究上，学者们早已突破了对烙印内涵的原始界定，将其拓展为企业初创期或发展期所存在的经济环境、社会环境、文化环境、技术环境和制度环境等因素所产生的烙印对企业战略、经营管理、组织结构、动态能力、企业/个人绩效和可持续发展等诸多方面的影响效应。随着组织烙印研究的持续深化，烙印的内涵不断丰富，其理论边界不断延伸，一方面使研究者拓展了烙印研究的视野；另一方面使其对组织烙印缺乏统一的认知，从而不得不回归到最初的含义：组织创建时所依存的环境特征，以及创业阶段从事的业务、开展的活动及遵循的路线都会影响后续企业的决策或行为，如同孩子成长一般（Kimberly，1979）。Marquis 等（2013）在回顾了早期生物文献和 Stinchcombe 的论文的基础上，结合其他学者关于组织烙印的含义[②]，将其定义为一个过程：在一个敏感的短暂时期内，一个焦点实体反映环境突出特征，尽管在随后的时期有显著的环境变化，这些特征依然持续。

（2）组织烙印的特征

在 Marquis 等（2013）定义的烙印概念中，烙印具有 3 个基本特征，简单阐述为敏感期、环境条件和烙印的持久性，具体描述为以下 3 个方面：①存在时间上受限的敏感期，其特征在于对环境影响的高度易感性；②敏感期环境的强大影响，使焦点实体反映当时环境要素；③即使随后环境发生变化，在敏感期内发展的特性也具有持续性（Johnson，2007）。

其中，敏感期是烙印的第一个特征，是指烙印在有限时间内印在焦点实体上，而实体在此期间表现出对外部影响增强的接受性。也就是说，在短暂的敏感期，焦点实体受到环境条件的影响显著大于正常时期。烙印的敏感期通常出现在"关键发展阶段"（Carroll et al.，2004），意味着烙印发生在有限的时间内。在生物学中，这一时期通常是有机体生命早期的一个时期，在此期间，它表现出对环境影响的高度易感性。正如 Immelman（1975）所强调的，某些经验在特定的发展阶段是最有效的，因此相同的经验在不同的年龄段会产生不同的结果。因此，在敏感期外发生的经验往往比在敏感期内发生的经验影响小。除了组织创立时期，外部环境的敏感期发生在组织过渡、动荡和不稳定期间（Greenwood et al.，1996；Tushman et al.，1985）。

烙印的第二个特征强调了环境条件的核心作用，在敏感时期对焦点实体产生了重大影响。这种环境条件可能包括在企业初创时依赖的内部"组织逻辑"，以及经济、技术或制度的外部环境（Baron et al.，1999）。组织逻辑是指企业家依赖新创立企业，在创始时期扮演了重要角色来选择并适应历史特殊环境特征。然而，随着之后的惯性和制度化，组织结构继续展示其创始背景的痕迹，变为历史的一部分。这个论点的关键在于，在给定时间内已开发并合法的组织实践和结构是相对独特的。组织最初的结构是为了确定现有的环境，然后，由于随后的惯性和制度化，继续展示创建环境的痕迹。类似的论点也适用于个人层面，考虑到在敏感时期经历的焦虑和"认知解冻"，个体对环境刺激尤其开放（Schein，1971）。因此，各

---

① 上述观点被后来的学者概括为组织结构烙印假说。
② Bamford（1999）、Dobrev（2010）等认为组织烙印为组织初创时或后期发展中某些特殊阶段的环境特征通过对组织行为的塑造进而对其施加的持续影响。

种"减少这种焦虑的方法,包括向同伴、导师、领导者寻求帮助,可以为如何行事提供强有力的线索"(Higgins,2005)。因此,个体在这一时期特别有可能采取新的行为、认知模型和规范,导致其随后的行为带有他们在敏感时期所经历的环境的烙印(Azoulay et al.,2011)。

烙印的第三个特征是即使环境发生重大变化,烙印仍然存在。在组织层面,Stinchcombe(1965)提出了结构持续存在的一些原因:①它们可能仍然是用于给定目的的最有效的组织形式;②传统力量、利益的归属和价值观的倾向可能会趋于保持原有结构;③组织可能不处于竞争结构中,为了生存,组织必须优于其他组织形式。尽管在有限的时期内获得,但烙印会对行为产生持久的影响,同时这种影响不一定是永久性的。在某些情况下,早期经验的烙印影响是不可逆转的,并在有机体的整个生命中持续存在;在其他情况下,早期经验影响到仅在有机体生命的一部分时间内相关的后续行为[①]。因此,烙印的行为效果被更准确地概念化为持续的影响,而不是必然的永久影响。

综上所述,就组织烙印而言,其形成往往反映了组织经历的各个敏感期的环境特点,并带有持续性效应。这3个特征保证了组织在未来成长与发展的过程中"携带"着敏感期(尤其是初期)环境条件所产生的影响,就如人们自带的基因(DNA)一样追随人的生活,反映人们不同的性格特征。

(3)与烙印易混淆的概念

已有研究中组织烙印概念与管理学其他研究领域中的相近概念容易混淆,容易产生如下问题:一是不同的研究成果由于存在组织烙印与近似概念之间的差异而难以比较;二是不同概念之间理论基础和理论依据有区别,不准确使用会导致组织烙印研究陷入模糊境地(王砚羽 等,2016)。澄清组织烙印与其他易混淆概念的差异性和相关性,能够强化对组织烙印概念内涵和特征的理解,从而更好地揭示组织烙印在不同领域的作用机制。

1)组织烙印与路径依赖

路径依赖通常被用来解释组织的刚性、黏性和不灵活性,组织烙印甚至曾被视为路径依赖的一种变体,但是它们具有不同的起源和生成逻辑。在组织烙印视角中,烙印的概念强调环境条件,而"路径依赖观点的支持者经常庆祝历史事故",强调"独特的历史事件","包括由偶然因素而非系统力量主导的事件"。此外,烙印的特征是相关敏感期的短暂性,路径依赖学者往往关注的是长期的事件序列,强调"小差异的稳定积累"[②]。换句话说,路径依赖是"历史上出现的一系列结果和机会"的总和,反映了行动者到达某个点的整个路径。因此,虽然"烙印方法中的复制模式是现成的",但在短敏感期内,路径依赖性是"后期过程的产物,最初是未知的"。因此,当理论化初始阶段之后发生事情时,研究路径依赖的学者往往关注收益增加的动态和混沌过程,以了解路径是如何展开的,而组织烙印研究者则强调在企业动态发展过程中烙印的持续性。

2)组织烙印与组织惰性

由于两者都能解释组织结构和行为的稳定性和持续性,即使其理论基础存在明显差异,

---

① Immelman(1975)认为终生不可逆性并不是烙印的一个基本特征,重要的是,"早期经验的影响在很大程度上会抵制消亡"。
② Mahoney(2020)指出路径依赖"具体指的是那些偶然事件引发具有确定性特征的制度模式或事件链的历史序列"。

仍然经常被研究者混用。组织惰性强调组织系统运行一段时间后，无视外部力量的作用，偏好沿着原有路径继续行进的属性（Hannan et al.，1984），而组织烙印反映了组织既有的惯例、制度、文化、价值观与行为（Kriauciunas et al.，2008）。此外，学者一般通过测量组织规模、生存时间及组织结构复杂性来测量组织惰性，并认为上述变量增大或增强会加剧组织惰性，但是组织烙印与组织惰性的形成机制存在较大差异，原因在于组织烙印理论试图阐明组织某些行为的起源及这些行为在组织存续期间的持久性，并对组织成立时的各类环境条件进行变量构建并设定测量条目，目前关于组织烙印量表开发方面的研究还甚少。

3）组织烙印与社会嵌入

两者都对组织建立的规章、程序、准则和制度进行了限定，从而为组织的稳定性提供了一定的保障，但也阻碍了组织对内外部环境变化的适应能力。社会嵌入强调经济行为和经济制度内嵌于社会关系中，而一些稳定的诸如政治、文化、道德和法律等因素也往往蕴含在内，这些因素会限制组织内相关利益者的行为和决策，从而使得组织的社会行为相对稳定（Granovetter，1985）。但是组织烙印除了关注组织行为的稳定性或持续性外，更关注组织行为的产生和根源，并强调组织创建时经济、技术、体制和个人的烙印作用。总体来说，社会嵌入与组织烙印的区别在于前者强调组织或个体行为的普遍延续性，后者强调烙印自身的产生及其持续性。两者之间的相关性表现在社会嵌入性行为可能以组织烙印为基础，组织烙印因可能受到社会嵌入而被强化（Kriauciunas et al.，2008）。

4）组织烙印与群体效应

群体效应在几个方面不同于组织烙印。最广泛地说，群体效应代表一种结果（由各种过程产生，但不一定是烙印），而组织烙印是一种过程（导致各种结果，但不一定是群体效应）。显然，并非所有的群体效应都是由烙印引起的。群体效应之所以出现，是因为参与者在其整个人生过程中都有类似的持续经历；尽管随后有过类似的经历，但敏感期和这些时期的烙印仍然很重要。同样，并非所有的烙印过程都会产生群体效应。虽然群体效应意味着群体内的高度同质性，但组织烙印可能不会导致这种同质性，因为特定群体的成员可能会有不同的经验烙印。例如，同一组织或职业领域同一群体中的个人可能在其职业生涯的早期被分配到不同的导师、同事或任务，从而在这一敏感时期产生明显不同的经验。同样，组织的创建者可能会给他们的新企业带来不同的组织模式或蓝图，甚至可能在同时成立的几家公司内产生不同的烙印。在这种情况下，烙印发生时不会造成群体效应。

除了上述概念，组织烙印还容易与组织惯例、同辈效应、思维定式和正反馈等其他概念混淆，为了进一步清晰地阐明组织烙印的内涵与特征，以及与其他概念之间的差异，本书以列表的方式进行比较，如表2-1所示。

表2-1 组织烙印与易混淆概念的对比分析

概念	定义/内涵	核心特征	组织烙印特征
路径依赖	在若干序列事件中，先后事件之间必然存在关联性，后面的事件会带有先前事件的基因	强调历史事件	强调环境条件
		长时间的线性行为	短暂的敏感期
		行为模式逐步强化	烙印相对稳定

续表

概念	定义/内涵	核心特征	组织烙印特征
组织惰性	不考虑外部力量，组织倾向于沿袭原有路径发展	组织状态的稳定性	烙印的持久性
		长时间形成	短期形成
		易测量赋值	不易测量赋值
		结果导向性	过程导向性
社会嵌入	经济行为和经济制度内嵌于社会关系中	强调组织或个体行为的普遍延续性	强调烙印自身的产生及其持续性
		阻碍组织对环境变化的适应性	更关注组织行为的产生和根源
群体效应	一个队列是参与者的集合，队列中特征和结果具有高度相似性	群体内的高度同质性	不产生同质性
		突出截面数据	突出历史顺序
		关注群体行为	关注组织的行为
组织惯例	组织的语法规则在相同命令下重复操作的执行能力，本质上是一种刺激—反应式学习	强调一直遵守规则	强调短暂的敏感期
		由于压力而被动产生的自适应行为	无意识、自动形成的
同辈效应	同一时期的组织或个人同时进入同质化的经济社会领域，并相互分享类似的经验和经历，使得彼此之间的个性、行为、观念等产生一致性	代表一个结果	代表一个过程
		强调同辈之间类似的经验	强调烙印各个敏感阶段
		反映行为主体之间的同质性	不一定产生同质性
思维定式	根据过往的思维活动经验、知识及现有的思维习惯，在不断实践中所产生的较为稳定的、固化了的思维路径、图式、程序、范式	以人为载体	以组织为载体
		强调累积过程对后期的影响	强调敏感时期对后期的影响
		会阻碍创新	不一定阻碍创新
正反馈[①]	反馈信号的极性与系统输入信号的极性一致，可以强化系统净输入信号	强调促进或增强的过程	更重视结果的意义
		有确定的变化方向	没有确定的变化方向

资料来源：根据相关文献整理。

总体而言，组织烙印理论与上述理论并行不悖但也存在差异。其核心理念近期才引起组织研究者的再次关注，且相对分散，导致部分研究者将其等同于路径依赖、组织生态理论或制度理论（Beckman et al., 2008）。然而，组织烙印理论对组织创建时环境条件对组织特征的影响的阐释，或者对组织特定行为起源的阐释，是路径依赖、组织生态理论和制度理论无法解释或缺乏解释力的（Johnson, 2007；Kriauciunas et al., 2008），该领域的研究者也在努力澄清组织烙印理论与相关理论的关系（Schreyogg et al., 2011）。

---

① 李贲（2018）认为烙印机制也存在正向反馈过程：如果成立条件给新企业带来竞争优势，即使是微小或偶然的优势，都会成为未来优势的源泉，从而形成强化烙印作用的动力。

2.1.2 组织烙印的来源

组织创建初期或特定敏感期的环境条件及创始人（创始团队）等各类因素能够塑造组织特征，进而持续对组织的未来产生影响。各类因素通过"印刻"组织结构或组织行为而产生作用，因此，组织烙印可以解释组织特定行为的起源。梳理有关组织烙印来源的相关研究成果，可以认为创始人（创始团队）和初始环境是组织烙印的重要来源。Marquis等（2013）在整合已有研究成果的基础上提出一个新框架，将烙印研究拓展到不同领域、不同层次，共分为4种较为典型的烙印实体，包括组织集体、组织、组织构件和个人（从宏观到微观层面），并将其置于个人环境条件中，如表2-2所示。黄勇等（2014）从环境条件的经济因素、网络因素、制度因素，以及组织的创始人（创始团队）、重要的组织利益相关者等因素分析组织烙印的类型、研究方法及主要结论。王砚羽等（2016）从经济技术烙印、制度烙印、创始人烙印3个层次分别分析了不同组织的烙印来源、作用领域、烙印水平、研究区域的研究内容和特点。本章主要从环境条件和创始人两个方面分析组织烙印的来源。

表2-2 烙印实体

烙印实体		组织集体	组织	组织构件	个人[①]
烙印的来源	经济技术条件	外部经济技术条件会制约新组织，而且后期成立的组织会效仿之前成立组织的初始模式	组织的惯性和制度化具有长期持续性，因此组织的实践特征相当程度上受限于初始资源和技术环境的变化	机制：资源情境和技术环境特征映射到新的组织构件上，形成了构件的本质并约束了构件未来的发展方向	个人在早期职业生涯中经历的宏观环境和组织内部环境导致差异化的专业、形成性经验和知识的形成
	制度因素	组织集体制定不同的制度标准，这些标准除了会影响最初的进入者，也会影响更多的后来者	组织特征被设计成制度环境的映射物，且因为路径依赖和制度标准化而持续	新创建的组织构件是由初始环境中的主要制度特征形成的，由于惯性和标准化制度，其将持续反映这些特征	制度条件（组织文化、伦理环境等）对个人早期的社会化经历和具备的行为规范、知识和能力产生影响
	个体因素	政治领袖和有威望的创始人出台有影响力的政策或成立权威性组织，对某个特定领域或行业进行持续性的布局	创始人的资源和背景决定了初始组织的特征，由此形成的组织惯性和标准化制度随着组织成长而留下轨迹	个人创新或选择在何种特定的组织构件中工作取决于自身的背景和偏好	深受导师和同行的影响，个人在早期社会化活动中形成的思维、理念和价值观有明显差异

资料来源：根据相关文献整理。

（1）环境条件

组织创建时的初始环境条件映射新企业的组织架构，并长期对组织的战略、结构、文化

[①] Welch（2011）和Baron（1999）指出在组织内部，个人因素通常较多的为创始人或创始团队的特征，强调他们独一无二的背景、社会网络、个性、认知和身份等，创始人基于自身背景和环境因素选择组织的最初特征，组织惯性和制度化使这些选择持续存在。

和绩效产生深远影响。环境条件的范围广泛，涵盖了各种经济技术条件、制度因素和网络因素，如表2-3所示。初始环境条件对组织的影响是学者们对组织烙印理论感兴趣的探索领域之一。组织创建时的制度和经济技术等环境条件是制约组织烙印形成的关键要素。只有适应外部制度环境的新生企业才能在特定敏感期内生存下来[①]，研究特定敏感期的制度条件是组织烙印的重要分支（王砚羽 等，2016）。Stinchcombe（1965）认为企业的初始结构和运行模式在反映外环境特征后将随时间推移而维持下去，组织的创新行为必须关注在特定历史时期内变化的经济技术，采用多种管理方式适应所处的环境条件，同时这些管理方式又会反向促使环境特征固化，形成长期稳定的制度，其结论揭示了行业的历史环境能塑造组织，并提出在特定周期内环境条件与特定产品或服务产生的供需关系相互作用，会影响组织提供这种关系的行为特征。Dobrev 等（2010）进一步指出新企业在创业时遇到的不利条件会降低其生存概率。

表2-3 烙印环境条件

影响因素	作者	具体因素	分析层次	研究类型	主要结论
经济技术条件	Carroll 等（1989）	市场资源、市场竞争	行业层次	实证研究	外部市场资源、细分市场竞争显著持续影响组织的未来绩效
	Eisenhardt 等（1990）	市场需求	组织层次	实证研究	新创公司所在的行业生命周期阶段显著持续影响其未来绩效
	Swaminathan 等（1996）	市场需求、动荡环境	组织层次	实证研究	组织创建时的外部市场竞争加剧了新创组织的生存困境
	Bamford 等（1999）	环境资源、动荡环境、竞争强度	组织层次	实证研究	组织创建时外部环境资源丰富度、环境稳定性、行业排他性对组织成长具有深远影响
	Kriauciunas 等（2006）	市场体系	组织层次	实证研究	组织创建时所在的生态体系对其知识迭代水平具有深远的影响
	Dobrev 等（2010）	市场竞争	组织层次	实证研究	组织创建时的市场竞争强度导致新创组织死亡率的提升
制度因素	Johnson（2007）	国家权威艺术氛围	组织层次	案例研究	法国国家歌剧院的建筑格调和管理范式深受艺术环境和国家形象的影响
	Marquis 等（2010）	管制政策	组织层次	实证研究	美国商业银行的并购能力受国家金融监管政策的持续影响
	Dobrev 等（2010）	制度缺失	产业层次	实证研究	组织群落制度和价值观的缺失对行业新加入者的绩效带来长期负面影响
	Shinkle 等（2012）	国家制度	行业层次	实证研究	欧洲公司创建时受共产主义制度影响形成的形成性经验对其后续的组织适应性有明显作用
	Marquis（2013）	国家制度	行业层次	实证研究	中国企业履行社会责任与其所处社会主义制度环境的时间长短有着显著正向关系

---

① Swaminathan（1996）对美国酿酒业和报纸业的实证研究指出，组织成立时的不利环境（需求相对饱和），将显著提高新创组织的死亡率。

续表

影响因素	作者	具体因素	分析层次	研究类型	主要结论
网络因素	Marquis（2003）	社区网络体系	组织层次	实证研究	企业社区网络体系在飞行技术改善本地交通设施后仍维持区域中心的特点
	Milanov等（2009）	利益相关者网络	组织层次	实证研究	新创组织的网络规模深受其成立时利益相关者所在网络的规模和密度的影响
	McEvily等（2012）	职业网络	组织层次	实证研究	律师与有经验的前辈之间形成的桥梁关系将持续影响其加入公司后的业绩
	Milanov等（2013）	初期网络	组织层次	实证研究	新企业合作商的声誉显著影响其未来的网络身份，合作商以往的网络关系起到正向的调节作用

资料来源：根据相关文献整理。

早期涉及组织烙印的学术研究主要是将环境作为烙印过程的来源和"力量"（Kimberly，1979）。在实践中，组织结构反映了其初始环境，特别是组织创建时可用的资源成为最早的烙印来源之一。后续研究进一步确定了组织烙印的施加者，即行业、地域文化、秩序、制度、技术及组织创建时的宏观经济状况，统称为环境烙印。实体施加的烙印由形式和内容组成，其强度会随时间而变化。在3个不同领域的研究成果表明，内外部环境是组织烙印的源泉。第一类研究基于组织种群演化理论，认为企业生存受初创环境条件的持续影响。Geroski等（2010）提出创业时的经济技术条件和创始人社会资本存量对企业生存率的影响至少持续10年，基本不会衰退。第二类研究不通过时间依赖或生存依赖的框架，而是采用大样本的方法来检验环境对组织烙印的作用。Majumda（2004）对工业革命时期环境特征塑造新组织的行为规范和激励方式开展研究，认为后续组织的业绩增长痕迹深受其影响。第三类研究集中在组织实体接受某些特征的时间和方式上。Lamberg等（2005）讨论了美国和芬兰在差异化的民族文化影响下不同组织个性化的发展。

组织烙印以初始环境条件影响企业设立、发展的过程和路径为主要研究方向，为企业始终遵守且被视为事实逻辑的行为规范提供解释。企业成立时的机会捕捉并非创始人基于自身知识积累的"想当然"行为，企业的成长与所处社会环境密切相关，尤其是初创期，其紧密度更高（梁强 等，2017），因为初始条件（Initial-conditions）对企业成立和后续发展有着持续性作用。组织最初的战略方向带有很深的环境条件"刻印"，后期组织的结构、文化和绩效也无法避免受其影响，这也是实践中组织多样性的来源之一。组织理论学派对组织在创建过程中映射环境条件特征的现状关注已久，创业学、社会学和伦理学等领域的研究成果为打开这个过程中的"黑箱"提供了钥匙。利用这些钥匙或许可以解释企业家为何会选择和接受某些历久弥新的历史特定因素作为该组织的基本特征而由其发挥作用，如路易十四创立的巴黎歌剧院就显示了社会环境条件对初创组织的烙印作用。

1）经济技术条件

初始的经济技术条件能够烙印组织的不同知识和能力。Zyglidopoulos（1999）的相关理论指出组织成立时的技术模式会持续引导组织长期遵循其轨迹。组织生态学家已经发现组织创立过程中的人口集聚度对组织未来的生存和成长的复杂作用。组织的初始环境条件，如监管宽松引起的资源利用率提升及相同或相近行业组织密度提高，会对组织成长过程中各个阶段产生持续性影响[①]。Carroll 等（1989）研究发现，在 5 个不同的组织人口中，企业成立时期的组织密度程度与之后的组织生存率持续负相关[②]，他们对这个发现提供了两种解释：首先，高密度时期新进入者往往缺乏资源，从而阻碍后续的组织构建；其次，基于生态龛在高密度时期的高度集聚，这一时期的进入者不断被边缘化，不能使用边际资源[③]。这两种机制均可被视为市场竞争的投影。高密度意味着群落中组织种类繁多，即市场高度饱和，并且先进入的组织凭借其规模和先发优势将很难被后进入者追赶，这使得后进入者处于极易被挤出的环境。Carroll 等（2004）的若干研究提出，组织成立时的高密度关系可以被复制。Zaring 等（2009）对瑞典信息技术产业的研究揭示了组织创建时密度持续与失败率之间的正向关系。Dobrev 等（2010）进一步揭示了密度延迟的作用机制，发现在一个行业的初始阶段，一旦新类型的组织缺乏合法性，新兴行业的新参与者将曝光于"合法性真空"中，并且这种曝光以基本不可逆的方式烙印在其结构和成长上。

2）制度因素

制度烙印是企业主观性、选择性地映射环境条件，将其"内化于心，外化于行"的产物[④]。制度烙印的研究热点主要集中在企业初始制度环境要素塑造企业实践的过程中。Peng（2004）将环境烙印的起源分为政府和市场两种类型，并提出了基于转型经济的制度烙印形成的理论框架与结构模型。Marquis 等（2010）通过对比政府监管前和放松监管后对美国商业银行运营模式的不同影响发现，银行分支机构成立时环境条件通过影响银行管理地区分支机构的结构间接影响银行的收购能力和收购意愿。Dobrev 等（2010）发现组织创建时环境中制度和生态系统"空白"的现象，并通过实证结果指出，制度环境烙印会提高新兴市场新加入者的死亡率，同时由此产生的组织烙印的作用不会衰退。Johnson（2007）通过查阅史料，认为国家政策、伦理文化、经济技术等特征制约创始人的战略选择，阐明了新创组织形成制度烙印的背后伦理文化因素的显著作用[⑤]。Shinkle 等（2012）研究烙印的作用时发现，与在资本主义制度环境中成立的企业（Capitalism-foundedfirms）相比，成立于社会主义制度环境中的企业（Communist-foundedfirms）会受计划经济制度烙印的影响，企业的初始战略和行为规范限制了企业在市场机制作用下的生存能力，也制约了企业的发展动力，表现在贸易、产品质

---

① Eisenhardt 等（1990）对美国半导体公司进行系统研究后指出，所处的市场发展阶段对新创公司的增长具有重要意义，处于增长阶段的新创公司相比处于成熟阶段或新兴阶段的公司具有更高的增长率。
② 类似的 Barnford 等（1999）的实证研究指出，外部环境中资源的丰裕度（Munificence）、动态性（Dynamism）和竞争强度（Competitive Intensity）对新创组织的销售额和市场占有率都产生了显著的长远影响。
③ 此观点称为密度延迟理论（Density Delay Theory），可以有效解释组织成立时的环境如何通过"资源稀缺"（Resource Scarcity）和"利基市场争夺"（Competition for Niche Market）机制影响组织的生存与发展。
④ Meyeretal（1983）提出制度环境是组织获取合法性和外界支持必须遵守的规则，直接决定了企业在建立和运用战略时所有可能的行动。
⑤ 主要是通过分析法国国家歌剧院的成立过程发现，法国当时的文化艺术氛围和艺术需求、当时各地艺术剧院的特征及强大的国家权威，深深地影响了创立者的战略选择，进而影响了国家歌剧院建立的目标、建筑样式、运行模式及艺术风格。

量、客户评价等方面。Marquis 等（2014）的实证研究结果表明，在社会主义政治经济体制烙印的长期作用下，现存的在 20 世纪 70—80 年代创建的中国企业，在漫长的管理实践过程中逐渐形成的不可逆的组织结构和利益协调机制，制约了企业的创新创业、战略变革和制度重塑。

制度环境与组织烙印息息相关，拓展对制度环境烙印的外延研究，有助于丰富组织烙印内涵、深入理解组织烙印对组织成长和运行的作用机制。企业创建时的制度环境映射其所在地区当时的政治政策风向和社会经济发展水平，是衡量企业创新能力的核心要素。制度理论假设在某些特定条件下，管理者由于过往经历、价值判断和思维习惯等因素的制约做出的决策只能是有限理性的，本质上就是个人特征对组织认知的影响。Kogut 等（2000）通过研究德国某光学公司在不同社会制度背景下的改革结果发现，管理者的决策长期受组织制度认同的影响。Kriauciunas 等（2006）通过对立陶宛（处于东欧经济转型期）部分企业的战略变革研究发现，计划经济时期的制度烙印显著影响（此时东欧正处于剧烈震荡的经济转型期）企业间知识管理体系变革的差异性，研究以社会主义制度烙印为自变量，以企业知识管理体系和企业知识融合体系变革为因变量，发现存在显著的负向影响关系，即社会主义制度烙印水平会制约企业知识管理体系变革。由此可见，初始环境塑造的管理者的心智模式对企业组织变革和创新活动有着根深蒂固的影响。制度环境可以通过将组织新创时的政治社会制度与组织结构整合而对其进行塑建，并保持其特征不变。

3）网络因素

组织新创时的网络环境因素也会对组织产生烙印影响，其创建时的网络规模和网络密度对新创企业未来的网络环境有着深远影响。学者们广泛研究了网络环境如何产生烙印，Marquis（2003）以 20 世纪最后 15 年美国 51 家大型社区网络为样本进行研究发现，无论飞行技术是否改善了本地交通设施，这些连续性的网络企业节点均以本地网络为中心。Milanov 等（2009）通过对新创组织早期网络关系的调查发现，新创组织的网络规模深受其成立时利益相关者所在网络的规模和密度的影响。Milanov 等（2013）通过对初始合作商的研究发现，企业新创时和行业中声誉较高的企业建立合作关系，有利于其顺利进入该行业网络，并且持续影响其在该行业中的身份与形象，Milanov 进一步采用实证研究发现，新企业合作商的声誉显著影响其未来的网络身份，合作商以往的网络关系起到正向的调节作用。与组织层面的研究结果相似，McEvily（2012）通过梳理对纳什维尔法律行业近 50 年的实证研究发现，刚入门的律师与有经验的前辈之间会形成"烙印关系"（Imprinted Ties），这些烙印关系发挥桥梁（Bridging Ties）作用，即烙印关系将两个离散的网络进行连接，将持续影响其加入公司后的业绩。

通过上述研究可发现，组织新创时所处的经济技术、制度及网络环境均可能产生烙印力量。然而，对于组织烙印是如何形成的尚未有定论（Johnson，2007）。早期的研究主要聚焦于组织创建时的环境条件与组织后续的成长、变革、文化及绩效等方面的关系研究。虽然最近的相关理论研究对初期环境条件下的烙印特征进行了深入探索，但是在具体的实证分析中，并未将烙印特征变量作为测量和检验的工具，而是作为理论推演的依据，并不利于组织烙印实证研究的发展，也会影响对组织初始烙印和组织后续成长之间相关性的判断。组织烙印的不易测量是实证研究中遇到的一个问题，主要原因是组织烙印的核心观点并不统一，与其他理论既有联系也有较大区别，其测量工具的开发受制于理论研究的进展，同时学者们往往将组织烙印视为某种概念框架而非具体的变量工具，因此也不需要开发和测量。

（2）创始人

创始人可以利用、安排环境中的可支配资源以规划企业后续的战略方向。在企业内部，个体映射在组织上的烙印一般称为创始人或创始团队烙印，本书统称为创始人烙印。创始人是创始企业的精神领袖，拟定了企业的最初战略，构建了企业的初始形态，塑造了企业的基础文化。创始人具有独特的天赋和品性：他们常常对制定企业长期战略表现出浓厚的兴趣；他们在工作上兢兢业业；他们关心资本的原始积累；他们往往关注企业声誉；等等。所以创始人通常掌握企业最核心的资产，包括财物资产、知识与能力及社会网络等。可见，企业资源的获取和配置、企业未来的发展发向均与创始人息息相关。虽然初始环境条件通常是烙印研究的重点，但也有研究将个人，特别是创始人，视为潜在的烙印来源，主要原因是创始人具有独特的背景和价值观、关系网络、人格、知识和身份[①]。可以说家族企业之间最大的差异就是创始人的特殊背景及个性化的基因。创始人的个性化基因，无论是否对企业有利，都会在其创建的企业中得到反映。因此，创始人通常是企业最为核心的资源要素。组织烙印与组织战略同为组织理论框架下的产物，个体层面的管理者是实现两者之间关联的必要条件。两者的关系可以描述为：创始人作为组织烙印的核心影响因素，通过组织烙印的形成对组织战略产生持久影响。

创始人能够采用如下两种方式对组织施加烙印。首先，在环境制约的背景下创新性地选用和整合情境要素。创始人自身就是这些情境要素的载体，因此个人成为将时间和空间特殊要素转移给企业的有效途径。其次，创始人塑造的组织烙印通过企业的文化、知识内涵及外延表现出来（Mintzberg et al.，1982；Schein，1983）。作为见证者，企业创始团队印证了创始人过往的奋斗事迹和创业故事具有广泛的凝聚力，创始人可以烙印继任者的组织变革活动，并以帮扶的形式转移创始人的相关隐性知识，形成组织未来的文化基础。Kimberly（1979）研究认为组织未来的战略选择和实践与创始人的初始决策密切相关。Kimberly等（1995）以法国一家电脑企业为案例，采用长期跟踪调查的方式刻画了创始人烙印的生成轨迹。Baron等（1999）以部分硅谷高科技企业创始人为样本，以其心智模式和初始战略为研究变量，揭示了创始人独特的背景（价值观、管理理念、思维方式、行为范式等）会持续影响组织成长，并通过选取或拓展认知、资源、文化和能力形成创始人烙印，以应对环境条件、机会和约束。创始人的独特禀性对新创企业的战略选择及未来发展具有长远作用（Borgatti，2006）。

Harris等（1999）以创始人认知为对象进行研究发现，创始人的认识可以使组织形成不同的战略愿景，并影响组织未来的战略红利。企业创建时各类资源往往比较匮乏，企业的生存环境面临合法性不足、市场排挤、环境不确定等诸多威胁，生存率通常较低，而创始人作

[①] Bryant（2012）认为创立者获取的资源不仅取决于外部环境中资源的可得性，而且建立在自身的偏好和经验上，并且其自身的资源（如价值观、愿景、思维方式等）将通过组织的实践、政策和文化产生烙印。

为企业的精神领袖，在当时的环境下可以认为是唯一"真实"的资源，他们是企业全员关注的核心，其个人独特的禀性和资源逐渐融入企业各个"细胞"，对新创企业的生存、运营及后续发展影响深远，无论创始人是否脱离企业，其对企业刻下的烙印都不易撼动。Peter（2014）进一步指出，除了资源自身的交易属性、获取的难易程度等因素会影响创始人利用资源的能力外，创始人对机会的掌控及其风险偏好和思维方式也是其利用资源能力的重要影响因素。Milanov等（2009）提出创始人独特的形成性经验和个性化的管理实践可能是企业的核心竞争力，随着时间推移，创始人烙印的影响更加明显。创始人和企业其他管理者虽然都是组织的重要影响源，但由于其权威和力量的来源有异，因此其对组织产生影响的方式、途径和过程有着很大差别。企业其他管理者往往通过职权对员工与管理活动施加影响，当其在某个特殊时期为组织做出突出贡献，也可能产生个人烙印，但与本书研究的创始人烙印有着本质差别。

创始人作为烙印施加者并非只存在于组织创建期，在组织后续发展的敏感期，创始人仍然具有重大影响力，可以对组织进行多次烙印，如战争时期领导人的偏激决策就有重大影响力（Datta，2003）。个人职业转型过程中职位的变更及权力的更迭也会产生新的烙印。从烙印接受者角度看，McEvily（2012）指出组织、个人乃至组织结构都可以成为创始人烙印的对象。Baron等（1999）以硅谷新创企业为样本，以企业创建时的背景条件（创始人性别比、人力资源计划等）为自变量，以企业的组织结构和管理模式为因变量，经过研究发现它们存在显著的正向关系。基于此，Phillip（2005）进一步提出创始人主张的组织新战略对组织性别比例产生长期影响。战略和经济学层面的研究者关注烙印施加者的特征被塑造为烙印实体的过程，这从某种程度上反映了这些研究者认为烙印施加者是组织知识和能力的内化来源。不同的是，社会学和组织学派更倾向于研究创始人在资源约束的背景下如何发挥主观能动性，通过整合组织战略和创始人身份结构的复杂过程来施加烙印。戴维奇等（2016）从体制内企业家的工作经历入手，实证研究了企业家在过往经历中形成的认知与能力的"双重烙印"对企业"赚快钱"的正向影响。现有文献整合了各种观点，承认创始人的经验、背景资源、性格、禀赋、偏好等都可以作为明显的烙印要素。

个人也可以给其他个人施加烙印。例如，现有任职者即使离开职位仍会对继任者产生烙印影响，该职位之后的工作会继续带着其愿景和心态。组织烙印的核心特质是跨越敏感期后仍然会长期维持。事实上，个人在角色变更时会遭遇更多的不确定性，因此对于非敏感期的环境影响相对较弱，但是烙印效应依然存在。创始人离任或退出后将自身拥有的网络资源和隐性知识传递给继任者，其烙印作用依然存在。Burton等（2007）揭示了组织某职位第一任工作者的离职情况会影响之后继任者的离职率。

学者们在创业者的自然属性、社会属性及行为特征、价值观和愿景等方面的研究成果颇丰。组织烙印和创业领域的研究重心几乎都集中在创始人如何影响新创组织上。现有研究在创业因素（创业资源、创业风险、创业桥接、创始人特征等）与组织绩效（组织创新、组织成长、组织动态能力等）的关系方面取得了不少新的发现，但是由于缺乏对样本历史数据的长期跟踪，学者们无法进行创始人特征与组织特征持续性之间的实证研究。在创始人特征作用下的组织烙印具有显著的嬗变特征，影响组织中管理者的经验、能力、理念及行为，并进一步影响组织的管理实践。在创始人家庭背景、社会化经历及教育影响下形成的创业思维，在被组织内化并具象化的历程中，逐渐成为组织实践的力量源泉。早期基于创始人视角的组织烙印重点聚焦于创始人初始战略、创始人经历和创始人社会网络三大因素（Stinchcombe, 1965; Boeker, 1988; Boeker, 1989; Marquis, 2003）。创始人社会网络主要包括其非血亲缘关系的利益相关者。

创始人烙印通过影响管理者对管理行为和心态的理解，进一步影响组织战略，引起组织变革，引发创始管理层的反思，使得创始管理层"不断完善自己，适应竞争"，从而产生组织创新。黄永聪（2015）以市场经济烙印为自变量，以企业跨区域并购能力为因变量，提出企业可以吸收市场经济烙印并内化为自身的认知结构，并通过实验研究发现市场经济烙印可以强化企业捕捉跨区域并购机会的能力。可见，社会经济制度、资源禀赋、市场结构等初始条件会明显影响管理者的洞察力、理解力和价值观，进而影响企业的战略选择。总而言之，通过上述研究可以得出如下结论：初始条件（资源禀赋、组织制度和机会结构等）塑造的组织烙印能够通过改变管理者的能力结构和认知结构持续影响组织战略决策。

2.1.3 组织烙印的固化

组织烙印形成的"过程观"揭示了组织创立时的环境条件与创始人特征之间的相互影响，这种相互融合的机制"印刻"在新建组织的战略、制度、结构和文化上，使得组织天生就携带了差异化的DNA，这些DNA会直接影响组织的资源和关键能力。但是，根据组织烙印理论，烙印效应的本质特征是具有长期持久性，即在特定敏感期内形成的若干烙印能存在于组织未来行为中，这是烙印产生持续性的根源[①]。

烙印的固化过程揭示了组织烙印随着时间的推移和环境的改变为何会有持续性，换言之，哪些因素或机制导致组织烙印可以与组织未来共生。Stinchcombe在1956年就创新性地阐释了3种组织烙印固化的机制。一是竞争缺失。组织在竞争压力减弱的情况下缺乏对原有战略、结构、流程和文化进行变革的意愿，会保守地选择维持现状。二是效率机制。只要组织初始的决策对后续发展仍然有较高的效率，组织就会按照原有决策继续其行为。三是制度化过程。组织的传统化力量（Traditionalizing-forces）、既得利益、思维惯性和行为规范会形成制度化的环境，从而维持组织烙印的存在。根据Stinchcombe（1956）的解释，组织烙印的固化实际上是携带组织内外资源的利益相关者对组织的承诺。为了克服新创组织生存的困境及实现未来发展的需要，创始人及其团队需要和外部利益相关者构建关系网络，获得组织需要的资源和力量。在这个过程中，关系网络之间的各种互动形成了组织初期的制度、规范、文化和结构，这些制度、规范、文化和结构体现了利益相关者之间的诉求。因此，组织烙印的固化过程也可视为利益相关者维系其自身利益的一种延续。以美国半导体产业为例，Boeker（1989）以组织绩效、组织年龄、创始人任期及组织控制权为自变量，以组织烙印的持续性为因变量，通过实证研究发现彼此之间存在显著效应。具体结论为：组织追求高绩效就必须做出相应的变革；组织生存的时间越长，变革的可能性越大；创始人在组织中任职时

---

① Boeker（1989）明确提出烙印固化是指组织烙印在面临内外部环境变化时具有持久性或"黏性"。

间越长，组织对变革的倾向性越小；只要创始人对组织掌握绝对的控制权，组织的变革经历就会减少。可见，上述研究结论在某种程度上验证了效率机制与制度化过程在烙印固化机制上的巨大影响。

尽管 Stinchcombe 提出的 3 种机制不能解释烙印固化的所有机制，但是几乎涵盖了影响组织烙印持续性因素的基本来源，其中竞争和效率往往是组织外部因素，制度化过程既有外部因素也有内部因素（Johnson，2008）。Stinchcombe 的创造性发现促使学者们乐此不疲地开展后续研究，促进理论发展，比较典型的有组织生态理论（Organizational Ecology Theory）和新制度主义理论（New Institutionalism Theory），两者从某种程度上也为组织烙印的复制机制提供了理论支持。例如，组织生态理论主张外部因素（法律、制度、税收、信息渠道及合法性等）对组织变革的频率具有明显影响（Hannan et al.，1977），它们会破坏组织在某些层面惰性延续（学习方式、业务方式、对机会的反应等）的速度和程度，从而使组织初始计划持续存在。除此以外，组织生态理论也强调内部因素的维持作用，如与资源相关的沉没成本（Sunk Cost）、内部政治（Internal Politics）和道德性契约（Moral Contract）等。

与组织生态理论相比，新制度主义理论更强调外部制度因素对维持组织烙印的影响。约束性、标准化及价值认同性的制度环境，形成了组织赖以存在和成长的合法性环境，组织在其成立时所处的环境中取得合法性，进而探索如何良性运行和发展（Marquis et al.，2013；Meyer et al.，1977）。制度本身带有惰性和路径依赖，因此在其影响下的组织文化和管理实践也具备持续性。Marquis（2003）通过实证研究发现，企业内部网络中的成员会高度模仿其外部网络中关键成员的相关行为，一旦这种模仿行为程序化或制度化，就会使得组织新加入者也采取类似的行为，并构建以自身为中心的人际网络，随着新加入者的不断增加和模仿行为的不断复制，该人际网络会长期延续。除此以外，根据新制度主义理论，相较于显性知识（标准化的技术等），组织的隐性知识（文化、价值观和思维方式等）已被组织成员广泛接受并植入骨髓，这也是组织烙印得以维持的主要原因（Marquis et al.，2013）。

可见，无论是组织生态理论还是新制度主义理论，主要都通过路径依赖的视角解释组织烙印的固化机制，基本上是以组织整体特征为分析框架，并没有给出组织某项具体烙印具有持续性的原因。同时，路径依赖和组织惰性都认为外部条件会引发组织变革，但是组织内部条件的变化也会影响组织烙印的持续性，这与 Stinchcombe（1956）最早提出的烙印复制机制基本一致。Marquis 等（2013）在总结相关研究后也认为，组织内部条件对组织烙印的固化具有重要影响，并归纳了烙印通用过程模型（图 2-1）。

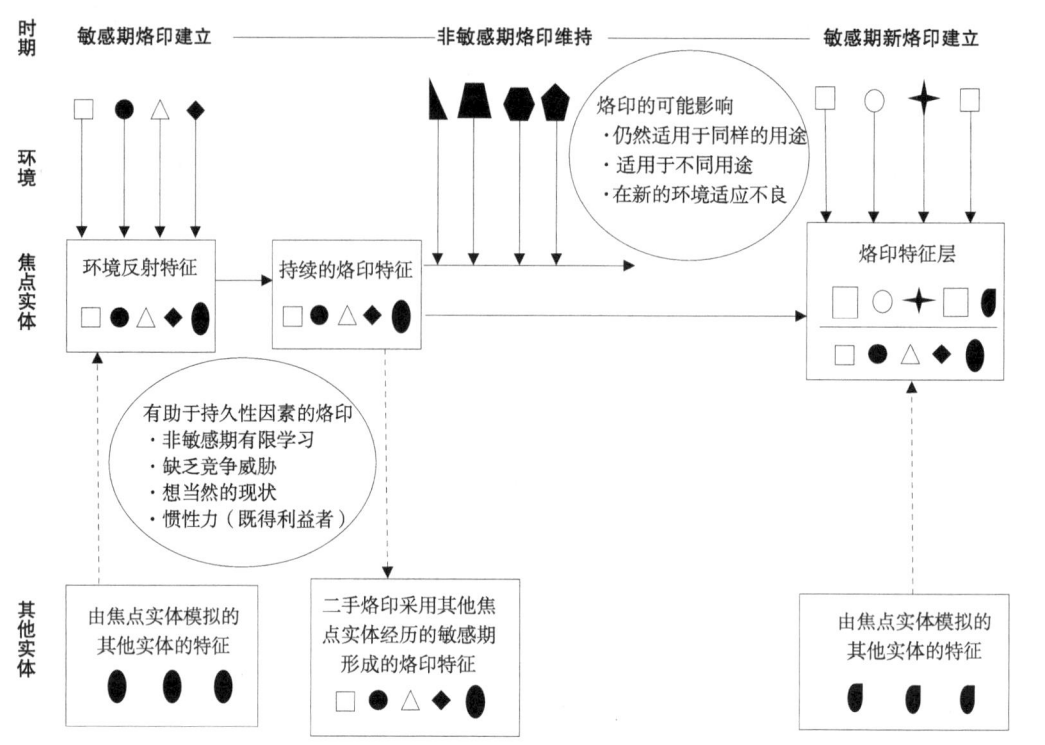

图 2-1　烙印通用过程模型（Marquis et al.，2013）

2.1.4　组织烙印的影响

组织烙印的影响是指复制焦点实体特征的组织烙印对焦点实体生存和发展的直接和间接影响。Marquis 等（2013）通过组织烙印对焦点实体的活动和效果的作用总结出组织烙印的主要表现形式，即绩效、生存和适应。组织烙印的影响主要通过近端和远端两种方式体现出来。近端影响主要是直接影响，是指组织烙印在客观上会影响企业捕捉机会、获取资源、构建稳固的关系网络等方面的能力。远端影响是指间接影响，主要是指组织未来的生存、发展和绩效。

（1）近端的直接影响

研究组织烙印的直接影响可以进一步地阐明烙印动力学的作用机制。在行业层面上，Jones（2001）为了深入诠释新兴行业的创始经历、程序范式和竞合关系交互演变的原始路径，通过对美国电影行业 26 家典型企业的案例分析，研究组织烙印与市场竞争之间的关系，发现有着不同社会化经历和时代背景的创始人会采用不同的程序规范和市场竞争模式。Shinkle 等（2012）提出，组织烙印理论强调企业初创期的制度条件会约束其竞争意愿，并通过中欧转型期具有典型特征的企业数据库进行实证研究，探索新制度和当前制度对竞争意愿的不同影响，结果发现，新制度环境削弱了当前制度环境与组织竞争意愿的匹配度，当新制度环境逐渐替代当前制度环境后，该影响会加强。Dowell 等（2006）研究企业市场准入时间对生存概率的影响，发现路径依赖影响战略调整和主营业务的匹配，降低企业安排资源计划的能力。Boeker（1989）探索了组织的发展轨迹和影响战略变革的因素，研究发现，组织初创时环境条件通过围绕特定目标形成组织承诺，并"镶嵌"在初始战略上，从而阐明了时间对组织战略学习和行为的影响。Friesl（2011）通过个体层面的研究也有类似发现，其以德国联邦武装部队为跟踪案例，重点关注在新组织进入后知识密集型的差异化群体的知识共享情况，结果发现虽然新组织的结构较为分散，但是其文化烙印依然影响知识共享，并进一步影响差异化群体与外部组织之间知识共享的四大要素，即层级、组织背景、微观政治和猜忌。Chen（2010）研究了组织构建烙印对规范化的人力资源程序、范例和员工离职率的影响。Andrew（2013）提出个人职业生涯的前期社会化经历对其后续职业发展有着长期影响，有预期的前期干涉和高效的有任务导向的实践引导优于事后反省。Gruber等（2011）研究了49家体育器材行业的企业创始人的背景、思维和活动，结果发现创始人背景有3种单一的类型，并进一步揭示了这些背景如何影响新创公司的战略决策，从而将创始人特征"镌刻"在新创公司的各个层面上，加深了学者们对组织初创时期和未来发展之间具有明显异质性的理解。诚如Marquis等（2010）所言，烙印影响上述近端变量的认知范围的方式和过程是多种多样的，未来可能加入必要的中介或调节变量从而进一步解释烙印如何对更多近端变量产生深远的影响。

（2）远端的间接影响

组织烙印能够影响组织生存、发展、战略选择及市场机会捕捉等结果变量。Soda等（2004）探寻网络烙印与组织绩效关系时发现，闭塞的网络结构对组织绩效十分不利。Roberts（2011）调查创始人身份与组织规模之间的变化过程时发现，创始人主导新企业的筹建，他们寻求各种社会关系，拼凑资源，发现并抓住机会，实施既定计划，并制定初始战略，同时积极拓展融资渠道，构建企业资本结构，这些决策都将对企业未来发展产生持续作用。Mcevily等（2012）采用历史数据揭示了网络烙印和组织发展之间的关系，发现网络节点之间的连接会产生烙印效应，意味着伴随部分（并非所有）连接形成的初始因素"孕育"出深远的图谱效益。Eisenhardt等（1990）以新创的美国半导体公司为研究对象，探寻技术条件如何影响企业成长，并将创始团队背景、初始决策与环境条件作为自变量，将企业销售增长率作为因变量，结果发现创始团队背景与企业生命周期各个阶段之间有着显著的交互关系，并且随着时间的推移，创始团队背景对销售增长率的影响更加明显，而战略变革、竞争环境对技术变革影响不大。Geroski等（2010）研究了初始环境对新创企业生存率的影响，结果发现初始烙印效应是企业消亡的主要原因，并且在其他条件基本不变的前提下，它们对企业退出的影响在企业后续发展的若干年内未见衰退[①]。Benner等（2012）研究在技术变革导致新兴产业涌现而产生的高度不稳定情境下产业烙印对产品品牌的影响，结果有3个重要发现：①过往的市场经验形成了一系列一致的价值观，引发相似或协同管理行为；②企业会自然地对同行竞争者的市场行为进行模仿；③当企业将相关经验和能力内化后，企业对彼此的影响将减弱。Dobrev等（2010）提出假设，即企业创建时的制约性因素会加速企业消亡，对1885—1981年美国汽车工业企业死亡率的实证研究验证了该假设，同时为组织生态理论在组织演进过程中扮演的重要角色提供了证据。

Simsek（2015）通过对119篇有关组织烙印的文献进行总结，对组织烙印的整体机

---

① 与此类似，曾春影等（2018）在研究CEO初次进入职场时的经济形势对其当前所在企业的应计盈余管理的影响时发现，当CEO初次进入职场时的经济形势比较好时，其当前所在企业的应计盈余管理水平便较高。

制（起源—演变—表现形式）进行了深入研究，并设计了一个多进程的烙印机制理论框架（图2-2）。总体而言，组织烙印的影响在跨领域研究中都是有广泛空间的。前期实证研究的主要重心为验证组织烙印的客观存在性，即检验组织创建的敏感期内初始环境因素和创始人背景能否塑造组织烙印特征并在组织中体现出来，进而论证两者之间是否存在交互关系；案例研究则倾向于使用历史数据阐释组织烙印的起源、形成过程、持续性及最终产生的影响。Marquis等（2013）在总结前人研究成果并拓展相关理论的基础上提出了迈向多层次的烙印理论框架，确定经济、技术、制度和个人因素的影响导致组织集体、单一组织、组织构件和个人的烙印出现，并通过该框架设计了一个通用模型，指明了未来研究的主要方向，并搭建了多层次烙印理论的新框架，这一框架为组织理论学派贡献了一个崭新的视角，使其能够严谨地审视历史。

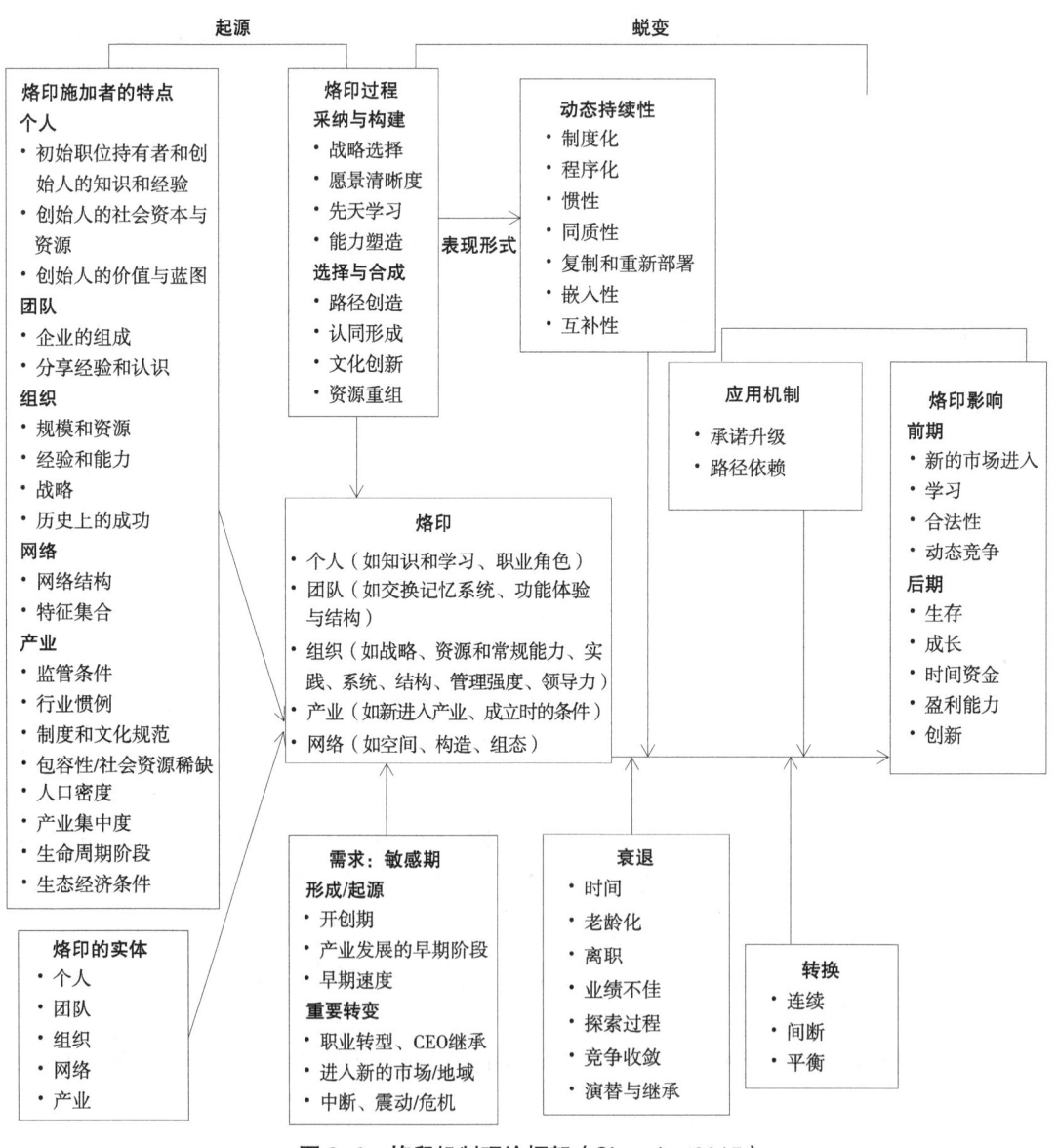

图2-2　烙印机制理论框架（Simsek，2015）

2.1.5 研究评述

组织烙印概念自诞生以来，研究者们就不断地从组织生态理论、新制度主义理论、创业理论、社会学理论等视角出发，跨领域、多学科地完善组织烙印的理论框架，不断拓展组织烙印的内涵和外延、形成过程、持续性及后续影响，在烙印动力学方面形成了一些成果，但已有研究仍存在如下局限性。

①对组织烙印的具体含义尚未有定论，学者们往往是从特定的研究样本或案例中归纳其特征并进行分析，它是否具有普遍性仍然需要时间验证。

②由于组织烙印的研究成果出自不同学科，在具有丰富外延的同时，导致实证研究的匮乏，这意味着组织烙印研究虽然理论成果丰硕，但是较难形成融合和系统的理论框架。

③总体来说，当前对国内组织烙印的研究还处于初期阶段，成果也相对较少。组织烙印起源于西方发达国家的管理实践，现有的研究成果和相关结论也是基于其境内的实体（企业或个人）数据，但是对于社会制度与经济社会环境迥异的中国来说，未必具有普适性。作为社会主义制度国家的中国，当前处于"双循环"的经济转型期和数字化变革的产业升级期，其境内的企业所处的环境和西方发达国家有着本质区别，这也为组织烙印在中国的研究提供了新的条件、领域和视野，从而得出差异化的结论和成果。

2.2 理论基础

2.2.1 代际传承理论

（1）代际传承理论概述

对于家族企业代际传承的研究可谓一波三折，世界著名创新管理大师 Christensen 早在1953年就开始关注家族企业代际传承现象，并率先在全球范围内指出家族成员作为继任者如何承接家族企业的问题。由于企业可供研究的领域十分广泛，在后续相当长的时间内，学者们并未将代际传承问题视为重点研究对象，使得家族企业代际传承的相关研究出现停滞、割裂和断层，并未深入发展。直到1980年，家族企业的重要性再度被提上议程，全球兴起了研究家族企业的热潮，代际传承的相关研究也随之水涨船高，并不断深化延续。

在早期的家族企业代际传承相关研究中，代际传承往往被视为孤立的突发事件。20世纪70年代末，Longenecker 等（1978）首次提出"本质上家族企业代际传承是一个长期的社会化过程"，该观点被后来的研究者称为代际传承的"过程观"，并被广泛接受。随后诸多学者开始从不同学科、不同视角阐释家族企业代际传承的过程及相关影响因素，并进一步研究传承阶段的各类情境，从而产生了不少经典的传承模型。

早期研究家族企业传承过程的简单模型是 Stavrou 在1998年提出的三阶段家族企业传承模型：第一阶段为传承的准备阶段，是继任者尚未进入企业，创始人选择和考察潜在继任者的准备时期；第二阶段为传承的进行阶段，继任者正式进入家族企业并扮演重要角色，与创始人共同管理企业，使企业资源、权力和合法性得以有效传承，直到继任者可以独立行使决策权；第三阶段为传承的完成阶段，创始人退出企业，继任者成为企业的实际掌舵人，企业控制权及其他领导人的权力均完成转移（图2-3）。

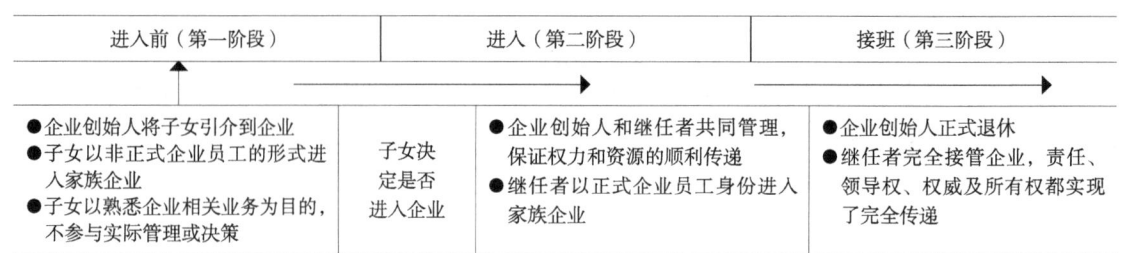

图 2-3　三阶段家族企业传承模型（Stavrou，1998）

与平面化的三阶段家族企业传承模型不同，Gersick 等（1999）的三环发展家族企业传承模型呈现了立体化的传承过程，它以家族企业三环模型（所有权—企业—家庭）为基础进行延伸，重点研究这 3 个维度在企业各个生命周期阶段的嬗变过程（图 2-4）。随着家族企业传承的进行，企业所有权从最初由创始人独自掌控到后续逐渐稀释为其近亲（手足同胞等）共有，共有人甚至扩展到其他具有血亲缘的远亲，最终实现"泛家族化"。在这个过程中，企业度过了从无到有、从生存到发展的不同阶段，家庭与企业之间的交互关系愈加紧密。三环发展家族企业传承模型与其他研究模型相比，突破了静态的观点，考虑了所有权随时间而产生权变的因素，并系统化、动态性地将所有权、企业和家庭 3 个维度的变化置于家族企业传承的过程中。

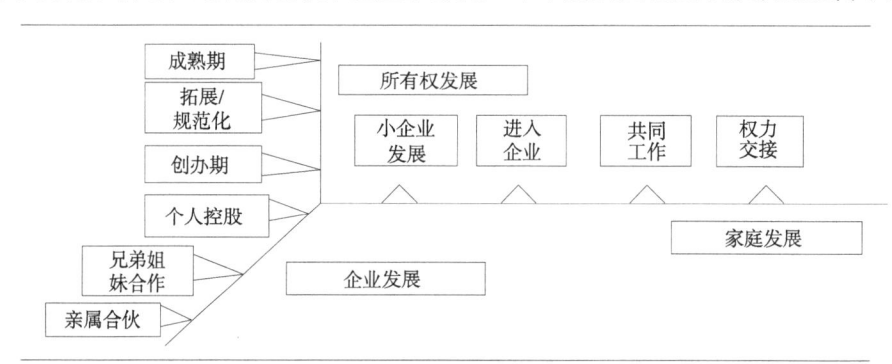

图 2-4　三环发展家族企业传承模型（Gersick et al.，1999）

李卫宁等（2018）通过借鉴物理学中"火焰"的概念和特征对家族企业的传承阶段进行系统梳理，提出了"火焰"家族企业传承模型（图 2-5），该模型聚焦家族企业传承过程中代际冲突的类型和特征，将"火焰"的 3 个组成部分与代际传承的 3 个阶段进行匹配，其中"外焰"部分对应初步接触阶段，即创始人掌权而继任者刚进入企业；"内焰"部分对应共同管理阶段，即创始人逐步放权，继任者进入高层；"焰心"部分对应核心权力转移阶段，即创始人移交全部权力，继任者正式掌权。

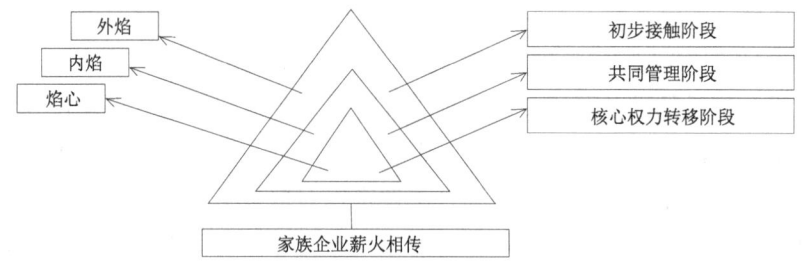

图 2-5　"火焰"家族企业传承模型（李卫宁 等，2018）

Breton-Miller 等（2004）的家族企业成功传承综合模型可谓是家族企业传承模型的集众家之长者（图2-6）。与其他学者相比，他们构建的模型以筛选、梳理和统计分析家族企业传承文献为基础，对文献中的研究方法、研究内容和思路、变量设计等出现频次的数据进行整理后，筛选出最受关注的实质内容作为模型的核心。这种研究方法在一定程度上既能够帮助研究者对家族企业传承有全面的认知，又可以使得研究者发现该领域的热点和不足。例如，Breton-Miller 等发现，过往研究在企业内外部条件、制度环境对代际传承的影响、代际传承路径的选择和传承结果的评价上关注不足。可见，对家族企业的研究需要学者们充分考虑当前企业所处复杂多变的内外部情境，而不仅仅以过往文献中单一、脱离现实背景的相关理论来研究家族企业的传承问题。

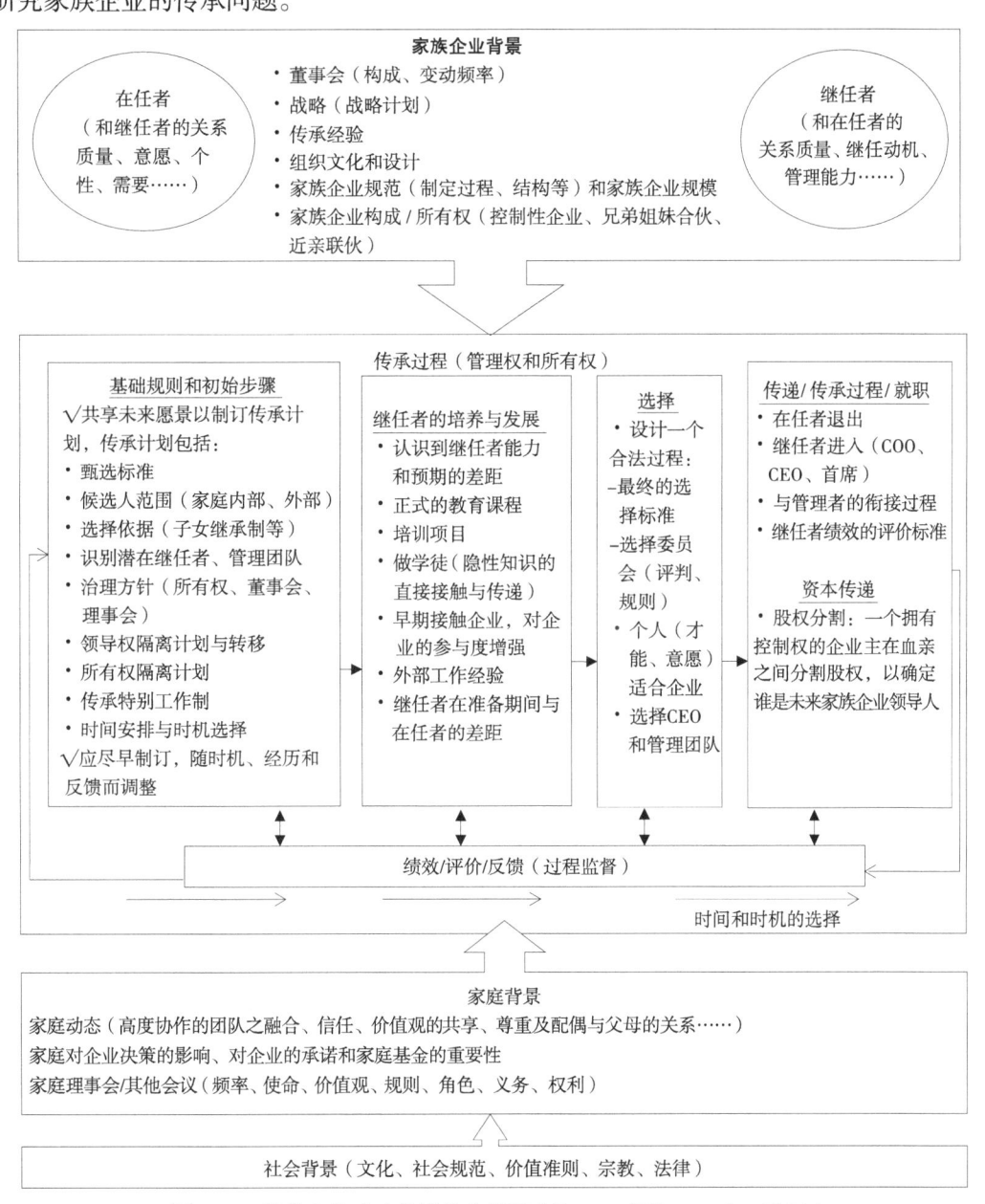

图 2-6　家族企业成功传承综合模型（Breton-Miller et al., 2004）

（2）代际传承与创始人烙印

王奇等（2020）认为家族企业及其代际传承的起源就是家族企业基因，而创始人烙印就是该基因中最核心的部分。赵剑（2010）认为企业代际传承是企业从创业到发展的演变，不仅表现为数量的增长、企业产能和效率的提高，而且表现为创始人烙印的不断变化。钟健（2010）将创始人烙印运用于企业传承动力研究，认为创始人烙印与企业传承之间有着密切关系，由制度、技术、文化烙印组成的创始人烙印体系在企业传承中发生了不同的变化。其中，制度烙印由结构烙印、部门烙印和规程烙印组成，文化烙印以企业精神为核心，分为学习能力和应变能力两大部分。熊唯伊（2016）构建了一个由企业制度、企业技术和管理者3个因子组成的创始人烙印系统，采用问卷调查方法测度了创始人烙印对企业传承的影响，其对创始人烙印变量的确定是通过对文献的规范分析形成的。

总的来说，家族企业代际传承的本质机制是创始人烙印是否可以长久持续，家族企业创始人烙印兼具可持续性和衰退性正是家族企业传承具有异质性的根本原因。可以认为家族企业代际传承的本质就是创始人烙印在两代掌权人所在企业的演变过程。创始人烙印不同维度之间的可持续性和衰退性共存反映了组织烙印演变的特性，家族企业的传承过程随着创始人烙印的演变轨迹而变化。可持续性和衰退性是矛盾统一体，可持续性是家族企业特征的传承，是家族企业稳定的基石；衰退性意味着新烙印的产生，是家族企业创新和变革的动力。就创始人烙印衰退而言，继任者是导致其衰退的诱因之一，一方面继任者出于维持社会情感财富的需要使得创始人烙印得以维系；另一方面出于企业发展和成长的需要会对其"摒弃"。因此，家族企业创始人烙印的持续和衰退可视为代际传承过程中的一次取舍。

王奇等（2020）认为创始人烙印的本质就是创始人的异质性基因，它的代际遗传机制可分为复制和表达两个阶段（图2-7），具体过程为：首先以自身为模板进行复制，然后通过转录形成组织价值观，接着通过翻译形成企业核心竞争力，最后完成表达。在转录过程中，家族企业创始人烙印形成企业认知，重塑其内涵和外延，并进行自我复制，再转化为企业价值观和愿景，形成隐性知识。在翻译过程中，企业价值观中蕴含的烙印基因协同企业行为形成企业核心竞争力。

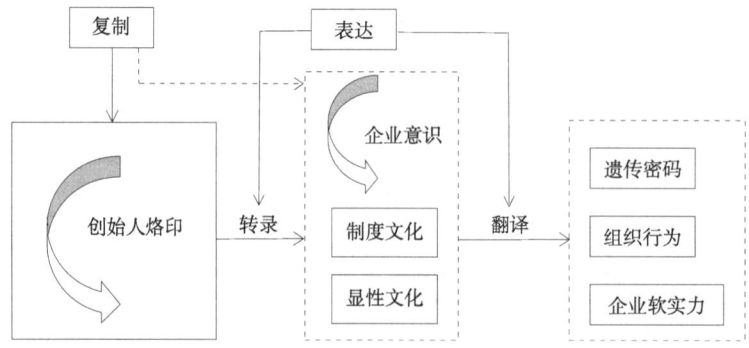

图2-7 创始人烙印的代际遗传机制（王奇 等，2020）

2.2.2 组织变革理论

（1）组织变革理论概述

组织变革是组织理论中学者们最为关注的重点领域和前沿焦点之一（VandeVen et al.，2005）。Michael（1982）认为组织变革的内涵是组织不能适应所处的环境变化而进行的必要调整，包括认知和行为，目的是应对不断变化的环境。Daft 等（1994）则指出组织变革是组织改变思维模式和行为范式的具体过程。Lüscher 等（2008）从企业发展的角度提出组织变革是企业获取竞争动力和成长空间采取的战略决策。Armenakis 等（1999）进一步指出组织变革是融合变革背景、变革内容和变革过程的综合系统。变革背景是导致组织产生变革的内外部环境因素或变量，如行业衰退、技术革新或竞争加剧等；变革内容是变革的客观具体对象，如技术/产品创新、改变业务方向等；变革过程是组织变革的行为轨迹，如产品设计、战略制定过程等。

变革的本质是系统再造的过程，不少研究者开发或构建了较为典型的组织变革模型。其中，最为经典的组织变革模型当属 Lewin（1951）基于力场研究得出的解冻—变革—再冻结模型。该模型将组织变革定义为原本杂乱无序的各种动力与阻力使组织转变为期望中的均衡形态并交互影响的过程：第一是解冻阶段，统一思想，确定变革目标，编制组织变革方案，发现并克服组织变革过程中的各种阻力，寻找有利于组织变革的动力；第二是变革阶段，通过实施变革方案使组织从当前均衡状态向预期状态转变；第三是再冻结阶段，组织采用稳定当前新组织结构和行为方式的措施和手段，阻止组织逆向退回原有状态，使得新状态得以维持（孟范祥 等，2008；孟领，2005）。后续众多学者提出了各种不同的组织变革模型，其中较为经典的有 Dixon 与 Meyer 模型、ASD 模型和 Greenwood 与 Hinings 模型。

Dixon 等（2010）以经济转型期的典型企业为研究对象，以组织改良的概念为基础，指出组织变革存在 3 个阶段（图 2-8）。第一阶段是打破过去，该阶段主要发生在组织变革的起源期，在高管团队（具有独特背景）更替、领导与权威风格变换及组织所在地区经济社会制度变化的情境下，组织会有过往形成的组织烙印被打破的警觉性；第二阶段是开发和配置，组织的生存和成长受其开发能力和资源配置能力的影响，其中开发性学习及权变型领导风格影响组织的开发能力，组织对变革的警觉性和组织所在地区经济社会制度变化影响组织的资源配置能力；第三阶段是探索和创新，组织变革的结果是提升组织的探索和创新的能力，交易型领导风格促进探索性组织学习，探索性组织学习进而提升组织捕捉机会和创新的能力，最终确立企业的核心竞争力和价值。该模型重点分析了组织变革过程中领导力、学习能力、动态能力及绩效 4 个要素的具体表现，提出在不同的变革阶段如何采取措施满足不同要素的需求来推进组织整体变革，从而帮助企业走出困境，获取生存和发展机会，谋取核心竞争力和价值。美中不足的是，Dixon 等的模型过多关注组织层面变革的学习能力和动态能力，以及相应的绩效变化，但是在个人层面上仅对管理者的领导力有所涉及。

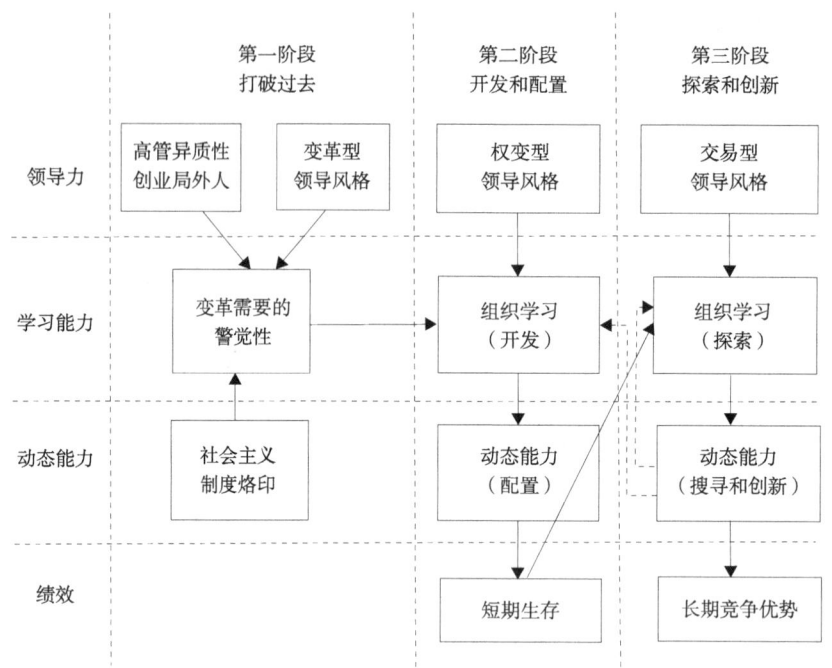

图 2-8　Dixon 与 Meyer 模型（Dixon et al., 2010）

在个体层面，国内学者王重鸣（2000）在分析中国 628 个创业者与创业团队创业过程中相关典型案例的基础上，创新性地提出中国创业背景下的创业发展模型——适应-选择-发展（ASD）模型。该模型主要用于解释新创业企业的成立和发展的变化过程，也可揭示组织变革中的部分现象。在创业企业发生组织变革的情境下，适应阶段是指组织在企业环境背景映射下的反应，是对市场和行业机会与风险的识别与判断；选择阶段是 ASD 模型的中心内容，主要是指战略变革，强调组织在加强战略决策能力方面应具备的能力；发展阶段是企业的可持续阶段，组织通过前期适应和选择的行为，因战略决策不同产生差异化的结果，最终影响组织后续的发展道路与绩效。该模型弥补了 Dixon 与 Meyer 模型中过于强调组织层面的因素，更多地揭示了个体层面中员工对组织变革的作用及领导的影响，并且强调组织在企业环境背景映射下的反应、对市场和行业机会与风险的识别与判断。唐琳琳（2009）和吴道友（2009）在组织变革和国际创业背景下对 ASD 模型进行实证研究，发现在中国政治经济文化背景下，ASD 模型可以很好地解释中国企业组织变革的动因、管理过程和逻辑机制。

为了揭示环境对组织变革的影响机制，Greenwood 等（1996）在组织-环境匹配理论的基础上提出了组织变革动力机制模型，指出情境动力和组织内动力共同构成组织变革动力，其中情境动力由市场情境动力和制度情境动力组成，组织内动力由触发动力和使能动力组成，如图 2-9 所示。触发动力包括利益不满和价值承诺两个部分，是组织变革的直接诱因，类似于导火线的作用；使能动力包括权力依赖和行动能力两个部分，是组织变革的需求动因。触发动力最终通过使能动力实现组织变革（梅胜军，2010），即变革触发后，组织利用使能动力维持组织变革的整个过程。

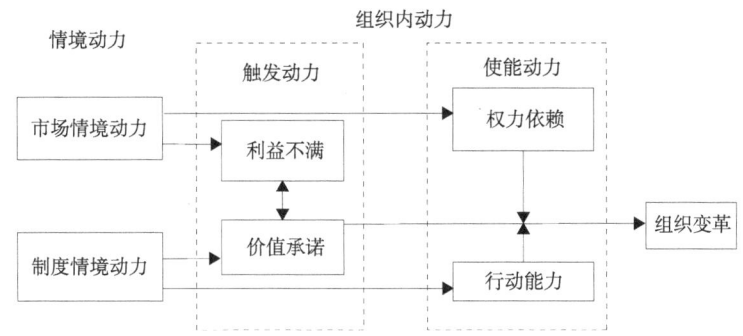

图 2-9　Greenwood 与 Hinings 模型（Greenwood et al., 1996）

（2）组织变革与代际传承

子女权威不足是二代继任者难以避免的困境，创始人通过变革培养继任者，助其构建领导权威与继承合法性，其是继任者接班准备阶段组织变革的首要因素。代际传承中的权力更替过程一般伴随着权威的更迭、融合和维系（Osnes，2011）。为避免侵犯创始人的权威，或者规避与兄弟姐妹及其他家族成员的利益相争，二代继任者会在创始人的支持和帮扶下进行组合创业（李新春 等，2015）。魏春燕等（2015）指出创始人为了帮助继任者树立领导权威及提振股东信心，在家族企业传承过程中会为二代继任者调节未来利润。类似地，在继任者传承的准备阶段，创始人会辅助其进行组织变革，以助其构建权威。如果继任者仅仅是继承企业现有资源，即使为企业发展赢得了绩效，也很难判断这是继任者为企业做的新贡献还是创始人既有影响的惯性使然。换言之，在创始人烙印深深影响下的家族企业，往往会形成思维定式，将成绩归因于创始人而将问题归咎于继任者，正因为如此初掌权柄的继任者想要得到组织认同和老臣支持十分困难。而组织变革能够改变这种惯性思维，甚至影响创始人烙印，凸显继任者的业绩（李维安 等，2014），因此继任者对组织变革有着天然动力，创始人则具备辅助继任者开展组织变革的能力。除此之外，年轻的继任者更具创新精神，有更为开阔的视域，他们勇于探索新的市场热点，具备新的管理理念，愿意迎接新的挑战（陈东，2015），创始人为顺利交接会"放任"继任者并助其进行组织变革。

借助于代际传承的契机进行企业创新与转型，让年轻人承担更多家族使命和责任，是创始人帮扶继任者在传承的准备阶段进行组织变革的另一个重要原因。随着中国改革开放的深入推进，当前处于代际传承的家族企业主要集中在传统制造业，在经济转型和产业升级的背景下，这些家族企业可以通过代际传承实现组织变革进而开拓新市场，开发新技术，研究新产品，转战新领域，由继任者发起的转型创新可认为是企业二次创业的一种新模式（郭超，2013），而从传统制造到智能制造、从关系思维到商业思维的组织变革成为家族企业持续创新的核心能力。与多数企业创始人以政治关系作为长期战略的重心不同（张建君 等，2005），继任者比上一代更注重商业关系（赵晶 等，2015），代际传承还会触发创始人的社会资本等隐性资本的变动（窦军生 等，2008），社会资本的变化使得企业资源获取方式、管理经营战略发生相应变革，从而促使企业资源在关键领域的配置发生变化。汪祥耀等（2015）进一步指出继任者开始掌权后，会将自身的管理理念、价值观、愿景及管理认知输入企业，进而引发企业战略变革。娃哈哈集团创始人宗庆后在女儿宗馥莉继任时给予她充分的信任和权力，而事实上，极具独立精神的宗馥莉并未接手娃哈哈集团的传统饮料业务，而是将工作重点放在积极拓展新领域上，经营理念和管理方式都与父亲截然不同，宗庆后重视实业盈利，宗馥莉则显然更懂得利用组织变革来推动公司转型与发展。

然而，在家族企业代际传承过程中继任者正式掌权后的阶段和准备阶段存在不同的组织变革动机。尽管继任者在准备阶段会因为构建权威、转向新兴行业等进行相应的组织变革，但继任者上位后企业的组织变革会明显放缓。首先，权威是人们发自内心服从，它包括规章制度赋予的法理权威、惯例或一贯的信念之上的传统权威，以及个人所具有的独特品质之上的魅力权威（马克斯·韦伯，1997）。继任者上位已经获得更高的职位，拥有法理权威为合法性背书，并且经历了接班准备的漫长培养期，继任者的传统权威和魅力权威也逐渐得到组织和团队认可，通过组织变革提高自身合法性的动机会降低。其次，创始人在继任者接班准备阶段会有一系列的"搭桥铺路"行为（胡宁，2016），通过组织变革将企业转向高产品附加值行业，让继任者获得优质资产和长期稳定回报，家族企业之前的"烂摊子"因为组织变革而重获生机，继任者上位后的变革程度减弱，倾向于选择健康稳定发展。

同时，中国传统文化自古就强调"父（母）慈子孝"，子女孝顺不仅是对父母慈爱的回报，而且是对两代关系的双向激励和约束。继任者上位后成为家族企业新的主导者，尽管创始人仍在企业任职，但只是扮演辅助继任者的角色，大刀阔斧的组织变革往往会被视为"不孝""忤逆"等不合社会认知的行为（赵晶 等，2015），继而会削弱创始人的权威和声望，引发继任者与创始人的争执、冲突甚至对抗，创始人身边的"老臣"也会产生抵触情绪，这并不符合家族的整体利益，有悖于家族中心主义。事实上，基于代际传承的组织变革的根本目的是帮助继任者构建权威、培养其能力及组织转型升级等，这并非家族企业一贯的保守特性（Duran et al.，2016）和秉承的长期导向战略（Cheng，2014），即这种携带父（母）爱主义因素的组织变革扮演了很强的临时性角色。

总体而言，家族企业的当前引路人，即家族企业继任者的观念，反映的是企业整体的思想和意志。换言之，企业最后是否会选择组织变革，根本上取决于继任者对变革的态度，内外部环境的变化仅仅是左右继任者思考的一个因素。代际传承是实现组织变革的一个契机，一方面，创始人与继任者之间产生权力更迭，两者在理念和行为上的差异会导致整个企业改变思想，引发组织变革；另一方面，继任者组建的新管理团队也会带来新的管理思想，并支持继任者实施变革。

2.2.3 家族创业理论

（1）家族创业概述

家族创业研究起源于20世纪90年代，综合了社会学、家族企业、创新创业研究领域的研究成果，是一个全新的交叉学科（Randerson et al.，2015；Bettinelli et al.，2014），学者们对研究家族如何影响企业创业行为的兴趣盎然。学者们发现创业企业无论是成立阶段还是发展阶段均离不开家族的重大影响力（Steier，2007；Aldrich et al.，2003；Olson et al.，2003）。学者们在创业领域通过深入研究"家族成长史"（Familial Sub-narrative）在新创企业成立过程中的作用（Steier，2007），认为创业可以被视为家族企业的基础（Chua et al.，2004；

Bettinelli et al., 2014)。此外,在论及家族对创业的影响时,Rogoff 等(2003)将家族比喻为"助燃创业火花的氧气"。Nordqvist 等(2010)提出了创业家族的概念,将其视为能够制约或促使创业行为的组织形态。也有学者将创业视为寻求和捕捉市场机会的过程(Shane et al., 2000;Nordqvist et al., 2010)。

Uhlaner 等(2012)认为家族创业是创始人与其家族成员创业的宗旨与方向。Discua Cruz 等(2013)指出凡是家族内开展创业行为的群体均可称为家族创业团队。Randerson 等(2015)提出家族创业是一个交叉科学,是家族、创业和家族企业研究的"交汇点"。还有学者基于家族创业的相关研究成果,采用案例分析的方法通过分析典型企业中个体、家族和家族企业之间的交互作用来研究家族创业实践,进一步定义了家族创业这一领域(Bettinelli et al., 2014;Randerson et al., 2016),即探索家族、家族成员与家族企业创业行为的研究领域。Goel 等(2016)指出创业企业和家族之间广泛存在"方法–成果"关系。家族企业的本质或内涵是家族希望维持企业控制权(经营管理权、股权、领导权等)并世代相传。创业是家族企业寻求"家族王朝"生生不息、利润长期增长、世代相传和不断创新的"成果"的"方法"。因此,家族企业和创业经常联系在一起(Brockhaus, 1994)。Zahra(2005)描述了家族企业天然利于创业的两个原因:①创始人和企业是利益高度统一体;②企业创始人和继任者的战略决策、情感承诺等具有连续性。Kellermanns 等(2008)指出家族情境有利于家族成员从事创业活动。综合现有研究,总体来说存在 4 个角度对家族创业的内涵进行分析:第一,家族创业起源于创始人的创业动机;第二,家族创业是多学科、多视角研究下的产物;第三,借鉴家族企业的定义来界定家族创业;第四,将家族创业视为家族企业得以世代相传和不断创新的一种方式。

家族企业的特殊情境可以为企业创业提供特殊资源,使得家族创业具有天然的组织优势(Zahra, 2012;Arregle et al., 2015;庞仙君 等,2015)。事实上,家族企业跨代创业活动至少存在原行业升级、进入新行业两种活动中的一种(吴炯,2015)。原行业升级是指继任者带领企业加大研发投入,升级已经活跃在市场上的业务,此时家族企业更多的是产品技术方面的创新,如从服装初级加工涉入服装品牌开发;进入新行业是指继任者带领企业进入新市场,开展新的业务活动,此时家族企业更多的是经营范围进一步扩大,如从制造业涉入金融行业。当然,也存在原行业升级和进入新行业两种创业活动并存的情况。之所以难以总结归纳家族企业的特征,是因为家族企业个体存在很大差异(Melin et al., 2007),另外家族创业研究处于崭新的研究领域,对其尚未有一致性的定义。

(2)家族创业与创始人烙印

烙印理论在家族创业领域掀起了一场"研究风暴",也成为家族企业研究领域的热点,大量研究者开始关注社会文化背景对创始人和其创业行为的关键与持续作用。通过纵向数据分析,创始人烙印观点可以解释创业时期的环境因素对家族企业生存和成长的长久影响。研究者们也关注对创始人个体特征的研究,主要侧重创始人烙印的起源和结果两个方面。

既定背景下创始人自身的异质性禀赋和历史实践是创始人烙印的主要来源(杨繁 等,2020)。当前关于该观点的研究包含以下 3 个方面。第一,创业者的身份。Nelson(2003)提出创始人是否兼任企业 CEO,会改变企业原有的股东结构和治理结构,在资本市场上这两类企业的绩效也有明显差异；Hong（2010）揭示了创业行为是创始人角色变换的过程，指出创始人对不同角色倾向性和偏离度的感知可以影响企业生存；Day 等（2018）认为，在企业转型升级期，创始人的背景和经历（如是否有政治关联）会影响其发现和捕捉因政府政策变动而出现的大量创业机会的能力，同时其依据资源基础理论和新制度主义理论，揭示了该情境的内在机制。第二，创业者的经历和资源。Shane（2010）在研究创始人创业前的背景和经历时发现，即使处于相同的经济转型时期，具有不同身份的创始人识别创业机会的能力是有差异的，且贯穿整个创业过程。此外，Jaskiewicz 等（2015）认为在家族成员较多、凝聚力较强的家族内描述前人艰辛的创业轶事，有助于扩大创始人的创业资源对家族继任者的积极作用，促使其进行跨代创业并制定新的发展方向、选择新的成长路径。第三，创业者的价值观和认知体系。Bryant（2012）通过对创始人如何强化企业生存能力和行为实践的研究指出，创始人的文化信仰、经营理念和思维模式对家族内部达成共识的条例、规范和程序有重大影响，由此验证了个人烙印在组织层面的持续机制。有别于从组织惯性、路径依赖等视角开展分析研究，Ellis（2013）等基于烙印持续机制解释了创始人如何将自身的认知体系和行为范式通过代际传承逐代转移的漫长历史过程。

2.3 本章小结

本章为文献综述与理论基础，主要对本书涉及的研究领域和范围进行了梳理，并阐述了本书的理论基础。在文献综述中，主要梳理了与组织烙印相关的4个方面的文献研究：一是组织烙印的内涵与特征，即组织烙印的本质是什么；二是组织烙印的来源，即组织烙印的形成条件和起源是什么；三是组织烙印的固化，即组织烙印是如何长时间维持的；四是组织烙印的影响，即组织烙印对企业发展产生的近端和远端影响有哪些。本书的理论基础是代际传承理论、组织变革理论和家族创业理论。

3 创始人烙印演变的影响因素和效果：探索性案例研究

实证研究是管理学学术研究中至关重要的方法，彼得·德鲁克就曾提出"管理是一种实践，其本质非源于知，而源于行"的观点。针对实证研究的众多分支，Yin（2003）认为，如果研究目标是解答"是如何变化的""为何会变成这样""结果如何"，最为适用的研究方法就是案例研究。本书的核心问题——代际传承背景下家族企业创始人烙印演变的影响机制和效果具有"既来源于理论（烙印理论）又应用于实践（企业战略），既带有管理理论的一般性又带有本土环境的特殊性（中国的代际传承环境）"的特征，契合 Yin 所指的研究目标，即"是如何变化的——创始人烙印演变路径""为何会变成这样——传承情境""结果如何——传承效果"。深入企业进行调研、访谈和资料收集，并通过规范的案例编码和案例间比较分析的方法来揭示相关观念之间内在的联系具有十分重要的研究意义。因此，在文献综述的基础上，本章选取 6 家典型的浙江家族企业，它们来自不同行业，该研究通过深度调研探索其创始人烙印演变的影响机制和效果的具体表现，并结合相关理论讨论其相关关系，使本书研究框架的合理性得到初步论证。

3.1 案例研究方法概述

3.1.1 案例研究的原理和思路

随着管理学研究的深入发展，当前的案例研究已经被许多管理学研究者重视与青睐：在许多重要的管理类期刊中，采取案例研究法的论文逐渐增加，从而取得了一定的研究正当性。以管理学国际权威期刊 AMJ（*Academy of Management Journal*）为例，1963—2007 年通过案例研究法构建理论模型的论文数量保持线性增长（Colquitt et al., 2007）。事实上，近些年 AMJ 年度最佳论文评选中，大多也是采用案例研究法，无怪乎 AMJ 主编和编委对包含案例研究在内的定性研究也青睐有加。在战略管理研究中，战略管理学者们往往通过案例研究法提升对企业管理的认知：早期的战略经典著作《战略管理：竞争与全球化（概念）》及新 SSCI 期刊《技术分析与战略管理》中，都广泛存在对企业发展史或行业史的案例研究。Chandler 通过美国企业史研究得出"结构跟随战略"的新理论，并得到了 Whittington 和 Meyer 对欧洲公司案例研究结果的复证；此外，Minzberg（2002）在《战略管理：概念与案例》中基于案例研究归纳出"自发式"战略（Emergent Strategy）的概念，这些均验证了案例研究在战略管理领域的工具价值。

针对当前国内的管理学研究，毛基业等（2010）发现现有文献多采用演绎式的推理方法，缺乏严谨的科学研究方法，并且是在中国情境下检验西方管理理论，缺乏不同背景下新的理论构建。随着科研国际化，国内管理学界正从理论性、思辨性的研究转向实证性研究，积极地与国际通行的科学研究方法和手段接轨从而得到了国际管理学界的认可。案例研究作为实证研究的重要方法之一，也逐渐为国内研究者所认知和使用。管理学著名教授徐淑英（2012）也呼吁中国管理研究领域亟须进行理论构建方面的研究，案例研究则是达到此目标的重要渠道之一。截至2019年，中国企业管理案例与质性研究论坛已经连续举办11届，并得到越来越多学者的重视。从王婷（2014）搜索的关于案例研究法的相关CNKI核心论文来看，1999—2012年数量逐年递增，2000年产量为12篇，2012年产量为222篇。国内管理学界顶级期刊《管理世界》近年来除了发布案例研究特刊外，还在"工商论坛"专栏中增加采用案例研究法的论文，足见其对案例研究的重视。

Jennifer Platt（1992）指出案例研究应当考虑研究对象的背景与研究目标之间的契合度，并将其界定为一种研究框架的构建。在此基础上，Yin（1994）做了进一步理解，认为设计逻辑就是一种实证性的探究（Empirical Inquiry），是通过多种资料源调查现实世界背景下当前现象的一种实证研究，特别适用于现实背景和现象的界限不清晰时。也正是因为现象和现实背景边界的模糊性，案例研究在资料搜集与数据分析上与众不同。例如，证据的多元性及各类资料应通过三角验证（Triangulation），并得出一致性论点。通常来说，采用案例研究法需满足3个条件：第一，研究问题的属性，解决"怎么样"（How）（家族企业在代际传承过程中的企业情境和家族情境如何）和"为什么"（Why）（在代际传承过程中创始人烙印为什么会发生演变）的问题；第二，研究者对行为事件（Behavioral Events）的控制程度不高，不确定性强（创始人烙印能否驱动，特别是非正式的制度规范、组织文化等能否驱动，有较高的不确定性）；第三，研究的问题属于当前焦点问题（代际传承问题属于当前焦点问题）。作为一种研究策略，案例研究法包含设计逻辑、特定的资料搜集技术及独特的资料分析方法，是一种非常完整的研究方法（Yin，1994）。因此，国内学者吴希金（2004）将其通俗地阐述为：案例研究法通过深入调研和系统的资料分析，使案例融入现实，使研究者们得以充分感知和理解现实情境，提升其敏感度和认知力，进而将案例中丰富的事件提炼成理论观点。

3.1.2 案例研究的分类

基于研究目的的差异性，研究者们通常将案例研究分为探索性、描述性、解释性和评价性4类（Eisenhardt，1989；Yin，1994；Bassey，1999；孙海法 等，2004；苏敬勤，2011）。4类案例研究的主要研究目的和侧重点如表3-1所示。

表 3-1 4 类案例研究的主要研究目的和侧重点

案例研究类型	主要研究目的	侧重点
探索性案例研究	试图以新的视角观察事物，或者用新的观点探讨相关情境	侧重提出假设和理论升华
描述性案例研究	对观测对象的行为实践做出真实、全面的阐述和分析	侧重描述案例的实际情况
解释性案例研究	综合现有研究成果构建理论预设，系统思考资料中的相关性或因果性问题	侧重理论检验或验证所提问题
评价性案例研究	对研究案例提出自己的意见和看法	侧重就特定事例做出评判

资料来源：根据 Eisenhardt（1989）、Yin（1994）、苏敬勤等（2011）的研究整理。

根据研究中涉及案例的数量，可以将案例研究划分为单案例研究和多案例研究。单案例研究侧重对现有理论中的单个或部分假设或观点进行检验，也适用于对某种或某些特殊现象或新生事物进行探索性分析（毛基业 等，2010）。单案例研究的缺点主要是样本的单一性导致结论不具有普适性，不适用于构建理论框架体系，而多案例研究可以解决上述问题。因为多案例研究遵循复制规则（样本之间具有可比性），而不是抽样规则（样本之间可能不具有可比性），如果案例之间可以相互印证，互为佐证，就会使得结论更具广泛性（Yin，1994），可进一步提高新的理论预设的合理性和适用性。多案例研究的效度取决于所选案例能否经受反复检验，如果多个案例能得出一致结论则更佳（Eisenhardt，1989），可使得结论具备一般意义（Leonard-Barton，1990）。按分析过程多案例研究可分为两个阶段：第一阶段是分别对单个案例进行系统的案例内研究；第二阶段是跨案例分析比较，探寻案例之间的差异和关联，归纳和总结全部案例所含的内在机制，最后提出理论预设。

鉴于此，本书从新的视角（代际传承）尝试探索家族情境作用于创始人烙印演变的内在机制，进一步分析创始人烙印对传承效果的作用机制，因而适合采用多案例研究方法。本章通过多案例研究，系统构建创始人烙印演变的理论研究框架，归纳出相关变量之间的假设关系，为后章实证研究打好基础。

3.1.3 案例研究的步骤

案例研究步骤是研究者根据研究目标开展程序式和缜密性研究的关键框架。Eisenhardt（1989）提出了理论构建型案例研究的详细研究设计方法，具体包括准备、执行、对话三大阶段，细分为 8 个步骤（表 3-2）。其中，准备阶段分为启动、研究设计和案例选择、研究工具和方法选择 3 个步骤；执行阶段分为资料搜集、资料分析、形成假设 3 个步骤；对话阶段分为文献对比和结束研究 2 个步骤（Eisenhardt，1989；Eisenhardt et al.，2007；陈晓萍 等，2008）。与此类似，Yin（2003）通过对 Eisenhardt（1989）的研究成果进行归纳整合与去芜存菁，将上述 8 个步骤优化为 5 个，具体包括研究设计、资料搜集准备、数据收集、数据分析和撰写分析报告等。由此可见，Yin（2003）所提出的研究步骤与 Eisenhardt（1989）所设计的研究步骤如出一辙。需要说明的是，Eisenhardt 主张理论构建型案例不应事先提出理论预设，否则在案例分析时容易产生"晕轮效应"。而 Yin 则认为应当构建一个初步的研究框架来进行探索性案例研究，即事先提出预见性的假设，这有利于提高案例研究的效度和效率。

表 3-2 案例研究的步骤（Eisenhardt，1989）

研究步骤	主要内容	研究目的
准备阶段		
启动	界定研究的问题 尝试使用前期导入的相关构念	将研究的工作聚焦起来 为构念测量提供更好的基础
研究设计和案例选择	不受限于理论或假设 确定特定总体 理论抽样，而非随机抽样	保留理论构建的灵活性 控制相关变量，提高研究效度 聚焦有理论意义的案例
研究工具和方法选择	采用多种数据收集方法 组合使用定性和定量资料 多位研究者参与	通过三角证据来强化对理论基础证据的综合审视 采用多元观点，集思广益
执行阶段		
资料搜集	开展多次数据搜集与分析，包括梳理现场笔记 使用多元化、因地制宜式的数据搜集方法	适时研究，并实施对数据搜集有利的安排 支持研究者掌握问题的核心和案例的特殊本质
资料分析	案例内分析 通过跨案例分析，发现多案例之间的一致性环节	熟悉资料，并初步构建理论 帮助研究者去除原有印象，并采用多种观点来看待事实
形成假设	采用更新证据的方法持续查验每个构思的准确性 复验跨案例逻辑，而非抽样性逻辑 寻找变量关系背后的证据以证明其产生的原因	概括提炼构思的含义、有效性与可测度性 证实、拓展及精炼理论 建立内部效度
对话阶段		
文献对比	与观点矛盾的文献进行比较 与观点类似的文献进行比较	加强内部有效性，拓展理论空间并强化构思 强化一般性，延伸概念，拓展理论空间
结束研究	尽可能达到理论饱和	若边际改善变得微乎其微，研究终止

基于此，本书采用 Yin（2003）的观点，在对现有文献进行整合和归纳的基础上构建理论预设和研究框架，并根据表 3-2 归纳的研究步骤和具体环节，对浙江省 6 个典型企业案例进行设计、资料搜集、数据编码与分析，构建传承情境、隐性知识转移、创始人烙印演变关系及创始人烙印演变、跨代创业、传承效果关系两个分析框架，提出初始研究理论预设，为后续的分析提供一定的研究基础。

3.2 研究设计

3.2.1 理论预设

（1）创始人烙印演变的影响机制

新创家族企业初创期的初始条件施加的烙印效应可以将环境条件和创始人的个人特性

嵌入企业的战略定位和结构特征，从而使新生成的家族企业具有初生"烙印"（梁强 等，2017）。烙印在形成之后，会发生进化或转变，Simsek（2015）将之称为演变，并指出不是所有的烙印都会无限期地持续下去，因为在烙印的实体上有一些力量可以随着时间的推移减弱烙印的强度，然而 Drori 等（2013）解释了烙印在不同环境条件、价值观和准则下对创始人和继任者两代人的影响，研究发现在代际传承过程中，基于年代的烙印相对于基于组织血统的烙印是偶然的，烙印影响力的持续性取决于传承的情境，如代际冲突、组织变革、创始人帮扶传承等。王扬眉等（2021）也认为代际沟通、文化差异、创始人对继任者的限制、企业战略变革等是影响创始人烙印的主要因素。

在代际冲突方面，家族企业的创始人和继任者之间成长环境、教育背景、知识结构和处世态度等方面的差异容易导致认知分歧，在传承计划、传承要素、管理方式等问题上引发冲突（应焕红，2009），从而影响创始人固有的决策思维（李卫宁 等，2018）。陈凌（2003）认为双方在"交班"和"接班"意愿上的冲突会影响继承人选择的战略布局，进而影响企业的制度规范和组织结构，甚至可能影响各类资源的传承。Ward（1997）指出家庭成员之间的冲突是家族企业组织文化衰退的主要原因之一，创始人和继任者之间的关系质量是企业初始价值观变化的重要诱因（Gomez-Mejia，2001）。在组织变革方面，家族企业代际传承过程中常常伴随着高管团队的适时调整（吴炯，2019），进而改变企业认知、结构、资源等烙印。邓浩等（2016）从制度逻辑理论的角度分析，认为代际传承本质上就是企业初始制度、结构等因素的更替与转换，Sullivan（2014）进一步提出受各个组织间相互模仿和组织变革的影响，早期的创始人烙印可能会逐渐衰退。在创始人帮扶方面，祝振铎等（2018）认为缺乏权威、经验不足的继任者不仅需要创始人大力提携助其上位，而且需要创始人一路遮风挡雨使其安稳度过传承动荡期，继任者在创始人的支持下接受更优的教育，对企业运营、市场环境有更为全面、理性的认知，更加积极努力地适应创始人塑造的企业环境。家族企业创始人通常对自己的子女寄予很高的期望，为了能顺利传承，他们有意安排子女的成长之路（李锐昌，2021），以减少企业在制度、规则、文化等方面的动荡。

此外，创始人烙印的持久性可能不仅是惯性或路径依赖的产物，而且是各组织内部、组织之间及创始人和继任者双方隐性知识继承的系统过程的结果（王扬眉 等，2021）。韩二伟（2019）认为代际传承使用程序化、制度化手段逐渐把组织文化、价值观吸收并内化为对组织成长更加有益的隐性知识，并纳入继任者学习的过程，从而维持创始人烙印。余向前等（2013）发现家族后代的一大特殊效用是作为创始人隐性知识集聚、共享和传承的载体，在创始人和继任者具有明确传承意愿的前提下，继任者成为隐性知识的分享者、传播者，将缓解创始人烙印的衰退。李贲等（2018）阐述了继任者可以通过隐性知识传承实施创新活动从而获取竞争优势，巩固生存能力，强化了有利于企业发展的部分创始人烙印。

（2）创始人烙印演变的效果

现有部分研究表明，创始人在企业生存与获得并利用资源等事关企业未来发展的关键事件中发挥重要作用，企业创业初期的创始人烙印变化会对未来战略、层级结构和绩效（Eisenhardt，1990）产生持续影响，组织烙印理论也验证了关键事件在组织成长过程中对组织绩效的显著影响。因家族性因素变更而产生的映射企业资源和价值观的烙印变化，对继任者接任后的创新影响深远。从企业内生发展（Endogenous Growth）视角分析，家族企业的传承发展并非基于创始人在一个外生既定的领域内在因果逻辑基础上的选择和搜寻的行为（Causal Search and Selection），而是源于创始人禀赋（知识、经验、思维、价值观等）的延续能力。李贲等（2018）发现新企业成立时创始人的特征决定了企业初期死亡率，而其未来的变化则会持久影响企业远端的表现，如绩效、成长等。Mathias（2015）解释了创始人烙印要素如何影响传承决策的制定，并解释了其对企业变革的影响，着重探讨了创始人烙印和继任者跨代创业行为对企业传承的作用。

基于以上论述，本书从家族企业传承情境入手，将隐性知识转移这个中介变量引入传承情境作用于创始人烙印演变的机制，考察传承情境如何通过隐性知识转移这个中介变量作用于创始人烙印演变（图3-1），并进一步研究创始人烙印演变在继任者跨代创业的情况下如何影响家族企业传承效果（图3-2）。上述两个理论模型是本书案例研究的起点，主要是为了更好地开展后续的跨案例分析，最终通过案例数据编码分析和文字资料的整合形成初始预设命题，并构成本书的两个基本研究框架。

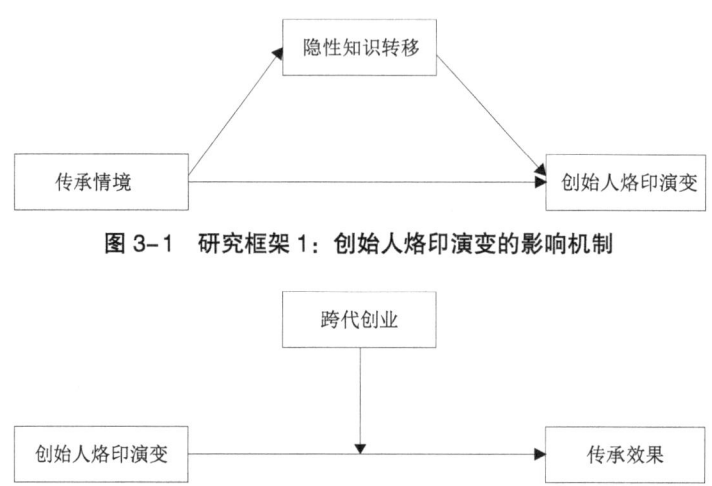

图3-1 研究框架1：创始人烙印演变的影响机制

图3-2 研究框架2：创始人烙印演变的效果

3.2.2 案例选择

浙江民营经济发达，可以说是我国民营企业的"俱乐部"，在我国各地均能发现浙江企业家卓越奋斗的身姿。鉴于浙江民营企业具有一定的典型性和代表性，本书选择浙江的民营企业作为案例研究的样本。浙江大学城市学院创业与家族企业研究中心在2019年形成的研究报告显示，浙江民营规上企业在接下来的10年里将会有超过九成的家族企业发生代际传承，其中三成以上的企业会顺利完成传承，剩余的企业也正在经历代际传承，或者出于某种原因传承至某个阶段时终止。同时，该研究报告显示，虽然有意愿或有准备继承的家族继任者超过70%，但真正能够胜任的不到上述比例的30%。本书的研究获得了杭州、宁波和温州3个民营企业协会的支持，通过向其提出样本企业应具备的条件，并对其提供的样本企业进行筛选，最终确定了6家家族企业，分别选自杭州、宁波、温州3个地区，每个地区有两家企业，这些企业均为所在行业中的规上企业，这些企业年主营业务收入均在1亿元以上，注册资金均超过 2000 万元，企业主营业务范围主要以制造业为主，其次是服务业。6 家企业均顺利完成代际传承，即继任者已顺利接任并掌权，且继任者均为创始人子女，企业经营情况良好，盈利能力稳定。

本书运用五大标准来选择研究的案例。第一，家族企业必须有一定的规模和稳定的收入来源，以确保家族企业在经济实力方面能实现稳定的传承；第二，家族企业所经营的产业必须相对集中，且具有发展前景；第三，传承过程中具有跨代创业性质，包括创立新产品和服务、进入新市场、采用革新型的生产技术、开发新的原材料、实施管理创新等；第四，由于中国的家族企业历史都比较短，基本都是一代二代之间的传承，因此主要选择现阶段传承比较顺利的案例，且具有首研性；第五，对样本企业做了两点限制，一是创始人已正式退出企业，即代际传承实际已完成，二是传承模式为子（女）承父业。采取上述标准，本书确定了 6 个家族企业代际传承的案例，并将 6 家家族企业分别命名为案例 A、案例 B、案例 C、案例 D、案例 E、案例 F。案例概况如表 3-3 所示。

表 3-3 案例概况

案例	创立时间	家族产业	员工人数	2020年主营业务收入	企业类型	继任者	传承阶段
A	1989 年	综合物流	450 余人	2.97 亿元	股份有限公司	儿子	传承结束
B	1991 年	轴承	380 余人	3.97 亿元	股份有限公司	儿子	传承结束
C	1993 年	医疗保健	700 余人	2.42 亿元	股份有限公司	儿子	传承结束
D	1990 年	机械配件	860 余人	1.34 亿元	股份有限公司	女儿	传承结束
E	1995 年	电缆	700 余人	1.83 亿元	有限责任公司	儿子	传承结束
F	1992 年	电池	1200 余人	2.95 亿元	股份有限公司	儿子	传承结束

3.2.3 调研过程与访谈对象

（1）准备访谈提纲

访谈之前针对家族企业创始人、继任者、企业主要行政部门主管、任职的家族成员、家族企业协会领导和相关政府机构官员等几个层面设计相关问题，进入实地访谈后，重点通过半结构化和启发式的谈话方式，在问卷框架内控制访谈的时间和进程，并且积极创造轻松活跃的氛围，确保访谈对象以聊天的方式提供有价值的信息点。在访谈时如果发现之前预设的问题和受访企业实际情况有所偏差或出现了新情况，则会对预设问题进行纠偏或补充。实地访谈结束后，根据谈话结果针对差异化的部分采用补充访谈的方式进行调整，通过 E-mail 或电话从原受访人处进一步获取需要的信息，以此解决访谈问卷自身机械化和结构化带来的脱离实际现象的问题。

（2）调研过程

访谈调研的时间集中在 2020 年 10—11 月，对 6 个案例企业和相关组织进行了 16 次实地访谈和 7 次补充访谈，对创始人和继任者各访谈 6 次，保证每个案例企业的直接当事人均能接受访问，对创始团队成员或高层管理者访谈 4 次，对部门基层员工访谈 3 次，对企业协会领导和相关政府机构官员等其他利益相关者访谈 4 次。每次实地访谈一般用 90 分钟，尽量控制在 120 分钟之内；每次电话访谈不超过 60 分钟。补充访谈对象是在第一次调研中拟计划调研但由于种种原因没有调研成功的人员，采用了电话访谈的形式，包括案例 D 的行政秘书、企业协会领导和案例 B 的个人助理。此外，E-mail 共计往来 25 次，主要是深入了解并核实访谈中尚无法完全确定的内容或较为模糊的表述，16 次实地访谈在受访者同意的前提下均保留了现场录音，后期将录音中的关键信息与内容转化为文字并整理。

（3）数据收集

为了保证构建的预设命题符合实际，提高结论的信度和效度，调研数据的来源应当多元化和互信化，在实地调研之前事先制定访谈设计方案，从如下几个方面收集相关数据。

①二手资料。二手资料具体包括纸质媒体渠道（期刊、报纸和图书等）及互联网中的相关信息。其中，通过纸质媒体可了解或查询这 6 家家族企业过往的相关新闻报道，以及创始人、继任者或企业其他人员接受的与企业相关的采访及其公开讲话或演讲、纪实报告、人物传记等。通过互联网渠道除了可以继续搜集纸质媒体所提供的可印证的数据外，还可以进入家族企业门户网站查询涉及企业发展历史和未来趋势的相关资料，具体包括公司简介、组织结构、重大事件、品牌故事及经营成果等。

②半结构化访谈。这是本书数据搜集的一个重要渠道。二手资料由于其外部性和碎片化的特征，调研者很难获取家族企业内部的、不宜公开的、核心的信息，只有通过实地访谈方可梳理企业发展历程中的关键事件和人物情况，掌握过往文献中尚未研究的新现象、新问题。同时对访谈对象按照重要性、适应性、多元性和可互证性的要求实施筛选。

③档案文件。档案文件是家族企业在生产经营和管理行动中形成的有保存价值的各种形式的文件材料，包括纸质文书与音像制品，如产品档案、专利档案、技术档案、商标档案、荣誉证书，以及内化为生产体系的业务流程和认证体系等，案例 D 中继任者引入的 Andon 系统、可视化电子看板和案例 B 中的全自动生产体系即档案文件。

（4）数据编码与数据分析

首先，对 6 个案例中继任者接任后创始人烙印演变的具体情况进行整理分析，概括提炼出相关的重要信息，并转化为大量关键词后进行重点标记。其次，对这些关键词进行延伸拓展，对调研中高频率的关键词做好标记，再与原访谈框架核对，看是否遗漏其他内容，并写入访谈记录。再次，对整理好的编码进行进一步提炼和归纳，从文献中查找相关定义来描述和解释统一概念并将其命名为初级编码，继续提炼初级编码使其成为二级编码（如标注初级编码的统一概念"企业由直线职能制变革为事业部制""企业中各项任务的分配与责任人大幅调整"等就被总结为深层次地改变了创始人初始蓝图所形成的组织结构；此外，当初级编码是关于企业价值观和愿景如何发生变化的描述时，可以提炼出"文化烙印演变"这个概念的二级编码）。另外，从其他渠道获取的经过验证的相关数据在经过分析后可用于概括和验证相关的二级编码。最后，通过总结案例内部与当前研究之间的迭代关系来构建研究模型，如根据编码中所提及的"创始人帮扶"的客观描述，可以解释家族企业在代际传承过程中创始人对继任者实施了有倾向性的培养，在个别案例与全部案例的比照中不难发现，"创始人帮扶"在传承过程中通过有策略性地培养继任者的行为对创始人烙印产生影响。数据结构如表 3-4 所示。

表 3-4　数据结构

初级编码	二级编码	维度
继任者愿意继承，创始人有过犹豫和不放心；ic11	意愿冲突 IC1	代际冲突 Intergenerational Conflict
创始人愿意传承，继任者信心不足或不感兴趣；ic12		
创始人和继任者对企业使命和愿景的看法存在差异；ic21	任务冲突 IC2	
创始人和继任者的管理理念和方法有较大差异；ic22		
创始人和继任者对是否改变企业战略存在分歧；ic23		
创始人和继任者的价值观和对事物的认知有较大不同；ic31	关系冲突 IC3	
创始人和继任者缺乏情感交流和行为互动；ic32		
企业层面的业务组合发生较大变化；o11	战略变革 O1	组织变革 Organizational Change
企业较大程度改变了发展方向；o12		
企业改变特定产品生产、技术开发或市场竞争等方面的决策；o13		
企业多元化水平发生改变；o14		
企业各个业务系统、治理结构有较大调整；o21	结构变革 O2	
高层管理者/创始团队发生较大调整；o22		
家族控制权发生较大变化；o23		
企业规则、惯例发生较大变化；o24		
业务流程重新构造；o31	流程变革 O3	
改变项目管理方法；o32		
改革员工工资体系；o41	人本变革 O4	
改革员工福利体系；o42		
改革员工休假制度；o43		
在传承过程中创始人十分关注培养继任者的沟通协调能力；f11	能力培养 F1	创始人帮扶 Founder Supporting
在传承过程中创始人十分关注培养继任者的自我学习能力；f12		
在传承过程中创始人十分关注培养继任者的抗挫折能力；f13		
创始人在日常工作中向继任者灌输企业价值观；f21	价值观塑造 F2	
创始人培养继任者对企业文化和愿景的认同感；f22		
创始人全力帮助继任者提前适应企业环境；f31	资源桥接 F3	
创始人帮助继任者融入企业的商业活动；f32		
创始人将自己的社会关系网络转移给继任者；f33		
继任者决定保留创始人转移的哪些知识；t11	隐性知识整合 T1	隐性知识转移 Tacit Knowledge Transfer
对隐性知识的应用制度化；t12		
继任者逐渐对企业的核心价值观和愿景有清晰的认识和理解；t21	隐性知识内化 T2	
继任者基本掌握了创始人的经营理念；t22		
继任者基本承接了创始人的关系网络；t23		

续表

初级编码	二级编码	维度
员工工作中的经验受创始人影响；c11	创造型认知 C1	认知烙印 Cognitive Imprinting
员工总是根据创始人风格寻找工作中不同的解决方案；c12		
员工总是根据创始人思维模式制定工作目标；c21	分析型认知 C2	
员工总是根据创始人思维模式制订工作计划；c22		
高管团队决策风格明显带有创始人的性格特征；c23		
员工都必须事无巨细地向自己的上级请示遇到的问题；s11	集权化结构 S1	结构烙印 Structural Imprinting
员工必须得到上级同意才能处理职责范围内的事务；s12		
员工不得擅自处理工作中遇到的特殊情况；s13		
企业事务必须有正式的业务流程和操作规范；s21	正规化结构 S2	
重大规章制度始终由创始人制定；s22		
企业上下必须严格按照创始人规定的规章制度办事；s23		
企业始终具备公平、友善的环境；ci11	支持型文化 CI1	文化烙印 Cultural Imprinting
员工之间一直都很信任；ci12		
员工之间一直都会多交流；ci13		
企业责任线和权力线一直都很分明；ci21	官僚型文化 CI2	
企业始终高度地组织、划分和系统化工作；ci22		
企业信息流和权力流一直是具有层级的；ci23		
员工始终愿意去冒险；ci31	创新型文化 CI3	
员工工作一直有较大的自由；ci32		
企业内部密切度始终很高；ri11	内部资源 RI1	资源烙印 Resource Imprinting
企业内部员工一直相互信赖彼此的工作能力；ri12		
企业内部可以一直提供可靠信息；ri13		
企业内部经常共享知识；ri14		
企业经常运用外部知识解决自身问题；ri21	外部资源 RI2	
企业经常与合作企业共同合作解决问题；ri22		
企业经常与合作企业向彼此提供可靠信息；ri23		
企业政商关系一直得到有效维护；ri24		
继任者对主营业务有所拓展；ce11	多元化经营 CE1	跨代创业 Cross-generational Entrepreneurship
继任者投资新领域、新项目；ce12		
继任者扩大企业规模；ce21	规模扩张 CE2	
继任者开辟新市场（包括海外市场）；ce22		
盈利能力稳中有升；m11	财务目标 M1	任务绩效 Mission Performance
营业收入不断增加；m12		
竞争能力有所增强；m21	战略目标 M2	
战略目标加快完成；m22		
市场份额得以扩展；m23		

续表

初级编码	二级编码	维度
员工的责任感增加；rp11	员工态度 RP1	关系绩效 Relation Performance
员工的工作热情提高；rp12		
员工更好地遵守规章制度；rp13		
员工的忠诚度增加；rp14		
企业内部团队合作氛围更浓；rp21	企业氛围 RP2	
企业内部沟通更顺畅；rp22		
家族企业内部关系更融洽；rp23		
企业关系网络更稳定；rp24		
相较于竞争对手，新产品/服务的开发数量较多；ip11	产品创新 IP1	创新绩效 Innovation Performance
相较于竞争对手，新产品/服务的开发速度较快；ip12		
相较于竞争对手，新产品/服务创新的成功率较高；ip13		
相较于竞争对手，新产品/服务改进的成功率较高；ip14		
相较于竞争对手，研发投入较多；ip15		
相较于竞争对手，管理流程更有效率并具备创新性；ip21	管理创新 IP2	
相较于竞争对手，制度建设更为有效并具备创新性；ip22		
相较于竞争对手，人力资源领域的管理方式更具创新性；ip23		
相较于竞争对手，市场创新能力更强；ip24		

3.3 案例分析与初始假设命题提出

3.3.1 创始人烙印演变的直接影响因素

代际传承是家族企业持续发展的必经阶段，也是企业产生不稳定因素的重要原因，对创始人烙印也会产生深远影响（Se-Yeon，2018）。学者针对代际传承的相关情境，深入研究了创始人烙印演变的不同影响因素，吴炯（2021）提出当前中国大多数的家族企业即将面临或正处于传承的关键时期，两代企业家成长环境（主要是两者生长的年代不同）、知识结构（继任者比创始人接受更好的教育）及处世态度等方面的差异容易产生认知分歧，从而在战略决策、生产经营等核心问题上引发冲突，甚至有学者认为，关系、任务和过程3种人际冲突广泛存在于家族企业代际关系中（李卫宁 等，2018），在传承过程中，家族企业由于控制层与管理层结构变化导致的人际纷争成为一件再平常不过的事，这些冲突最终会使企业改变既定行为模式（Kellermanns，2008）。一旦创始人和继任者在思维理念和价值判断等方面产生较大冲突，继任者通常会打破原有企业与供应链上的相关企业、金融机构及政府部门等外部利益相关者的关系网络（Fan et al.，2012）。许永斌（2019）也认为在创始人不担任CEO，甚至丧失实际控制权的传承情形下，企业治理模式将由原来的权威治理变革为规则治理，创始人的影响力进一步减弱，当继任者塑造新的管理范式和价值认知时，新规则总会偏离"传统"。以上研究表明传承过程中的代际冲突和组织变革会使创始人烙印逐渐"衰弱"，但也有学者从创始人帮扶层面发现，作为客观环境和新创企业之间的枢纽，创始人往往拥有一整套用于理解模糊和变化的创业情境的图式并将它烙印给个人或组织，并被其学习（Finotto et al., 2014），从而形成一种"组织传统"。随着时间的推移，这些传统仍继续存在（Marquis et al., 2013），塑造了家族企业的身份及其运作方式，为持续性铺平了道路，并激励下一代接受和实施（Dacin et al., 2008）。家族企业创始人会付出巨大的精力和财力用于辅导家族继任者，对未来"储君"的长期培养可以使其顺利传承企业独特的隐性知识，也可以加强继任者对企业"少主"身份的认同感，促进继任者对企业的情感寄托，活化继任者模仿创始人决策的思维，减少盲目变革的风险（李艳双 等，2020）。

通过上述理论对创始人烙印影响因素和创始人烙印行为特征相关文献进行思考后，本书在访谈与编码中主要构建了代际冲突、组织变革、创始人帮扶3个传承情境维度和认知烙印、结构烙印、文化烙印、资源烙印4个创始人烙印维度并进行分析，具体如表3-5、表3-6所示。

表3-5 传承情境二级编码对比分析

案例	传承情境	代际冲突	组织变革	创始人帮扶
A	AIC1（ic12） AIC2（ic21, ic22, ic23） AIC3（ic31） AO1（o11, o12, o14） AO2（o21, o23, o24） AO3（o32） AO4（o41, o42） AF1（f11, f12） AF2（f21, f22） AF3（f31, f32, f33）	4	4	5
B	BIC1（ic11, ic12） BIC2（ic21, ic22, ic23） BIC3（ic32） BO1（o11, o14） BO2（o21, o24） BO3（o31） BO4（o42） BF1（f11） BF2（f21, f22） BF3（f31, f32, f33）	5	2	4

续表

案例	传承情境	代际冲突	组织变革	创始人帮扶
C	CIC1（ic11） CIC2（ic22，ic23） CIC3（ic31） CO1（o11，o12，o13） CO2（o21，o22） CO3（o31） CO4（o42，o43） CF1（f11，f12，f13） CF2（f22） CF3（f31，f32，f33）	3	3	4
D	DIC1（ic11） DIC2（ic21，ic22，ic23） DIC3（ic32） DO1（o11，o12，o13，o14） DO2（o22，o23，o24） DO3（o31，o32） DO4（o41，o42） DF1（f11，f12） DF3（f32，f33）	4	5	2
E	EIC2（ic21，ic23） EIC3（ic32） EO1（o13，o14） EO2（o21，o23，o24） EO3（o31） EO4（o41，o42，o43） EF1（f12） EF2（f21） EF3（f31，f32）	2	3	2
F	FIC2（ic23） FIC3（ic31） FO1（o11，o12，o14） FO2（o21，o23） FO3（o31，o32） FO4（o41，o42） FF1（f12，f13） FF2（f22） FF3（f31，f32，f33）	1	4	4

注：依据表 3-4 和有关传承情境的文字材料进行多案例二级编码的 5 级制评分，其中 5 为显著，4 为较显著，3 为中等，2 为不太显著，1 为不显著。

表 3-6　创始人烙印二级编码对比分析

案例	创始人烙印	认知烙印	结构烙印	文化烙印	资源烙印
A	AC1（c11） AC2（c21，c22） AS1（s13） ACI1（ci11，ci13） ACI2（ci21，ci22） ACI3（ci32） ARI1（ri12，ri13，ri14） ARI2（ri22，ri23，ri24）	3	1	3	4
B	BC1（c11） BC2（c23） BS1（s11） BS2（s21） BCI1（ci11） BCI2（ci21，ci22，ci23） BCI3（ci32） BRI1（ri11，ri13，ri14） BRI2（ri21，ri23）	2	2	3	3
C	CC1（c11） CC2（c21，c22，c23） CS1（s13） CS2（s23） CCI1（ci11，ci13） CCI2（ci21，ci22，ci23） CCI3（ci31，ci32） CRI1（ri13） CRI2（ri22，ri23）	4	2	4	2
D	DC1（c12） DC2（c23） DS1（s11） DS2（s21） DCI1（ci11） DCI2（ci22） DRI1（ri11，ri12）	2	2	1	1
E	EC1（c11） EC2（c21，c23） ES1（s13） ES2（s22，s23） ECI1（ci11） ECI2（ci21，ci22，ci23） ECI3（ci31，ci32） ERI1（ri11，ri12，ri13，ri14） ERI2（ri21，ri24）	3	3	2	4

续表

案例	创始人烙印	认知烙印	结构烙印	文化烙印	资源烙印
F	FC1（c11, c12） FC2（c21, c22） FS1（s12） FS2（s21） FCI1（ci11, ci12） FCI2（ci21, ci22, ci23） FCI3（ci31, ci32） FRI1（ri12, ri13, ri14） FRI2（ri21, ri22, ri23, ri24）	4	2	5	5

注：依据表3-4和有关创始人烙印的文字材料进行多案例二级编码的5级制评分，其中5为显著，4为较显著，3为中等，2为不太显著，1为不显著。

通过表3-5和表3-6可以发现，传承情境中的代际冲突、组织变革和创始人帮扶3个变量对创始人烙印有着显著的直接影响。上述案例中或多或少都出现了代际冲突的现象。B企业创始人对儿子的能力较为认可，经常带他出席一些商界会议，还有意识地将自己的管理心得倾囊相授，但儿子对父亲扎根实业颇有微词，希望他转战其他行业，这导致B企业的创始人常常处于困惑的境地，他对儿子继任持观望态度，虽然父子之间在传承意愿上产生剧烈冲突的概率较小，但表现出一定的不一致。在C企业中，继任者倡导将生活、休闲及健康等行业的高端新兴元素整合纳入公司未来布局，而创始人则坚持以增加门店数量和提升服务质量为要。E企业的继任者经常与创始人讨论关于企业未来发展的畅想，但创始人认为企业战略选择是事关企业生死存亡的命脉，而非个人简单的空想。在A企业中，双方主持企业会议的风格迥异，创始人往往表现为"上善若水"的风格，极少以严厉的语气责备下属，会议上对任务的布置也是程序化和规则化的，而继任者则表现为"单刀直入"的风格，提倡与下属沟通时需要进行及时的信息交互。

在组织变革方面，6个案例均反映出继任者往往较创始人更具民主思想，改变了以往创始人个人对重大决策拍板的现象，他们善于倾听来自各方面的声音，鼓励员工为企业发展献计献策，综合权衡之后再做决策。在扩大企业规模方面，C和F两个企业的继任者主张"做大"才是未来的出路，他们转让部分股权，但保证家族成员对企业有管理权，选择了开放股权、家族管理的传承模式。E企业还专门建立家族执行委员会对家族和企业的重大事项决议进行集体决策。同时，新的掌权人会根据自身意志重组忠于自己的高管团队（颜世梅，2012）。

在创始人帮扶方面，A、B、E 3个企业的创始人会经常向继任者描述过往艰辛的"筚路蓝缕史"。D、F两个企业的继任者认为相较于家产的继承，企业长期以来凝聚成的组织文化和价值观的传承才是关键，物质财富的边际效用是递减的，而继任者在情感承诺和高度使命感的驱使下进行的价值创造则是有无限潜力。C企业继任者在掌权后能够稳重地把控大局，而创始人为了避免决策层中出现"功高盖主"的不利局面，还专门聘任了职业经理人作为其亲信担任联席CEO和战略委员会委员等职务，并提拔了其他亲信担任公司副董事、副总裁。

通过创始人的帮扶，C企业继任者建立了他能掌控的新决策层。当前，在继任者的领导下，C企业每股净收益和营业收入保持平稳增长，在浙江医疗健康行业中始终拥有一席之地。

综上可见，家族企业的传承是两个处于不同时代背景下的个体完成的交接过程，创始人和继任者之间除了显性的、外在的年龄差距外，更重要的是隐性的、内在的个体禀赋的差异。这种禀赋差异形成了"道不同不相为谋"的局面，这也是创始人烙印衰退的重要原因之一，同时继任者的理念与企业元老、家族长辈的意见相左，信息沟通方面的障碍加快了创始人烙印衰退的速度。组织变革对创始人烙印的影响更多体现在企业治理结构、管理流程、制度规则等的变化上，企业不再完全遵循创始人的固有思维模式和行为范式，在更深层次上这是对企业文化的冲击。在创始人帮扶影响创始人烙印方面，Chua等（1999）认为，家族企业多是由第一代创业者或家族血（姻）亲创办，家族重大事项由创造财富的家族核心成员决定，家族管制权严重依托家族核心成员的权威、声誉等个人属性，这些个人属性无法复制，也难以传承。因此，在家族企业中存在着一位（一群）代表控制着家族的意愿并行使权力，主要就是企业创始人。这可以理解为创始人通过对继承人的培养，使得其可以及早获得与企业接触、跟随创始人学习核心技能、建立社会关系网络的机会，特别是在中国经济"转轨"的大背景下，这在理解创始人创业理念、认同家族企业文化和价值观方面，有利于企业创始人烙印的维持。根据以上分析得出如下命题：

命题1：在代际传承过程中，传承情境会使创始人烙印发生演变。

3.3.2 隐性知识转移对创始人烙印演变的中介作用

家族企业的独特优势来源于创始人的个体特质，如其个人无法复制的社会化经历、人际资源和战略思维等。刘娇等（2017）在对浙江典型家族企业传承案例进行研究后认为，一方面应关注对继任者的长期培养与家族企业独特资源（主要是创始人隐性知识）的转移；另一方面应审视按照子承父业、外部职业经理人继任等模式传承的家族企业中，"后继任"时期两代领导人个体层面之间的隐性知识差异对创始人烙印产生的深远影响。Tan等（2001）研究认为创始人应关注来自自身的管理经验、文化理念及企业家精神等隐性知识的转移；Lambrech（2005）则指出创始人和继任者的经营理念、思维模式及创业精神等内在逻辑比财富等外在逻辑的传承更迫切。从资源基础观角度看，成功的代际传承也意味着创始人众多核心遗产的保留和传递。Barney（1991）提出引起企业间差异化竞争优势的恰是每家企业所独有的那些资源。家族企业创始人在创业初期及企业后续发展中形成的烙印，如家族企业的准则、态势和价值观，会影响机会识别、创业战略决策、资源获取、流程和结构的构建等，这些创始人特质是家族企业传承输入输出过程中异常关键的变量（Sieger et al.，2011）。家族企业受到创始人特征的影响尤其大，创业知识的传播反映了创始人所接触的环境状况，显示出创始人创立企业时自身的价值观、愿景、实践和当时的规范（Shmuel et al.，2017），它们形成了特定的行为模式（Johnson，2007）。也有研究通过制度环境的视角提出，家族价值观及家族文化的传承即使在经济社会制度变迁时也是世代相承的（李新春 等，2008），即家族企业能否实现代际有效传承是家族企业基业长青的基础，代际传承是否顺利取决于创始人核心遗产的留存与转移（Drozdow，1998）。

通过上述理论对隐性知识转移相关文献进行思考后，本书在访谈与编码中主要构建了隐性知识转移维度，对其中介作用进行分析，具体如表3-7所示。

表3-7 创始人和继任者隐性知识转移二级编码对比分析

案例	中介变量	隐性知识转移
A	AT1（t11） AT2（t21，t23）	3
B	BT1（t12） BT2（t21，t22）	3
C	CT1（t11，t12） CT2（t21，t22）	4
D	DT1（t12，t13）	2
E	ET1（t11，t12） ET2（t21）	3
F	FT1（t11，t12） FT2（t21，t22，t23）	5

注：依据表3-4和有关隐性知识转移的文字材料进行多案例二级编码的5级制评分，其中5为显著，4为较显著，3为中等，2为不太显著，1为不显著。

通过案例研究可以确定，创始人隐性知识的有效转移可以维持认知烙印、资源烙印和文化烙印，而对结构烙印有抑制作用。A企业的继任者对现有制度的适用性提出质疑，希望通过改革让企业摆脱旧体制的束缚，而创始人则坚持原有的管理方式是长期积累的产物，无须改变。C企业的继任者提出对现有HRM系统进行整体变革更新，但立即遭到创始人的否决，并告知其应以掌握企业基本运营管理为要，而非以变革为重。B企业创始人的风险评估和重大决策是根据个人历史管理经验和价值判断做出的，而继任者则主张先进的企业管理不能"独断专行"，而应由企业治理机构和家族治理机构中的核心人员集体审议。F企业的创始人信奉"真金不怕红炉火"，认为实打实地做好自己的产品是当务之急，而继任者则坚持企业未来应把品牌管理和市场拓展作为工作重心。D企业的继任者首次创业遭到了巨大的挫折，主要原因是创始人没有事先制订传承计划，双方在创业问题上未进行适当沟通，使得继任者隐性知识吸收不足。与D企业不同，A、C、E3个企业中，继任者均在创始人的支持下开展了较为成功的创业活动，无论是继任者们创业前的筹划还是创业后的经营都反映出创始人的隐性知识通过跨代创业完成了顺利转移，创业初期继任者获取隐性知识的驱动力增强，双方交流频繁，通过跨代创业的桥接作用，创始人的大量隐性知识在该阶段得到了有效传递，在这个过程中，创始人"现身说法"，又充分放权，使继任者在耳濡目染中接受锻炼和熏陶，将创始人的思想、理念等充分掌握、吸收，并转化为自身的经验和素质，实现继任者对创始人隐性知识的内化，巩固了创始人烙印。根据以上分析得出如下命题：

命题2：在代际传承过程中，创始人和继任者之间隐性知识转移的效果对于传承情境对创始人烙印演变的影响起中介效应。

3.3.3 创始人烙印演变对传承效果的影响

黄勇等（2014）认为组织新创时的背景特征和创始人特质持续影响组织今后的生存与成长，即组织早期的经历塑造组织烙印，并长期影响未来。由于家族企业内外环境不断变化，创始人的思维会因环境的变化而发生主动性调整，并对家族企业的成长绩效、基业延续、财富增值等形成重大影响（李艳双 等，2019）。战略决策者的思想观念及对企业未来发展的看法发生改变，会提高企业创新的驱动力（Hambrick et al., 1984）。创始人资源是家族企业生存和发展过程中特殊的、无法被复制的竞争性要素，也是代际传承成功的关键内部资源（Anderson et al., 2003），这些资源一旦失去，就意味着传承失败[①]。家族亲情与家风传承可以增强家族成员之间的凝聚力，巩固和延续家族文化，避免代际传承引起兄弟阋墙不睦而分道扬镳，从而被困于小范围"逻辑樊笼"（梁强 等，2020），而企业家精神的塑造与家族亲情、家风传承并重，可以使家族成员另辟蹊径而不分家，使家族不再控股而不减少对企业的控制，保证了家族企业平稳有效的传承。梁强等（2020）进一步提出在塑造继任者企业家精神的同时，兼顾家族亲情与家风传承，使其与继任者企业家精神所折射的家族伦理相契合，这可保持家族治理结构稳定，协助家族企业良性发展，维系世代相承的文化。Ward（1997）认为许多家族企业的衰落应归咎于创始人在传承过程中"尸位素餐"导致错失变革的良机。继任者需要通过组织变革来打破旧有的家族企业体制机制束缚，通过新制度与新环境的构建实施新的战略举措，防止创始人创业精神的遗失和断层，促进家族良性有序发展（李新春 等，2008）。在代际传承中家族企业的战略变革归根结底表现为继任者一系列革故鼎新的行为在某些层面上映射出家族企业独有的资源配置、治理体系、组织结构、企业文化、产品服务等各类核心要素的融合与创新的连续蜕变与演化，实现在跨代领导人的带领下，家族企业仍能通过不断创新保持稳定发展。

通过上述理论对创始人烙印演变与传承效果的相关文献进行思考后，本书在访谈与编码中主要构建了任务绩效、关系绩效、创新绩效3个传承效果的维度，具体如表3-8所示。

表3-8 传承效果二级编码对比分析

案例	传承效果	任务绩效	关系绩效	创新绩效
A	AM1（m11, m12） AM2（m21, m23） ARP1（rp11, rp13） ARP2（rp21, rp22, rp23, rp24） AIP1（ip11, ip12, ip13, ip15） AIP2（ip21, ip22, ip23）	4	3	4

[①] 李健等（2020）认为，一方面，创始人只能为继任者提供与原有组织成员之间初始的关系资源，创始人与原有组织成员之间的学缘、友缘等核心关系难以在继任者与原有组织成员之间完全重现；另一方面，原有组织成员对继任者的接受也难以事前通过显性契约规定，只有通过有效的社会交换才可能实现。由此，"不完全复制"是家族企业代际传承中创始人与继任者在外部资源方存在差异的现实基础。

续表

案例	传承效果	任务绩效	关系绩效	创新绩效
B	BM1（m12） BM2（m22，m23） BRP1（rp11） BRP2（rp21，rp23） BIP1（ip11，ip12，ip15） BIP2（ip21，ip22，ip23，ip24）	3	2	4
C	CM1（m11，m12） CM2（m21，m22） CRP1（rp11，rp12，rp13） CRP2（rp21，rp22，rp24） CIP1（ip11，ip13） CIP2（ip21，ip22，ip24）	4	4	3
D	DM2（m21，m22） DRP1（rp12） DRP2（rp23） DIP1（ip11） DIP2（ip21，ip23）	2	1	2
E	EM1（m12） EM2（m21，m22，m23） ERP1（rp11，rp14） ERP2（rp21，rp22，rp23，rp24） EIP1（ip12，ip14） EIP2（ip22）	4	4	2
F	FM1（m12） FM2（m21，m23） FRP1（rp11，rp12，rp13） FRP2（rp21，rp22，rp23，rp24） FIP1（ip11，ip12，ip13，ip15） FIP2（ip21，ip22，ip23，ip24）	3	5	5

注：依据表3-4和有关传承效果的文字材料进行多案例二级编码的5级制评分，其中5为显著，4为较显著，3为中等，2为不太显著，1为不显著。

通过表3-6和表3-8的对比发现，创始人烙印演变对企业的传承效果有着明显影响。A企业在上市前基本没有实施经营权和控制权的"去家族化"改革，家族成员不会离职或退出，家族对企业的经营权、现金流权高度控制，两权分离度极低，这种结构烙印的维持会使上市后企业绩效和收入增长率较低，也验证了Scott（2007）的论述：继任者需要在权威转换过程中发挥能动性从而改变规则或资源分配等，而不能由企业已有的相对稳固、制度化的权威格局限制了其领导能力的发挥。因此,家族企业脱离传统的裙带关系、家长制权威及家族意志的干预,是家族企业向现代企业转型的关键所在,其根本在于用正式制度调整家族权力,这也是企业传承的关键(Mustakallio,2002)。与 A 企业不同的是,E 企业实施了较为彻底的治理结构变革,其中两种制度的创新打下了稳固而重要的基础。首先是成立家族理事会作为家族决策的权力机构,并下设家族事务办公室和专业委员会,以便更好地处理家族事务。家族理事会成员从 E 企业核心家族成员中选举产生,对内掌管家族事务,对外代表家族进行决策。家族理事会的主要职责包括家族日常事务的处理、代表家族履行家族企业出资人职责、讨论家族重大发展战略、对家族重大事务进行决策及处理其他重要家族事务。同时,家族理事会赋予了家族成员表达见解、愿景和建议的机会。即使不在企业任职的家族股东和没有股份的家族成员也有表达意见的渠道,这可以降低因家族成员人际和地位问题影响企业经营而引起的风险,使企业治理结构变革之路畅通无阻。其次是确立和施行家族宪法,它是 E 企业经家族理事会讨论通过的,是针对家族的愿景、使命、价值观及家族事业管理、家族事务决策等内容的纲领性文件,其实质是家族成员对家族行为准则、家族事务决策、家族利益分配等内容所达成的合意,正是这两种制度的创新打破了企业原有的结构烙印,使 E 企业业绩有非常可喜的增长。F 企业的继任者非常注重企业文化的传承,他将创始人"做企业就是做良心"的理念进一步发扬光大,不断提升各类电池的质量,并不断研发新技术,开发了新能源汽车动力电池、3C 电池等新产品,企业业绩如日方升。由此可见,继任者与创始人价值观的趋同及对企业的文化认同能不断实现继任者情感承诺的诉求。进一步看,情感承诺的提升为继任者更具使命感地接手家族企业、为之不懈奋斗、保证家业常青打下坚实基础(Sharma,2005)。根据以上分析得出如下命题:

命题 3:创始人烙印演变会显著影响传承效果。

3.3.4 跨代创业对传承效果的调节作用

家族企业是期望可以跨代持续成长的一种企业形态,与非家族企业的本质区别在于其拥有跨代传承的意愿(王扬眉,2017)。当前学术界将家族企业跨代创业定义为:为保持家族企业的创新活力,家族子辈成员主动根据环境变化和企业现状推行新的战略举措,以保证家族对企业的长期控制(吴炯,2020)。继任者跨代创业的经历可以使其对企业发展蓝图有深刻的领悟,从而通过文化传导和思想渗透促使企业快速成长(刘静 等,2017),并且凸显其独特的魄力与魅力,巩固其权威和声誉,使企业不断积累知识、能力和社会资本,产生额外效用(袁彦鹏 等,2020)。梁强等(2020)通过对海归继任者跨代创业的研究发现,基于个体自主性进行的家族企业外部创业,是海外华人企业家为中国家族企业继任者构建合法性机制的成功举措,既有利于继任者塑造企业家精神,也为家族企业的顺利传承奠定基础。可以发现,在对家族企业创业和传承的研究中,学者们普遍认同家族企业的持续繁荣取决于创新。研究发现,当家族企业继任者具有强烈的创业动机时,家族企业的发展速度更快,继任者捕捉市场机会的能力更强(Plehn-Dujowich,2009),从而保持不断创新的活力。因此,上述观点可总结为家族企业的跨代创业是企业释放创新活力、激发创新动力和提高创新能力的关键(李新春 等,2016)。

通过上述理论对企业家创业相关文献进行思考后，本书在访谈与编码中主要构建了跨代创业维度，对其调节效应进行分析，具体如表3-9所示。

表3-9 继任者跨代创业二级编码对比分析

案例	调节变量	跨代创业
A	ACE1（ce11, ce12） ACE2（ce22）	4
B	BCE1（ce11） BCE2（ce22）	2
C	CCE1（ce12） CCE2（ce21, ce22）	4
D	DCE1（ce11）	1
E	ECE1（ce11, ce12）	2
F	FCE1（ce11, ce12） FCE2（ce21, ce22）	5

注：依据表3-4和有关跨代创业的文字材料进行多案例二级编码的5级制评分，其中5为显著，4为较显著，3为中等，2为不太显著，1为不显著。

结合表3-8和表3-9的编码结果可以发现，继任者的跨代创业行为有助于提升企业传承效果。A企业继任者进入新的IT行业并创立新企业，创始人为继任者提供了大量资金和资源，虽然创始人不过问新企业的实际业务，但经常与继任者探讨新企业的战略和布局，培养其捕捉市场机会的能力。创业能够磨炼家族的继任者，也是对未来掌舵企业的一次有效试炼。此外，新的IT业务创造了继任者与其他领域企业合作的机会，这使继任者拓展了新的网络关系。创业精神的传承使企业资源得以整合重组，推动产业升级并向非关联性产业转型，创业经历有助于继任者在接任后一展抱负而不受创始人烙印的束缚，使企业获得真正的可持续成长。C企业继任者在初期创业学习中对企业和产业状况有了进一步了解后，决定沉下心来了解员工和市场的诉求，转而利用"直觉"创业学习，通过和德国公司合作，引入一站式健康监测系统，并通过培养专业营销团队和推出无忧服务解决了产品与市场的适配问题，继任者学习的专业是营销、管理和新闻，并对广告学情有独钟，这种跨专业领域的"混搭"使继任者成为混合型企业家，因此他倾向于运用综合和想象思维来创造新市场而形成效果逻辑，利用周围的偶发事件来探索新的环境，不断创造新市场。根据以上分析得出如下命题：

命题4：继任者的跨代创业能调节创始人烙印演变对传承效果的影响。

3.4 本章小结

本章针对浙江6家不同行业、不同规模的企业开展探索性案例研究，采用案例数据、理论阐释和模型构建三者相互印证的案例研究方法（Pan，2006；郑伯埙 等，2008；陈晓萍 等，2012），探究了传承情境、隐性知识转移、创始人烙印演变、传承效果和跨代创业等变量之间的逻辑关系,认为传承情境对创始人烙印演变有着显著影响,隐性知识转移在其中发挥了中介作用;创始人烙印演变对传承效果有着显著影响,跨代创业在其中发挥了调节作用。

以上探索性案例研究既为创始人烙印演变机制与效果的探索及其融合提供了实证基础,又是本书下一步进行全面理论阐述的探索和假说。当然,由于探索性案例研究属于定性测量,且探索性案例研究存在数量上和地域上的局限(本书采用的6个案例均为浙江企业),因此本章提出的4个初始命题在理论上有待进一步深化,并需要大样本数据支撑。本书将通过第4、第5、第6章在文献的基础上对以上命题进行理论推理,通过对各变量维度进一步的系统分析,提出更为明晰的研究假设。

4 基于代际传承的家族企业创始人烙印演变机制：理论分析

在家族企业传承和治理过程中，创始人烙印往往会随着其"权威"格局的重心变化从"人治"转变为"法治"，从而呈现出逐渐衰退的趋势，同时家族企业由于兼具"家族"属性和"企业"属性，无法完全脱离家族的影响，"人治"依然是家族企业治理结构中最深刻的烙印，它虽然伴随企业的发展相对减弱，但会一直存在。本章从探讨家族企业敏感期着手，深入分析在代际传承过程中创始人烙印演变的阶段和路径，从理论上重点阐述其演变的影响因素和演变后的结果。

4.1 家族企业代际传承中的敏感期

4.1.1 敏感期的内涵

Marquis 等（2013）将敏感期认定为烙印的第一个特征，认为烙印是在有限的时间内被印在焦点实体上，在此期间，实体对外界影响表现出很强的接受能力。在这些短暂的敏感时期，焦点实体受环境条件的影响明显比其他时期更大。因此，"不可印性"窗口只能短期打开，一旦被封闭，环境持续性作用发生的概率将大为降低（Immelmann, 1975）。在该观点的基础上，后续大量研究均将创建阶段认定为企业的重要敏感期（Carroll et al., 2004; Johnson, 2007），并将早期职业生涯阶段概念化为个人的相关敏感期（Higgins, 2005; McEvily et al., 2012）。在这样的时期，组织和个人都被认为是一张白纸，当管理者试图适应环境来管理新事物时，尤其容易受外部的影响。正如 Kimberly 所说，"就像一个幼童一样，一个组织诞生的条件及其在婴儿期的发展过程对其今后的生活具有重要的影响"。

虽然这一关注点聚焦在企业创建阶段或个人早期职业生涯阶段，但 Marquis 等（2013）认为敏感期也可能发生在未来。换句话说，虽然每个敏感期相对较短，但一个实体可能会在一段时间内经历多个敏感期。例如，Carroll 等（2004）意识到，组织烙印的敏感期可能发生于企业的某些"关键发育和成长期"，这表明可能存在创建阶段之外的敏感期。例如，上市或与另一家公司合并可能会成为创造组织烙印的机会，因为这种转变的不确定性会突然产生新的环境，即外部环境对处于结构转型、变革和混乱时期的组织及其构件作用甚巨

（Greenwood et al., 1996）。

基于以上分析，本书认为敏感期应该被概念化为过渡期，对于家族企业而言，敏感期可认为是企业在成立及后续发展过程中对内外部环境刺激表现出高度敏感的时期。

4.1.2 代际传承过程中敏感期的阶段

组织烙印理论揭示了组织成长过程中的关键事件和组织未来发展之间的紧密关系（Marquis et al., 2013）。家族企业必须面对的代际传承，恰是一个不稳定的时期（汪祥耀 等，2015）。站在人际网络视角，创始人变更自然会引起企业社会网络的连带变化（Steier, 2001）。与此同时，围绕家族权力和资源的重构，家族和企业双重形态的组织体系也会打破并重组（Karra, 2006），乃至产生分家、分业现象（吴炯，2013）。黄海杰等（2018）通过实证研究发现，继任者涉入有利于激发家族企业的创新行为，并且当继任者具有留学经历或外部监督削弱时组织变革的效果更为明显。Carney 等（2018）通过研究中国上市公司发现，家族企业继任者进入管理层之后可以显著提升企业的创新效能。李新春等（2016）指出代际资源的异质性与兼容性对继任者跨代创业有显著影响，继任者知识与能力的异质性是正向影响组合创业的变量。

由此可见，虽然大量研究集中在实体的第一个敏感期（创建阶段），多数组织烙印研究都假设组织创建阶段是组织各个阶段中最关键的时期，但事实上创建阶段并非组织唯一的敏感期，其他敏感期也可能出现在一个组织的发展中。对于企业而言，这些敏感时期包括产品和要素市场不连续时期（Dieleman, 2010）、进入新市场时期（Benner et al., 2012; Dowell et al., 2006）、业绩不佳或危机时期（Baker et al., 2010）、高级管理层发生重大变动时期（Harrison et al., 1988）。此外，融资上市、商业模式转型、结构重组及内外部环境变化时期等均可能成为企业发展过程中的敏感期（朱蓉，2018）。这进一步印证了 Marquis 等（2013）的观点，即组织中的多个敏感期及后续烙印持续和烙印衰退是组织发展过程中必然经历的阶段且对其影响深远。多个敏感期的观点拓展了烙印理论的空间和应用领域，使敏感期不再囿于组织创建阶段[①]。

组织变革期往往是敏感期，因为家族企业的特异性，家族涉入使企业的代际传承充满诸多变数和风险，企业变革就是其中一个关键因素（Barnes, 1976）。代际传承可以说是家族逻辑与企业逻辑关系重构的过程，继任者是主导逻辑的新载体，其通过代际传承获得权威和合法性，这实质上就是完成变革的过程。换一个层面看，继任者掌权而创始人退出，就职位而言是最高领导人的变更，就企业整体而言则是主导逻辑的重构。鲍树琛等（2020）认为代际传承会冲破家族企业现有的规则和制度体系，当代际传承导致环境诱因发生变化，且与之在企业内外部规则下进行复杂博弈后产生的积聚性效果超过某一阈值时，容易出现家族企业制度变迁。程晨（2018）提出在家族企业代际传承过程中，继任者初掌权柄时会习惯提升短期绩效，从而加快变革步伐。Se-Yeon（2018）阐释了企业创始人离任和继任者继任会导致企业震动、组织功能性紊乱的一个重要原因是企业领导人新旧交替的过程会使企业内外部各个

[①] 家族企业代际传承就是企业领导人更替引发的企业领导权、所有权、管理权或控制权在创始人与继任者之间的传递，它会伴随一系列重大事件（Sharma et al., 1997）。

利益相关者受到影响。例如，雷士照明创始人吴长江被董事会全票罢免所有职务而被迫离任让同行"大跌眼镜"，他们忽视了企业为了发展壮大不断引进资本过程中股权控制的重要性，易主之后的雷士照明实施了巨大的治理结构变革，几乎再也找不到"吴式烙印"的影子。

综上所述，家族企业代际传承过程中会有多个敏感期，这些敏感期随着代际传承的阶段不同而呈现不同的特点，因此为了更好地揭示创始人烙印是如何随着家族企业代际传承过程中敏感期的变化而变化的，有必要先对代际传承阶段进行进一步分析。不少研究都发现家族企业的传承是一个复杂的多阶段过程，遵循继任者"社会化知行经历"的轨迹，根据继任者进入家族企业和最终掌权为首尾两个时间节点，将家族企业的代际传承过程划分为若干具有差异性的阶段（李艳双 等，2020）。战略管理研究者们在20世纪60年代早期就指出企业经营管理权的传递并不是一个简单的交接过程，而应该用"分阶段"的思维去研究。关于传承阶段，学者们普遍认为从选择继任者至继任者进入企业历练直至创始人退出是代际传承的过程，传承阶段是家族企业整个生存和发展过程中充满不确定性的一个阶段。Longenecker 等（1978）通过分析继任者的学习与社会化活动经历，认定继任者正式进入企业与担任最高领导者为两个关键节点，并构建了家族企业代际传承的七阶段模型。Churchill 等（1987）以生命周期模型为基础，将家族企业代际传承分为4个典型阶段，分别为创始人管理阶段、继任者的培养和提升阶段、双方共同管理阶段和权力转移阶段。Handler（1990）基于32个家族企业案例构建了四阶段角色转换模型，能够体现创始人对企业掌权和控制的程度及其权力和权威不断弱化的过程。Stavrou（1998）根据继任者在企业中工作的性质将代际传承划分为未进入企业阶段、全职工作阶段和正式继任阶段。Breton-Miller 等（2004）提出了家族企业有效传承的两个判断标准：一是家族企业经历代际传承后发展更好；二是传承结束后家族内部更加团结。同时，他基于此将继任过程分为4个阶段，分别为传承计划的制定、继任者的选择与培养、继任者筛选、继任者正式掌权。国内学者晁上（2002）认为代际传承的实质是权力的传承，并基于创始人和继任者的关系将代际传承分为传承准备期、关系融合前期、关系融合后期及权力更替4个阶段。李卫宁等（2015）进一步从代际关系视角并结合创始人生命周期阶段，将家族企业传承分为创始人创业期（继任者年幼阶段）、创始人壮年期（继任者协助管理阶段）、创始人中年期（双方共治阶段）、创始人老年期（继任者正式接班阶段）4个阶段。李蕾（2003）则基于继任者角色转变程度将代际传承分为系统接受正规教育、正式进入企业基层锻炼、进入企业高层参与重要决策、担任重要职务并享有决策权及正式接班担任最高领导者5个阶段。汪祥耀等（2015）根据继任者进入企业后的职位变化将家族企业代际传承划分为参与管理（Involvement Managment）、共同管理（Co-management）及接手管理（Takeover）3个阶段。吴炯等（2020）从继任者社会嵌入视角将家族企业代际传承分为准备、进行和完成3个阶段，其中，准备阶段指继任者是创始人企业家助手阶段，进行阶段指创始人企业家与继任者共同管理阶段，完成阶段指创始人企业家已经彻底退出阶段。

本书认为，家族企业代际传承过程中的敏感期可以由继任者在家族企业身份、职位及权力的变化来确定，因此基本参照吴炯等（2020）关于传承的三阶段结论，即准备、进行和完成3个阶段存在3个特殊的敏感期，在这3个敏感期创始人烙印也会随之发生变化，即遵循传承阶段—敏感期—创始人烙印演变的理论逻辑，将创始人烙印演变分为渐变期、剧变期和质变期3个阶段。

4.2 基于代际传承的家族企业创始人烙印演变阶段

Marquis等（2013）及Simsek等（2015）认为烙印是一个动态与反复的过程：对企业或个体而言，在生命周期中的敏感期（通常指转型期），当外部或内部变化迫使焦点实体在环境中导入新的元素时，烙印就会反复发生。在不同的敏感期，原始烙印可能会持续存在，可能会改变功能（Marquis et al., 2010）。例如，原始烙印通过升级被放大（Simsek et al., 2015），从而在组织内变得根深蒂固（Koch, 2011）；也可能会因各种因素而衰退（如远距离搜索、管理层变化、绩效不佳等）；抑或因与新烙印的并置而发生变化并被重新定义（Marquis et al., 2013; Simsek et al., 2015）。在代际传承过程中，创始人烙印也会遵循上述规律发生演变，根据本章第4.1节的分析，本书将家族企业的传承阶段分为准备期、进行期和完成期3个阶段，并对应地将创始人烙印演变的阶段分为渐变期、剧变期和质变期，以此构建家族企业传承过程中创始人烙印演变的理论框架，并确定了创始人烙印的各个维度（认知烙印、结构烙印、资源烙印和文化烙印）在每个阶段演变的程度。

同时还需要说明4个问题。①上述理论框架主要是以"子承父业"这种传承模式为前提[①]，即根据"子承父业"这种传承模式来划分代际传承的3个阶段，如果采用引入外部职业经理人模式，通常不会出现代际传承的准备期，而直接跨越到进行期甚至是完成期；②该框架以二代子女渐进式继任[②]为研究背景，不考虑二代子女空降式的继任方式[③]，因为该方式缺乏创始人对继任者的培育和帮扶过程，即代际传承的过程是不完整的、断层的或割裂的；③该框架不考虑创始人或继任者在传承过程中发生不可抗力的意外状况，如死亡或患重病；④该框架不考虑企业在传承过程中突然消亡或传承无法进行（传承终止或失败）的情况。

4.2.1 渐变期创始人烙印演变机制分析

（1）渐变期创始人烙印演变的背景

创始人烙印渐变期对应代际传承的准备阶段，在该阶段中，继任者尚未正式进入企业或刚进入企业，双方在工作上没有太多交集。此时，创始人的传承意愿较为强烈[④]，继任者的接

---

① 王金朵（2011）、杨梦辉（2015）等众多学者均认为"子承父业"是我国目前家族企业代际传承的首选模式。窦军生等（2020）认为对创始人而言，继任者是否值得信任是一个非常重要的风险降低因素，衡量信任的主要依据之一就是继任者与创始人是否存在紧密的亲缘关系，即继任者来自创始人家族内部还是外部。《2016中国家族企业健康指数报告》中也指出，目前进入家族企业的企业家子女比例已经达到60.96%，超过4/5（81.70%）的二代子女已担任中高层管理职位。因此，本书将"子承父业"模式作为主要的研究背景是切实可行的。
② 邹立凯等（2019）将渐进式继任定义为二代子女对企业的控制权逐渐增强，表现为二代子女进入企业后职位逐步升高、管理权逐渐上升，并可能最终掌控企业。
③ 邹立凯等（2019）将空降式继任定义为二代子女没有担任企业其他任何职务而直接空降，并且完全进入企业的高管层或董事会，掌握一定经营决策权和控制权。
④ 根据Ward（1997）的观点，企业主的传承意愿是实现家族企业成功传承的保障。

班意愿尚不明确。创始人主要以制订传承计划[①]来推进企业代际传承的开展，根据二代（泛）家族成员的接任意愿和胜任能力实施继任者筛选方案，并开始有意识地培养合适的继任者[②]。早期有关代际传承的研究往往视渐变期为家族企业实践活动的某个独立阶段，创始人作为传承过程的掌控者，决定了传承决策制定和实施的方向，一旦其突然病故或重病无法工作，继任者顺势接班，这就意味着传承自然结束（Barnes，1976）。随着管理学研究领域的拓展，越来越多的研究者发现传承是一个复杂和充满不确定性的事件，就家族企业而言更甚，成功的继任往往是创始人在继任者未进入企业之前就开始谋划，从某种程度来说代际传承是企业成长过程中的一项重大战略（Longenecker，1978），家族企业传承的准备阶段正是这个长期战略过程的第一阶段，在这个阶段创始人烙印变化缓慢且程度不大，后面将做具体分析。

（2）渐变期创始人烙印演变的影响因素

1）代际冲突

家族企业传承的准备期可以认为是创始人和继任者初步形成交集的阶段，由于继任者即将进入或刚进入企业工作，两者基本能够和睦相处，他们工作和生活上的冲突并不多，主要体现在传承意愿的冲突和双方认同的冲突。

由于企业主基本都是创始人，浙江家族企业不像西方发达国家的百年家族企业有若干代的传承经验，当继任者初涉家族事务时，创始人和继任者往往抱着尝试的心态处理传承问题。因此，在传承意愿方面，如果继任者在进入企业后发现自己对管理企业不感兴趣，或者与自己未来的发展规划相左，就有可能放弃接班。类似的，当创始人在考察继任者的过程中发现其无法胜任或确实"志不在此"时，也不得不选择其他家族继任者；甚至是外部职业经理人。此外，不少学者就创始人"恋权"问题做了深入研究，发现在中国家族企业创立和成长历程中，创始人在企业创造额外价值方面功不可没并倾注了毕生心血，也基于此，形成了巨大的获得感、幸福感和成就感。虽然创始人意识到为了家业常青代际传承势在必行，也希望"子承父业"能顺利进行从而确保企业平稳过渡，但是创始人由于对在管理实践过程中产生的个人权威及企业"生杀大权"的依恋，抑或是因为中华传统文化中对死亡的忌讳等，往往情不自禁地不愿割舍手中的权力[③]。另外，继任者由于与创始人有着年代差异，他们可能不认同创始人的事业，或者不愿与家族长辈共事，或者有自己的兴趣理想等，从而造成被动甚至是被迫的接班模式，最终双方必然产生利益冲突。余向前（2013）通过对温州地区在校大学生（均为家族企业二代继任者）的调查研究发现，愿意接班的继任者仅为16.1%，高达41.9%的继任者表示对接班没兴趣或不乐意，剩余42.0%则表示不确定或观望，可以认为渐变期创始人烙印变化的一大影响因素就是传与承之间的冲突。

在双方认同方面，如果继任者幼年时期与家族企业创建期重合，则其可能会形成一种逆

[①] Lansberg（1988）最早提出了传承计划的概念，将其定义为确保家族和谐和企业的代际延续所做的必要准备，这些准备必须考虑到企业和家族未来的需求。Sharma（2003）进一步提出家族企业现任领导者往往是传承事件的发起人，对企业传承有长期且持续的关注，可以在很大程度上对传承过程施加控制。

[②] 越来越多的家族企业开始认识到，代际传承本身并非一个简单的节点性事件，而是一场长期且复杂的"接力赛"（Dyck，2002），"接棒人"的培养需要尽早被提上日程。

[③] 在我国家族企业的创始人看来，企业是由个人努力拼搏创立起来的，自己对企业的发展具有巨大的贡献，长期形成的权威也使得他们认为企业的权力传承是个人来决定的事情，不需要考虑其他因素（窦军生，2007）。

反心理，这种逆反心理不但会影响继任者对家族企业的情感认同，而且会对创始人为之奋斗的事业产生怀疑和不满[①]。具体原因有两个。第一，双方的成长环境有着明显差异。创始人大多是在20世纪50年代或60年代出生，普遍属于"草根阶层"，生活较为艰辛，他们创立企业的目的也仅仅是生存，而继任者群体以"75后"甚至是"85后"为主，他们大多物质生活条件优越，有独特的人生观、价值观和理想抱负，与创始人相比，生存早已不是迫在眉睫的事情，因此往往缺乏披荆斩棘的创业精神和拼搏的勇气。同时，继任者在幼年时期目睹过创始人在创建企业过程中经历的心酸苦楚，作为企业初创过程的领路人，创始人无时无刻不为家族企业生存而殚精竭虑，从而对家庭的付出则相对有限，继任者往往无法认同"不顾家"的生活方式，希望自己能换一种"活法"，而不是做一个"艰苦者"。第二，初创期企业普遍容易消亡，创始人需要投入大量精力和时间应对各种风险挑战，继任者即使能体会创始人创业之艰辛，也会认为是创始人为了企业才放弃了对自己的关爱[②]，继任者甚至会认为相比自己而言初创的企业才是创始人心中的"真爱"，这种在幼年时期所产生的对于企业的忌妒心理会延续几十年，继任者在继承家族企业之后对创始人所创立的事业依然缺乏认同感[③]，进而会对创始人的认知、理念、观点及文化不认同（盖尔西克，1998）。

2）组织变革

在渐变期创始人会通过制订传承计划实现企业的制度优化并推进非正式治理，即实现非正式关系治理与家族治理制度的共生演进。在企业内部逐渐形成对非正式身份、职位和权力的制约机制，有效推进正式制度和非正式制度的协同治理。

为了保证继任者的合法性，创始人会在传承计划中做适度的制度优化[④]。制度优化能够将创始人拥有的资源通过制度构建正式化和合法化，并表现出稳定性和可靠性，即使创始人离去，也不随时间、空间的改变而改变，从而实现对创始人专用性资产的固化（张京心 等，2017）。创始人的专用性资产，即其特殊商业能力，建立在企业内部纵向和横向知识流动通畅的基础上（武立东 等，2016），其机制是创始人在探索和尝试传出计划时，必须充分了解企业内部资源和信息，尤其是家族成员的提议。制度优化也会使公司各项程序、标准趋向规范、透明，加速组织纵向和横向知识流动，降低企业内部的沟通与代理成本，将创始人异质的市场能力固化为企业既有资源。制度优化还可以使企业内外部利益相关者对创始人个人的信任转化为对企业声誉、品牌等的肯定，从而固化创始人个人的特殊资产及环境属性的专用性资产。制度优化不仅能够达到固化创始人特殊资产的目的，而且能够产生迭代效应，即企业历任继任者重构的专用性资产都可以通过制度优化实现固化，从而使企业专用性资产存量

[①] 个体生命周期理论认为，童年时期是个人道德观念、智力逻辑、良心逻辑的发展阶段，个人在童年时期的经历会形成对于问题的不同处理方式，从而影响生命后期的活动。陈慧（2012）提出童年是个人成长的关键阶段，会对成年后的心理和行为产生深刻的影响。童年时期的经历对个人信念与偏好的形成具有重要作用。

[②] 李卫宁等（2018）认为家族企业的创始人一般吃苦耐劳、敢于拼搏，他们不希望下一代人再吃苦受罪，在优越的环境下成长的下一代往往感受不到父辈们创业的艰辛，很难与他们产生共鸣，两代间的冲突时有发生。

[③] Barach（1995）将这解释为一些企业主无意中将创业或管理企业时的巨大压力带到家庭中，形成紧张的氛围，给子女造成不良的影响。缺乏陪伴和压力陪伴都可能使子女产生对父母事业的抵触情绪，在很多情况下，这些企业主会发现子女非常叛逆，反对父母所做的一切。

[④] 制度优化是使组织长久存在的规则、程序等独立于个人存在，可以使个人潜在权力受制于企业正式规范，弱化企业对个人权力和资源的依赖（Crossan et al., 1999）。

不断累积，与日俱增。

在制度优化的同时，为了确保家族情感财富的顺利继承，创始人会进一步实施非正式的关系治理。非正式的关系治理在组织中具有举足轻重的作用，可以使企业及其委托代理方利益趋同，进而缩小代理成本，降低交易费用。在外部制度环境不完备时或在企业的创业初期，关系治理更具有特殊的意义（李新春 等，2018），其集中表现为个人所具有的非凡品质之上的魅力型权威，是一种非正式的、人格化的关系治理形式，其内涵正是以血缘和亲缘为枢纽的家族内部资源的再分配与再平衡①。在传承的准备阶段，非正式的关系治理所形成的结构烙印能够有效提高家族企业的治理效率和价值。首先，通过基于血缘和亲缘关系的非正式关系可以提高离散的家族成员的凝聚力，保证组织良性健康运行。这种关系治理既能够促使家族成员关注企业的长期存续与发展，也可以削弱他们的自利性寻租动机及其他机会主义行为，进而缩减家族企业运行过程中的代理成本和交易成本（Fama，1983）。其次，由家族涉入形成的利他主义倾向大幅提升了家族成员的组织认同和情感承诺，可以确保企业内部资源和信息的畅通并避免关键资源的流失（Miller，2009）。最后，非正式的关系网络和家族权威不仅可以帮助家族企业获得经济利益，而且能够起到保护家族控制权、家族声誉、家族地位和家族身份等社会情感财富的作用（Gómez-Mejía，2007）。因此，家族企业通过关系治理在一定条件下可以成为一种高效能的组织形式，在某种程度上降低了企业的代理成本并提高了代理效率。

3）创始人帮扶

中国家族企业的传承更加注重基于血缘的家族内部传承，所以呈现出传承对象明确和继承资源有限的特点，提前培养继任者是保障家族企业成功传承的第一要务（Chua et al.，1999）②。在继任者进入管理层之前，创始人对其的帮扶主要体现在以下几点。一是使继任者进入本企业实践或在其他企业进行历练③。继任者尽早接触企业除了能够学习并领悟与本企业相关的管理经验和提高管理实践能力外，还可以构建良好的资源网络并确立合法性地位（窦军生 等，2020），其主要方式是创始人通过培养和支持继任者自主个性发展，满足继任者在自主、能力、关系三方面的需求（Sharma，2005），进而培养他们对家族企业的情感承诺④。创始人影响继任者的职业规划及兴趣的形成，使得继任者形成与创始人一致的家族企业发展

---

① 非正式的关系治理由两类因素组成：一类是结构因素；另一类则是建立在个人权威基础上的关系性因素。就结构因素来看，关系治理主要通过非正式网络化控制和领导人的魅力等非正式结构来实现，如在家族企业中普遍存在的家族涉入（贺小刚，2009）。

② Garcia-Alvarez 等（2002）将培养家族企业继任者的过程视为其社会化（Socialization）的过程，即通过基本（家庭）社会化和继续（企业）社会化两个阶段，创始人会有意识地将其价值观及对企业的未来展望传递给继任者以求将其塑造为一个称职的家族企业领导者（Handler，1994）。基本社会化主要包括创始人价值观的直接传递和继任者所受的正规教育经历；继续社会化则受继任者进入企业的时间、方式及其与创始人的关系类型（家庭导向/企业导向）的影响。

③ 为了尽早帮助继任者熟悉企业文化并培养其运营企业的能力，一些企业会选择安排继任者尽早进入企业工作。考虑到拓展个人知识面和人际关系网络的目的（Barach，1995），一些继任者选择在继承企业前积累企业外部的工作经验（窦军生 等，2006）。

④ 杨林（2010）认为企业家更加容易受到承诺升级的影响，因为企业家通常具有强大的控制欲和成就欲，他们对自认为是机会的想法及将这些想法转变成切实可行的企业，有十分强烈的初始承诺。刘娇等（2017）进一步阐释了继任者的高情感承诺会使其更倾向于回到家族企业中发展，而这种高情感承诺正是来源于其耳濡目染的成长经历及与创始人一致的价值观体系。

的价值观①。二是为继任者塑造良好的环境，通过追求非经济目标的方式，激发继任者的内在动机。研究发现，家族的利他主义和永续偏好会影响子女的职业选择方向（Parker，2016），那些拥有长期目标、收入持续稳定、家族声誉高的商业家族，相较于费时费力的父辈控制（Parental Control）方式，更多以环境正反馈或负反馈来影响子女的职业选择，激发其主动承担领导责任（Memullen，2015）。

4）隐性知识转移

传承的准备阶段是家族企业隐性知识转移的重要时期，在该阶段创始人和继任者对隐性知识的转移意愿、双方对彼此的信任程度等影响隐性知识转移效果。此时，创始人子女已被选择为继任者，拥有一定的合法性身份，与有传承意愿的创始人有着良性沟通。继任者获取隐性知识与创始人帮扶密不可分。一方面，为了使继任者接受更好的教育，创始人往往为继任者提供系统正规的教育体系，因此继任者普遍比创始人拥有更高的学历，甚至不少具有海外留学背景，但是这种学历性教育体系提供的一般是通识性的显性知识，继任者在没有社会化经历和本企业实践的情况下，接受创始人隐性知识并吸收内化的程度偏低；另一方面，创始人会对继任者进行管理实践方面的培养②，在企业内外部的历练和跨代创业实践都可以是继任者接受创始人隐性知识的有效方式。

（3）渐变期创始人烙印演变的结果

由于在烙印渐变期继任者尚未进入企业或刚进入企业，其继任的合法性和权威没有建立，因此继任者并非创始人烙印变化的推动者。反之，在这个阶段由于创始人在推进传承计划的过程中会受到相关传承情境的影响，因此会通过一定程度的变革使创始人烙印发生一定的变化，但是程度相对较小。

1）认知烙印

创始人的认知烙印是企业历史"塑成"的一种固化的思维框架③，也是创始人长期影响企业管理行为后形成的内化特征，具有渗透扩散性、稳定性等特征，即使经历漫长的时间也不会轻易衰退。在传承的准备阶段创始人仍然主导企业，在其拥有绝对权威的情况下，企业的思维模式、决策风格等几乎不会发生变化，因此可以认为在渐变期创始人认知烙印基本不变。

2）结构烙印

在不发生较大变革的前提下，组织往往采用现有的工作程序和业务流程，更多地采用现有知识、现有经验思考问题，按照固有行为模式解决问题。一方面，企业仍然采用非正式的关系治理模式以保证家族成员的利益，这种关系治理模式的延续会使得结构烙印趋于稳定；另一方面，由于制度优化对创始人烙印也有巩固作用，即通过实施一系列企业治理机制和管理体制的优化措施，使创始人烙印与企业融为一体，将企业对关键人物的个人依赖尽可能固

---

① 李艳双等（2020）认为两代人的融洽关系和一致的价值观，会促进继任者产生强烈的接班意愿。
② 创始人的创业过程和经历为继任者提高对企业的认知提供了天然的素材，隐性知识不能通过明确的指令传递，只能通过面对面的互动从一个人传递到另一个人（Nonaka，1994）。
③ Guo（2013）认为创始人的认知烙印是固化的思维框架，在管理实践中通过创始人有意识或无意识的决策和行为过程表现出来，这些决策过程和行为特征都会受到认知烙印的影响。

化为对企业制度的依赖，从而避免结构烙印衰退，同时，通过恰当的制度优化安排增强对非家族成员的激励和约束，缓解家族企业内外部的信任问题，防范道德风险，以制度形式固化创始人的结构烙印。因此，总体而言，在渐变期创始人的结构烙印会保持基本稳定。

3）资源烙印

Adler（2002）以来源和作用为标准，把创始人的资源分为两类，即内部资源和外部资源。内部资源，又称网络联合式资源，反映企业内部组织结构与成员之间的网络关系，是企业内部网络节点相互作用形成的经营性资源。外部资源，又称嫁接发散式资源，反映企业与外部环境资源系统之间的网络关系，是企业通过有偿方式从外部网络获取的可利用性资源。在传承的准备阶段，企业不会因为面临对继任者的选择而出现大幅组织变革，从而创始人的外部资源（相关利益者）相对稳定，而在内部资源方面，可能会由制度优化导致部门员工人际关系发生变化，同时为了缓和代际冲突，创始人会进一步协调企业内部资源对继任者进行帮扶，从而导致内部资源发生调整。总体来说，由于创始人外部资源相对稳定而内部资源有所变更，因此可以认定在渐变期创始人资源烙印会发生较小程度的衰退。

4）文化烙印

企业文化是深深扎根于企业灵魂深处的、企业成员一致认同的信仰、价值观和愿景，是企业成员的道德规范、行为准则和精神财富，并引领企业的行为实践。家族企业经历代际传承后企业绩效普遍发生逆转[1]，虽然在传承的准备阶段继任者并未正式进入权力中心，但是员工普遍已获知"改朝换代"的信息。相较于创始人，员工对"新领导"的认同较为缺乏，在一定程度上会影响他们对企业未来发展的信心，从而动摇共同信念，同时双方在认同方面的冲突会影响隐性知识的转移，从而影响继任者对企业价值观的认同，因此创始人文化烙印会有一定程度的衰退。但是从长远看，创始人仍然会有相当长的掌权时间，因此员工信心的动摇程度也相对较小，并不会对企业的价值观产生质的影响，所以总体而言在渐变期创始人的文化烙印会有小幅衰退。

4.2.2 剧变期创始人烙印演变机制分析

（1）剧变期创始人烙印演变的背景

创始人烙印剧变期对应代际传承的进行期，在该阶段中，继任者已然正式进入企业高层或担任重要职务，参与重大决策并协助创始人制定企业未来发展规划，形成双方共同治理的局面[2]。在传承的准备阶段，创始人安排继任者在基层锻炼，使其基本具备了进入高层的素质和能力，创始人对继任者的认可度进一步提升，并会逐步放手与其共同处理企业重大经营决策和重要经济活动。同时，就继任者自身而言，进入企业高层并担任重要职务意味着其

---

[1] Cucculelli 等（2008）认为，继任者的能力和所拥有的资源比创始人差，无法满足企业经营管理的需求，因而继任者管理下的企业绩效差于创始人管理下的企业绩效。范博宏（2014）对250家中国香港、中国台湾及新加坡家族企业代际传承的研究发现，这些企业在传承过程中都遭受巨大的损失，在新旧企业掌门人交接年度及此前的5年，家族上市企业的市值在扣除大市变动后平均蒸发高达60%。福布斯发布的《2014年中国家族企业调查报告》中也指出，剔除投资收益的影响，创始人管理下的企业绩效要优于继任者管理下的企业绩效。

[2] 家族企业代际传承是一个持续过程而并非简单的事件，贯穿创始人将职位和权力逐渐转移给继任者的整个过程（Hauck et al., 2015），短则3~5年，长则10~20年（晁上，2002），需要经历一个漫长的两代共治阶段。

对企业的情感承诺和对自身的身份认同均已完全确认，一般不会再有退出接班的想法。当双方逐渐适应共同管理的模式并配合默契后，创始人开始实施权力的逐渐转移。此时，创始人和继任者在业务上有近似的想法或观点，在共同管理过程中，继任者得以深入体会创始人创业和守业的不易。但是双方的代际冲突也会随着受教育程度、文化观念差异等因素而加剧[①]，同时在双方共同治理的背景下企业治理模式将由非正式的关系治理转为正式治理，组织变革会进一步加大，虽然创始人会对继任者获得组织认可进行帮扶，并通过隐性知识的转移使继任者对企业文化、价值观更趋认同，但是总体而言创始人烙印在传承的进行阶段将发生剧变。

（2）剧变期创始人烙印演变的影响因素

1) 代际冲突

随着继任者在高层工作时间的增加，创始人会对继任者产生新的认知，并逐步将经营权转移给继任者让其担任管理要职，家族企业传承进入两代共同治理阶段。对于"两代共治"的治理结构，从上市企业公布的核心领导职位来看，董事长和总经理（或CEO）一般由两代人共同担任，这种"两代共治"的复杂现象会产生各种冲突（Davis et al., 2010）。特别是当继任者处于管理岗位时，还会面临着同辈和元老的压力、守业压力、代际权威（Intergenerational Authority）和前辈阴影（Shadow of the Founder）等。此时，创始人和继任者在工作上开始有广泛交集，双方在教育背景、生活环境、社会经历等方面的差异使得他们的价值判断和思维方式不尽相同[②]，双方产生最多的冲突将是管理认知冲突[③]，主要表现在工作习惯、处事风格、管理理念、管理方法、企业目标的制定上，这会导致创始人和继任者在此阶段的相处中冲突频发。如果创始人和继任者开展了有效的冲突管理，则双方会再次形成认知融合进而对"做什么"和"如何做"产生共识，传承顺势进入下一阶段[④]，或者代际传承以继任者退出企业或终止接班而结束传承[⑤]。

2) 组织变革

在传承的进行阶段，最突出的组织变革是企业的非正式关系治理模式将转变为正式治理模式。虽然家族成员间基于血亲缘关系构建的非正式关系治理模式在企业创业初期发挥了重要作用，但是随着组织规模的扩大及时间的推移，这一治理机制产生的边际效用将越来越低，甚至还有可能产生负效应（何轩 等，2008）。首先，过于强化关系网络容易任人唯亲而非任人唯贤，加大了家族成员与外部人员之间的矛盾与冲突，进而导致家族与非家族成员间

---

① 在社会发展过程中，年轻人比上一代更容易受到新文化的熏陶，更容易接受新事物，导致两代人文化观念断裂，加剧了代际矛盾和冲突（周晓虹，2008）。
② 除了上述原因外，双方的冲突还可能包括两代人在企业战略方向上难以达成共识（Kellermanns, 2008），继任者想要把自己和创始人区分开来（Kellermanns, 2004），创始人往往有保持对继任者的决策权威的倾向，不愿让自己的后代参与企业决策（Lansberg, 1988），结果使两代人缺乏沟通。创始人的巨大成功往往会给子女投下阴影，使子女比较抗拒，加剧家族企业的代际冲突（Davis, 1999）。
③ 管理认知冲突是指创始人和继任者在"如何管理"方面的意见相左（李锐昌，2021）。
④ Puck 等（2007）的研究表明和谐的团队氛围对组织的发展意义重大，沟通的有效性在自由、平等的环境中更容易体现，传承双方的认知也能够通过不断的信息交互进行融合，形成更加亲密的同事加亲人的特殊关系。
⑤ 应焕红（2009）指出管理认知上的差异不仅有碍于传承双方的日常相处，而且不利于其共商企业发展之事，严重的则会导致传承某方先放弃自己的传承决定，传承因停止而失败。

交易成本的上升及优秀人才的流失。其次，家族涉入企业程度越高就越会提高外部投资者进入的门槛，从而导致企业内部治理机制对家族成员的制约与监督失灵（Kaplan，2003），降低了家族企业的经营与治理效率。最后，为了维持和增强家族权威控制，家族企业中董事会、监事会和高层管理岗位上处处可见家族成员的身影，他们的社交对象基本相同，进而其社会网络具有同质性，导致他们无法为家族企业带来充分的异质性社会资源（连燕玲，2011），进而阻碍企业持续成长。家族正式治理模式的建立代表着对家族及泛家族化的非正式关系网络和身份权威进行正式的治理或约束，通过普适性的制度规范而非代表个人权威的身份地位及家族裙带关系对正规组织进行治理。基于这项正式制度的制约和监督，才可以真正削弱或去除家族特权或个人私利对家族企业持续成长和价值输出产生的不利影响。李新春等（2008）发现，随着企业的成长，家族企业将在组织内部规划和制定正式的治理结构和政策规则等（如家族理事会、家族议会、家族宪法和信托制度等），与市场的运营和治理组织并行不悖地运行。

除此之外，也有学者发现，不同于企业创始人的战略惯性，继任者在担任重要管理决策职位后会根据自身的价值判断和思维决策模式调整企业战略（李新春 等，2016）；或者，家族二代成员进入家族理事会或决策层后会对原有的家族一代势力及其行为惯例产生冲击，进而引发组织变革（Benavides-Velasco et al.，2013）。

3）创始人帮扶

继任者加入高管团队后，创始人帮扶的目的在于使继任者获得顺利接管企业必需的资源与权威，并使其获得广泛支持。子女作为法律上规定的企业财产和其他相关财富的继承人，在家族企业内外部具有法理上的身份认同，但是拥有合法性身份光环的继任者事实上未必能得到组织认同。组织认同的来源有两个：第一个是接受，属于文化认同范畴，继任者长期经过家族企业文化的熏陶并融入其中，成为"内组织"成员而非"外人"，从文化归属上得到组织认同；第二个是实力，属于个人综合能力范畴，当继任者通过自身实力提升企业管理水平和绩效时，其地位才会真正被组织认可。当继任者在文化上被接受及个人实力被认可时，即可认为其取得了稳固的合法性地位并树立了权威[①]，从而其可以充分行使管理权力，保证企业平稳传承。获得组织认同除了靠继任者自身努力之外，离不开创始人的协调作用：一方面创始人可以帮助继任者化解家族矛盾；另一方面创始人可以积极帮助继任者获得家族或企业老臣的支持。

4）隐性知识转移

在传承的进行阶段继任者对创始人的隐性知识进行吸收、整合与内化。在此阶段，继任者将自身在家族企业的管理实践与已吸收的创始人隐性知识相融合，如果融合后获取的收益符合或超出继任者预期，则继任者会进一步将其内化为企业层面的隐性知识，否则会选择过滤，这个过程保证了创始人烙印的延续。在这一阶段，双方共同管理企业，沟通频率和质量加强，创始人通过率先垂范、言传身教和对交接过程进行控制等方式提升继任者的能力水平，使继任者积累经营管理经验，培养其企业家精神。

[①] 华斌（2013）研究发现，面对权威难树的窘境，有继任者选择用创业的方法以承担高风险为代价构建权威合法性。

(3)剧变期创始人烙印演变的结果

在创始人烙印剧变期，继任者正式进入管理层并和创始人实施两代共同治理。在此期间，一方面，创始人仍然是企业的领导者，拥有领导权和绝对的权威；另一方面，创始人为了帮助继任者尽快获得组织认可，会逐步放权让继任者参与决策甚至是制定决策。由于继任者的身份和权力发生重大变化，加之双方在管理认知、行事风格等方面存在诸多差异，创始人烙印在这个阶段会发生大幅衰退。

1）认知烙印

由于继任者和创始人成长环境[①]、教育程度等方面存在巨大差异，双方在认知风格和决策行为上必然迥异，最终导致很多家族企业传承中继任者偏向用管理学理论知识进行规范管理，而创始人偏向用经验和直觉进行管理，两代人在管理理念和管理方式上出现代际冲突，虽然创始人帮扶和隐性知识转移可以缓解冲突[②]，但并不足以平衡双方的代际差异，因此可以认为在继任者参与决策和管理的过程中势必会使创始人认知烙印发生较大程度的改变，即认知烙印发生较大程度的衰退。

2）结构烙印

当继任者以继任者身份进入高层参与决策甚至是制定决策时，继任者往往会意识到，随着时间推移，外部竞争条件改变，在新环境下历史优势开始弱化甚至变成劣势，变革成为企业当务之急[③]，因此结构烙印的持续或衰退实际上是继任者在路径依赖和制度化同构与适用性变革之间的自然选择（朱蓉，2018）。虽然有不少学者研究发现跃跃欲试的继任者主导的组织变革会遭到包括创始人在内的企业及家族内部成员的约束，甚至创始人初始战略的合法性也会阻挠变革的推进（赵晶 等，2015），但是为了社会情感财富的维持，创始人仍然会允许继任者在不影响企业可持续发展的前提下进行逐步的组织变革[④]，此时企业的组织结构、业务流程等方面会发生较大程度的重组，因此可以认为创始人结构烙印发生了较大程度的衰退。

3）资源烙印

在传承的进行阶段，创始人在对继任者能力认同的前提下会将其外部资源（政治资源、客户资源等）逐渐转移给继任者[⑤]，对于继任者来说为了更好地得到组织的认可也需要拥有相对稳定的外部资源。与此相反，在进入高层后继任者往往会在企业内部开始着手组建自己信任的团队，并利用自己的团队聚集内部优势资源，扩充资源池，建立行动实施的资源基础，可见创始人的外部资源基本维持稳定，而内部资源则随着继任者团队重构的需要而发生较大"衰退"，总体来说可以认为在剧变期创始人资源烙印有一定程度的衰退。

---

① 随着社会的进步和科技的发展，生产力不断解放，物质条件不断丰富，使得成长于经济匮乏时期的父辈与成长于经济繁荣时期的子代在价值观上出现巨大差异（周晓虹，1998）。

② 李贲等（2018）认为继任者通过对父辈经验的学习和运用可以改变其认知和行为，最终影响到企业的成长。

③ 继任者变革认知作为制度逻辑的直接反映，当变革认知偏向变革时，表明变革逻辑为主导逻辑；当变革认知偏向保守时，表明守旧逻辑为主导逻辑（Ocasio，1997）。

④ 代际传承过程意味着变革认知的逐步改变，同时变革认知的改变才会推动组织变革的产生，而并非代际传承推动组织变革一蹴而就（Handler，1994）。

⑤ 企业创始人为了防止继任者由于能力不足而破坏企业的商会资本（商会资本是企业外部资源的重要组成部分），一般不会轻易将商会资本传给继任者，只有当继任者的能力达到一定高度时，创始人才会考虑将企业的商会资本传承给继任者，因此商会资本从创始人到继任者的交接本身就是创始人对继任者能力的认可（陈建林 等，2020）。

4)文化烙印

一方面,家族继任者涉入企业经营管理,由于情感羁绊、对先辈和企业传统价值的拥护,从而对企业内部的组织信仰和价值认同较高,因而维护历史留下的这些传统经营理念也是继任者非常重要的目标(邹立凯 等,2021);另一方面,受到血缘关系的影响,特别是在中国传统文化和家庭教育背景下,两代人之间的关系甚至冲突都更为复杂,而存在于这种复杂关系和冲突下的两代共同治理模式会影响家族企业文化(陈凌 等,2003)。因此,可以认为在剧变期创始人文化烙印也会发生一定程度的衰退。

4.2.3 质变期创始人烙印演变机制分析

(1)质变期创始人烙印演变的背景

创始人烙印质变期对应代际传承的完成阶段,在该阶段中,继任者开始独当一面,肩负企业未来发展的重任,也具有了最高领导权,并出任企业董事长,开始扮演"一家之主"的角色[①]。创始人已经离任[②],基本不再管理企业的具体业务[③],但也会因大权旁落而心灰意冷,也会因突然离任的负面影响导致企业动荡不安,因此创始人的离任往往是渐进式的而非一蹴而就[④],究其根源主要是创始人将自己一手创建的企业视为自己的心血结晶,长期创业与守业的艰辛使创始人对企业形成了强烈的精神寄托,外在表现为创始人的恋权行为。在这个阶段,即使创始人不完全退出,由于大权已掌握在继任者手中,且继任者与创始人之间存在诸多代际差异,这将会对创始人烙印的变化产生质的影响,甚至形成新的烙印。

(2)质变期创始人烙印演变的影响因素

1)代际冲突

在传承的完成阶段,双方冲突的焦点主要是创始人和继任者在"何时交权"与"如何交权"方面的思想不一致[⑤],由于浙江大多家族企业治理结构尚不成熟,家庭和企业两个系统的边界还比较模糊,致使创始人即使退出也仍然充当"影子管家"[⑥],这主要取决于创始人的个人特质,事无巨细、亲力亲为、个性张扬的企业创始人普遍存在离任后继续"垂帘听政"的现象。这种明退实存的状态会严重影响继任者的接班合法性及对企业的领导,也会使代际传承陷入停滞的怪圈[⑦]。但反观之,很多退出企业历史舞台的创始人很难做到"无官一身轻",他们往往

---

① 从制度合法性的角度来说,行为主体本身拥有的权力越高,其具有的合法性就越强(赵晶 等,2015)。合法性具有强大的力量,通过影响资源分配或激励他人来规范或影响他人行为(Dimaggio et al.,1983)。正如《论语》所言:"名不正,则言不顺;言不顺,则事不成。"相关研究显示,股权的转移和管理职位的直接任命有助于缓解继任者权威合法性不足的问题(杨学儒 等,2009)。因此,当继任者正式接任家族企业的董事长或总经理后,有助于实现创始人资源的顺利传承。
② 创始人离任和继任者继任是一个相辅相成、相互制衡的系统工程,对企业持续健康成长具有决定性影响(贺小刚 等,2011)。
③ Handler(1990)四阶段家族企业传承模型中认为前任在移交管理权后会继续担任顾问或参谋的角色。
④ 窦军生(2005)、Stavrou(1998)均认为创始人离任并非在某一时间点完全放弃企业的管理权和控制权,而是逐步退出。例如,从总经理位置退下改任董事长,不再操持企业具体事务,而是利用其权威充当幕后顾问直至完全卸任,离任模式呈现出过程性特征。
⑤ 继任者与其他亲属及元老等之间的理念差异也会加大家族企业权力交接的冲突(李卫宁 等,2018)。
⑥ Sharma 等(2001)认为,家族企业传承中最大的问题是创始人不愿放手,因为随着继任者的逐渐强大,创始人会感到在家庭和企业双重角色下的"权威失落"。
⑦ 创始人离任后继续对企业实行控制(非正式影响)的行为可能会干扰继任者在家族企业中的领导力,造成创始人和继任者的冲突。

需要一段漫长的时期来适应退休状态,此时继任者应当对其在情感上多加照顾,虽然创始人不再掌权,但是其丰富的管理经验和对市场变化的敏锐性依然存在,继任者向其征询有关企业未来发展中的关键决策,既有助于企业顺利度过传承带来的不稳定期,也可以满足创始人继续参与但不干预企业管理的心愿,可以避免不必要的冲突。另外,创始人也应该理性面对退位的现实,允许继任者有新的尝试或变革,并接受他们可能会以区别于创始人的方式来有效管理企业,即使这样会导致创始人烙印衰退(Timothy,1986)。

2)组织变革

家族企业控制权与管理权的转移,会导致企业治理结构与战略选择的深层次变化[①],并激化企业内部因利益冲突而产生的矛盾,使得信息不透明(孙秀峰 等,2019),伴之而来的是各种组织结构和流程关系出现割裂甚至重组。同时,继任者在掌权后普遍会推动企业的变革和创新(陈凌 等,2003)。由于创始人深知创业不易,迷信个人权威,崇尚集权而行事趋于保守,厌恶风险,而继任者成长环境殊异,普遍接受过良好的高等教育,甚至有海外经历,学历高而视野广阔,思路敏捷,对宏观环境、市场竞争、行业风险等有较高的洞察力和理解力,更希望获得创始人和家族长辈认可并实现自我价值,因此对组织变革有着强烈的迫切性和包容性。另外,继任者会通过代际传承以新的接班人身份组建自己可控的亲信高管团队,将自身的变革认知充分渗透进高管团队中。基于高阶理论模型,组织变革认知的改变会随着企业最高领导者的变化而变化,最终形成变革行为[②]。进一步从高层管理者的行为逻辑角度分析,高层管理者会对其面临的环境与利益做出个性化认知,以及采取反映其自身特质的适用性行为,进而影响企业战略选择和重大决策方向,即企业行为是高层管理者意志的反映(徐飞 等,2010)。代际传承事件会显著影响高层管理者的变革认知,这种影响是趋向变革的[③]。究其本质,企业是否采取变革行为是高层管理者对变革认知在企业转型创新逻辑与传统守旧逻辑间进行择优选择的集中体现。

3)创始人帮扶

在传承的完成阶段,继任者掌权后如果权威不足,会难当大任,创始人如果彻底撒手不管,组织可能剧烈震荡,继任者的继任之路将荆棘密布,此时创始人应给予继任者幕后支持,为能力和经验不足的继任者提供一个学习和成长的过渡时期,提升其决策合理性,规避组织不稳定性,并通过提供资源、创造机会等方式提升其经验和能力,保证其充分展现合法性和权威[④]。尽管创始人可能不会继续从事日常经营工作或在董事会中担任职务,但创始人仍可能通过继续做出影响家族企业的所有关键决策来对继任者进行领导和控制(Davis,2010)。家族企业创始人退出企业的类型可以分为全退(彻底放手)、渐退(逐步放权)和辅政(作

---

① 新任领导上任后均具有较强的速胜动机,往往通过调整企业战略决策与资源配置来获取权力、培育信任、降低离职风险(赵晶 等,2016)。
② 刘鑫等(2015)认为,作为企业最高层的决策制定者和执行者,继任CEO身负抓住契机实施战略变革的重任。
③ 创始人离任与继任者继任是一个整体性、动态、复杂的系统过程。创始人的离任方式和继任者的继任方式是企业至关重要的治理机制与成本最大的人事和组织变革之一(李新春 等,2001)。
④ 例如,方太集团的创始人茅理翔采取了一种"带三年、帮三年、看三年"的退出方式,自己改任董事长,将总经理的位置让渡给其子茅忠群;横店集团的徐文荣从总裁位置上退下来后保留董事局主席职务,其长子徐永安担任集团总裁。

为继任者顾问等），多数家族企业创始人即使在继任者接班后仍会持续介入企业决策，此种形式可称为家族企业创始人"幕后干预"①（李新剑，2016）。此干预活动的成效与3个方面息息相关。一是企业创始人与继任者的融合度。如果创始人的继续涉入被继任者或其团队接纳，并且干预的具体方式和措施是继任者可以容忍和接受的，甚至是欢迎的，那么干预会有好的效果；反之，如果继任者认为自己是被操控的"傀儡"，出现强烈的抗拒情绪，则干预必然是失败的。二是创始人知识与企业所处行业特性的融合度。创始人在创业和守业过程中会积累大量的显性和隐性知识，如果隐性知识比例较高，则企业核心竞争力较强，反之则较弱。此外，创始人的知识与技能应随行业的变化而迅速调整，提高其与行业环境的匹配度，否则创始人干预会起到制约企业发展和创新的反作用，也会打击继任者的信心并使其产生挫折感。三是创始人特质与企业内外部资源的融合度。创始人作为家族企业的最高领导人，既有自然人的属性，也有人力资本属性，其自身就是企业独特的资源，包括其个人的价值认知体系、逻辑思维体系与行为规范体系等，创始人的这种特质如果能与企业内外部其他资源广泛融合，则干预能有显著成效，反之则作用不大。此外，创始人特征与继任者组建的高管团队特征之间的融合度至关重要，这关系到创始人特殊资源（如隐性知识等）是否能成功转移给下一代，顺利的转移可以提高干预的成功率，否则就会降低其成功率。

4）隐性知识转移

传承的完成阶段标志着家族企业创始人的隐性知识转移已宣告结束。在该阶段，继任者接班成功且已大权在握，创始人虽然不再继续领导企业，但是仍有可能隐于幕后对继任者继续帮扶，巩固其隐性知识的内化成果。继任者在全权处理企业管理事务的过程中产生的新经验、新方法则是原有隐性知识的延伸与补充，有利于家族企业社会情感财富的保存。总而言之，在传承的完成阶段隐性知识转移的主要任务是继任者通过不断地进行管理实践将存量隐性知识进一步整合并向组织层面输出，也就是继任者将自身价值观、管理经验、思维模式等植入企业的过程，从而形成新的企业知识主导逻辑，开发企业新的成长价值。

（3）质变期创始人烙印演变的结果

在创始人烙印质变期继任者开始正式掌权，拥有企业最高领导权和决策权，创始人则完全退出企业或退居幕后，出于社会情感财富保存的考虑，一方面，新上任的继任者会寻求企业的稳定，不希望企业出现巨大动荡②；另一方面，由于双方存在显著差异，继任者会根据自身的特质和理念对企业进行改革③，势必会对原先的创始人烙印造成巨大冲击，甚至在继任者影响力和权威不断增强的情况下形成新的烙印④。

---

① 梅琳等（2012）的观点与此观点基本类似，他们指出基于创始人对经营决策权与控制权的放弃程度，创始人退出类型可以分为两种：一是渐进式退出，即创始人逐渐减少对企业的控制权，在企业的职位逐步降低，管理权逐渐下降；二是激进式离任，即创始人一次性让渡所有经营决策权和控制权，从某一个时点开始不再担任企业的任何管理职务。就中国创业家族企业而言，创始人更偏好渐进式退出经营领域的方式，相对于激进式离任的方式，渐进式退出会对退出后的企业绩效产生显著的正向影响。

② 在创始人的干预下，从在位者角度来看，继任者对原有战略的情感承诺会进一步巩固社会情感财富并且会引导企业战略惯性，进一步维持其烙印（黄婷 等，2018）。

③ 创始人离任后，继任者能够成功继任的关键在于对创始人专用性资产的重构，以突破创始人专用性资产对企业成长的约束，实现企业权杖顺利交接（张京心 等，2017）。

④ Kim等（2010）认为当游戏规则改变时，多个烙印可以共存并产生沉淀，由此形成新的烙印。

1）认知烙印

在正式接班控制企业后，继任者会依据自身的管理实践，在创造企业价值与追求目标的过程中，逐渐开发出独特的具有个人禀赋的认知体系，并传导至组织各个层面，将自己的思维方式和行为逻辑根植于组织与成员中，影响组织的管理行为和战略决策[1]，由此可以推断在继任者主导的思维模式的潜移默化下，创始人认知烙印会进一步衰退。

2）结构烙印

有研究认为继任者在进入家族企业后，出于体现权威、显示才能及一展抱负的需要，往往会加速推进变革与创新（Kellermanns et al., 2008），乃至打破企业原有的制度体系和组织结构（Cadieux et al., 2010）。一方面，创始人在创业到企业发展的过程中形成了无可替代的权威，相比刚进入企业的继任者更具影响力与感召力，因此由于危机感继任者在领导家族企业后，为避免家族控制权旁落，会优先考虑家族大股东的利益，而回避诸如全体股东表决等有利于维护小股东权益的相关制度安排，并通过强化金字塔结构、多重股权结构等方式进一步分离企业所有权和现金流量权（冯旭南，2012），从而改变原有的股权结构；另一方面，继任者会进一步推进现代企业制度，重组高管团队，甚至引进职业经理人共同管理，改变原有创始人控制下集权的、固化的治理结构，对现有部门和职位职责、业务流程、制度规范进行逐步调整，对创始人结构烙印产生巨大冲击[2]。

3）资源烙印

在内部资源层面，如果说剧变期继任者组建的高管团队还是雏形的话，那么进入质变期其高管团队已经"成熟"，并成为企业的权力中心[3]，此时企业内部的关系网络将发生深刻变化，创始人内部资源体系将被打破；在外部资源层面，继任者在实施组织变革的过程中会进行跨代创业或调整企业战略，由此将改变原有的外部资源格局，从而形成基于继任者的外部资源（新的供应商、新的客户、新的政商关系等），可以说创始人的外部资源将有所拓展。

4）文化烙印

成长经历的差异会导致两代人有不同的价值观，出国留学和教育程度的差异也会导致两代人有不同的文化观念，继任者往往会视创始人的传统观念和经验为束缚，从而倡导新的企业文化和价值观[4]，改变组织和员工原有的信仰和意识形态，最终改变企业整体的环境氛围，这种改变也会进一步使创始人文化烙印衰退。

综上所述，在代际传承过程中，创始人烙印经历渐变期、剧变期和质变期后，总体会呈现大幅衰退的趋势，其中结构烙印衰退幅度最大，认知烙印次之，文化烙印和资源烙印衰退幅度相对较小，并且当继任者对企业施加的影响逐渐增大，即继任者的个人特质深深烙印在企业上之后，企业将会出现新的烙印，基于代际传承的创始人烙印演变的路径模型如图4-1所示。

---

[1] 继任者认知风格的差异会影响组织认知风格，产生不同的互动模式，然后传递给组织个体成员（黄婷 等，2018）。
[2] 出于"速胜动机"心理，继任者为快速实现自我价值和证明自己，往往在接手企业后倾向于进行转型（郭超，2013）。
[3] "一朝天子一朝臣"的说法自古就有，即当权者的变动必然会引发其所领导的高层管理人员的变更。新任领导者在上任之初选用可依赖的亲信重新组建自己的领导班子是"改朝换代"持续繁荣的惯用手段，也是古人流传千年的智慧结晶，直到现代社会亦是如此（吴炯 等，2019）。
[4] 周晓虹（1988）提出有时父辈会被迫放弃作为父亲的教化权力而向子女学习一些新事物、新观念，即所谓的"文化反哺"。

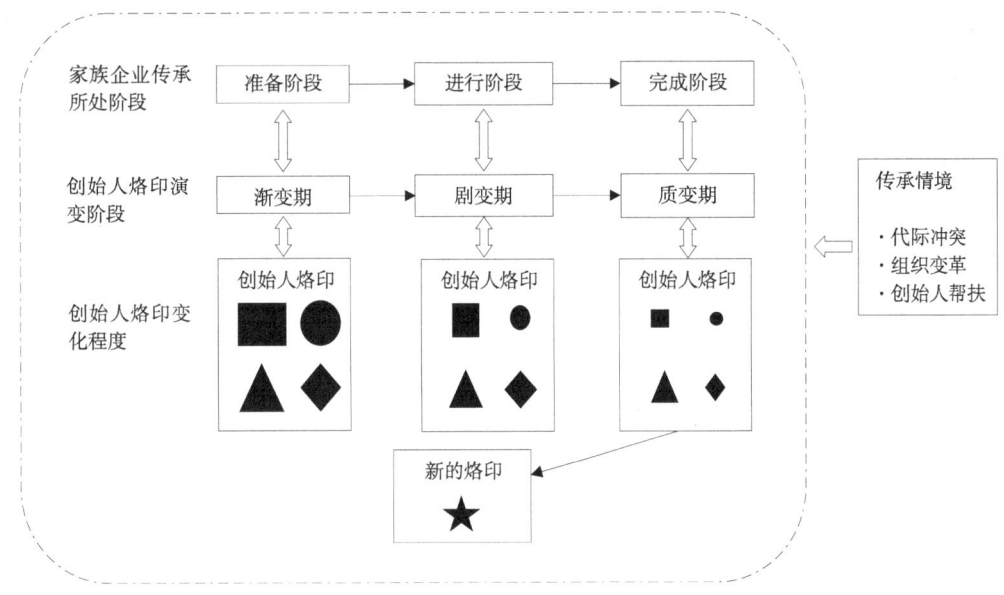

■表示认知烙印；●表示结构烙印；▲表示资源烙印；◆表示文化烙印。

图 4-1　基于代际传承的创始人烙印演变的路径模型

4.3　创始人烙印演变的效果分析

在"子承父业"模式下，当代际传承结束后，二代子女接班的结果往往大相径庭，企业未来面临迥异的命运。有些家族企业在二代子女接班后会更上一层楼，如茅忠群接班后继续茅理翔的创业神话，方太集团在顺利完成代际传承后成为国内首屈一指的厨电品牌；也有家族企业在二代子女接班后一蹶不振甚至退出市场，如海鑫集团创始人李海仓意外死亡后，继任者李兆会仓促接班，由于家族内斗、放弃主业等，企业负债累累最终不得不破产重组，从某种程度上来说，这样的结果是和创始人烙印的变化相关的。本书认为，创始人4种烙印的变化均会使代际传承产生不同的效果，并且对继任者的跨代创业企业发展有着促进作用。

（1）认知烙印变化的效果

朱仁宏等（2017）将创始人认知视为一项重要的企业资源，并从资源价值性和资源刚性两个竞争性维度揭示了烙印对家族企业绩效的作用机制。从组织学习视角看，组织内学习有利于组织提升自适应能力，在面对外部环境剧变时，可以保持组织稳定性，减少外部冲击带来的不确定性，使企业能够"总是正确地做事"，进而提升企业的生存能力（Peters et al., 1982）。继任者通过对创始人的管理经验、价值观等方面的学习和运用可以改变其原有认知进而影响其管理实践，最终影响企业未来。具体来说有三方面的体现。①行为管理视角。创始人的管理经验和思维模式可以帮助继任者应对意外状况和复杂业务，协调整合企业内外部资源，也可以提高继任者处理家族成员、企业员工及企业各部门或组织模块之间复杂关系的能力（胡玮玮，2014）。②市场环境视角。继任者通过吸收和归纳创始人在管理实践中积累的敏锐的市场机会直觉、市场机会感知和行业竞争判断等，可以有效地处理外部市场环境发生的变化。③不稳定性与风险视角。创始人的企业家精神和创业精神有助于提升继任者在处理组织动荡过程中遭遇不稳定事件的抗挫折能力和持续应对内外部风险的毅力（Gema et al., 2016）。以上三方面体现了继任者通过组织学习创造创始人认知的资源价值，即创始人的管理经验等知识资源最终可以转化为继任者及其所主导的组织的知识，最终为企业持续成长做出价值贡献，而学习正是实现这一目标的重要途径。从另一个角度看，在产业发展的过程中，创始人的认知烙印会表现出刚性或惰性[①]，一旦发生产业变革，会约束继任者的创新和成长，这两个竞争性维度之间的作用相互抵消，构成了继任者的资源边界。继任者的知识和能力虽然被创始人有计划地灌输和培养，但其并非是被创始人操控的"木偶"，继任者有其独立的人格特质、资源网络和价值体系，与创始人的思维方式、价值观和认知模式有显著的不同，正是这种异质性为继任者接班后开展跨代创业与创新活动提供了可能。

（2）结构烙印变化的效果

学者们普遍采用资源依赖理论，认为企业组织结构变革是企业对拥有资源的重新配置，包括内部资源配置和外部资源获取，目的是解决企业的经营危机，最终体现在企业绩效上。李新春等（2008）在深入研究香港李锦记集团代际传承的案例时发现，李锦记集团传承了三代，继任者们无一不是在持续冲破家族企业旧制度、旧体制的桎梏基础上，不断整合内外部资源从而推行适用性的组织变革，将企业家精神和创业精神进行跨代传承。他们认为中国家族企业的管理实践应将创新活动放在企业战略的重要位置，以保证"家族王朝"的长盛不衰。杨林（2010）从高管团队特质的角度研究组织结构变化与企业绩效的关系，他认为高管团队通过团队构成、团队运作等5种作用机制影响企业治理结构和长期绩效之间的关系。高管团队这一点也非常容易与家族企业代际传承相联系，代际传承涉及企业控制权的转移，不仅是企业最高领袖的变更，相应的高管团队也会随之改变。家族企业的传承者为了保证代际传承的成功，在培养继任者的同时还会为继任者培养一批能干的管理者，让他们成为以继任者为中心的团队，团队是继任者实施战略变革并取得业绩的保障，最终影响家族企业的绩效。在这个层面上，代际传承的最终结果是整个团队的接班，不仅有利于家族企业的持续稳定，而且减少了"老臣"与继任者之间发生经营理念冲突的可能性，这也说明了高管团队特质对家族企业代际传承中的战略变革和企业绩效关系的影响。

（3）资源烙印变化的效果

学者们普遍认为创始人的内外部社会资本是家族企业生存和成长的关键性资源。创始人的社会网络是指创始人与企业相关利益者的关联性，主要包括市场关联和政治关联两种网络，与市场关联的直接效应相比，政治关联在市场制度不完备的情境下，可以替代正式制度，帮助企业获取市场准入机会、政策机会、政府非公开信息等稀缺资源，获得更高的市场地位（Park, 2001）。基于良好的政商关系，地方政府官员对家族企业创始人有着充分的信任，并为企业的市场行为提供合法的帮助，如投融资、土地、税收及政府补贴等方面，这种政治关联形成的资源烙印效应能为企业带来巨大的额外收益。创始人资源烙印对继任者接班

[①] 杨林（2010）详细解释了企业家认知的利弊：企业家认知是企业家在长期认识实践过程中，经过知识、经验、情感、惯例逐渐积淀而形成的结构化的知识框架和信念体系。由于每一位企业家的工作经历、思维方式不同，企业生存发展理念也有差异，他们会各自形成比较独特的认知风格。通常，企业家认知风格都有一个从发展形成到固定强化、从模糊到明确、从试探摸索到坚定不移的过程，因而过去的知识和经验图式会控制企业家对新信息的搜集，并限定其可选择的战略变革决策空间，这样继任者就很容易陷入创始人所设置的"熟悉"或"成功"的陷阱。

后家族企业的发展存在4个方面的影响：第一，创始人资源烙印可以为继任者拓展相关利益者的关系网络，在获取市场关键信息、拓宽投融资渠道、发展客户关系、推进供应链合作等方面提供资源支撑，在传承后企业的成长中发挥烙印作用；第二，继任者在创始人资源烙印的作用下可以对自身资源进行查漏补缺，拓展和扩充企业资源库，构建企业经营活动的资源体系；第三，创始人资源烙印是继任者强大的信念支撑，当继任者在经营管理中遇到挫折或失败时可及时调整心态，分析原因并采取针对性措施，及时解决问题从而走出困境；第四，创始人资源烙印可以帮助继任者在稳定家族成员关系的基础上拓展对外发展空间，加强核心竞争力，从而使企业获得更多的成长价值。

（4）文化烙印变化的效果

浙江大量家族企业正处于最高领导人更迭的关键发展阶段，许多企业传承遇到挫折的原因是创始人和继任者存在价值观方面的沟壑，"道不同不相为谋"成为创始人文化烙印衰退的根本原因，进而也使企业走在分叉路口。家族企业文化传承可以有效协调继任者与创始人在价值观、愿景等文化层面上的差异，破除新旧更替带来的文化约束，促进家族企业形成和谐的氛围。学者们通过研究发现，当双方价值观趋于一致时，继任者与创始人及一代家族成员之间的关系会更加融洽，家族社会网络发挥的价值空间会更大，企业的成长绩效也更高。

（5）跨代创业对企业传承效果的影响

一些学者认为继任者的提前涉入会加快家族企业的创新和转型[①]，创始人往往鼓励继任者通过跨代创业开拓新的市场、发现新的商机、开发新的技术或产品，进而塑造"试错文化"并提升企业的韧性，其理由在于继任者作为年轻的一代能够带领家族企业更好地适应市场的快速变化（郑登攀 等，2020）。此外，创始人协助继任者在接班过程中进行跨代创业，可以使继任者在正式掌权之前增强责任感和使命感（郭超，2013）。浙江作为中国制造业的前沿阵地，当前许多以传统制造业为主的家族企业同时面临代际传承和转型升级的双重压力，继任者利用代际传承这一契机进行跨代创业并进军智能制造市场领域，开发智能化、数字化的高附加值产品，可以视为浙江家族企业在高质量发展进程中的有效创业途径。

4.4 本章小结

本章为全书的理论框架部分，通过归纳Handler（1990）的四阶段家族企业传承模型和Stavrou（1998）的三阶段家族企业传承模型等经典传承模型，提取相关传承要素，将家族企业的代际传承分为传承准备阶段、传承进行阶段和传承完成阶段3个阶段，并结合敏感期的含义，提出了与家族企业的代际传承相对应的3个创始人烙印演变阶段，分别为渐变期、剧变期和质变期，从而提出基于家族企业代际传承的创始人烙印三阶段演变机制的理论框架。本章主要根据创始人认知烙印、结构烙印、资源烙印和文化烙印各自的性质研究了以下内容：4种烙印在3个演变阶段分别受到了哪些因素的影响；在每个阶段4种烙印的变化程度如何；传承结束后创始人烙印总体的演变路径是什么；最终创始人烙印演变会产生什么效果。

---

① 相比没有接触过创业的个体，那些在生命的早期接触创业的人更容易从事创业活动，创始人对继任者的潜在影响取决于有效的线性传承（Shmuel et al.，2017）。

5 基于代际传承的创始人烙印演变影响机制：实证研究

烙印理论认为并不是所有的烙印都会无限期地持续下去，因为随着时间的推移和环境的变化烙印的强度有可能会减弱。Beckman（2007）认为组织环境变化、组织结构重组、高管团队变更、部门机构僵化、变迁后的制度与烙印之间的不匹配、竞争条件变化等因素会导致组织烙印衰退。对于创始人烙印而言，代际传承的过程中会产生多个敏感期，在这些敏感期内创始人烙印会受到传承情境的影响而发生变化，本章主要从实证的角度深入分析基于代际传承的创始人烙印演变影响机制。

5.1 关键问题界定

家族企业创建时的环境条件和创始人个人特质能够塑造创始人烙印，并持久影响组织未来的生存与成长，创始人烙印的演变路径是复杂的，受到诸多因素的影响。一方面，创始人以其个人特质为基准塑造与之相匹配的企业文化和价值观，并将其映射于继任者，因此在继任者身上往往可以看到创始人的影子，创始人通过对继任者的间接控制，使其无法独立掌控企业，这样可以避免企业在继任者接班初期因最高领导人变更而出现较大的动荡而维持原有烙印；另一方面，即使受到创始人的制约甚至与创始人发生冲突，继任者仍然可以通过合法性和权威的建立推行自己的价值观和组织变革，从而对创始人烙印产生影响。为了检验在代际传承过程中传承情境的相关因素对创始人烙印的影响程度，本章主要解释如下3个关键问题。

①情境因素的重要性。每个家族企业都是异质的，就创始人烙印演变的环境而言，家族企业面临的传承情境也是不同的，每个家族企业的代际传承过程都存在差异，因此除了要关注企业存续期、企业规模等非情境因素之外，更主要的是要考虑代际冲突、组织变革和创始人帮扶这些代际传承过程中的情境变量，以便真实反映这一时期家族企业创始人烙印演变所面临的深层次问题。

②创始人烙印的构成维度。创始人在创业过程中通过管理实践将初始战略目标、初始蓝图和发展方向、创始人个人禀赋、创业逻辑及家族和企业价值观等要素映射到组织内进而形

成不同层面的组织烙印。创始人个体的异质性导致的企业在资源整合、组织设计、制度构建与文化塑造等方面的差异是家族企业产生不同创始人烙印的根本原因，这意味着由创始人构建的资源网络所形成的组织烙印具有多样性的特征，并在组织的认知、结构、资源、文化等4个方面突出体现，并最终形成组织的认知烙印、结构烙印、资源烙印和文化烙印。因此，基于已有研究成果，本书将由创始人个人特质所形成的组织烙印划分为认知、结构、资源和文化4个维度。

③隐性知识转移的中介作用。家族企业创始人在企业管理实践中所形成的隐性知识对企业有着较强的依附性，使得创始人隐性知识具有高度的个性、黏性和难以复制性，同时是家族企业核心竞争力的主要来源（胡玮玮，2014）。从本质来看，隐性知识中的企业家精神、价值观、管理经验等内容也带有创始人的特质。因此，隐性知识从创始人到继任者的有效转移对维持创始人烙印是有正向作用的。

5.2 研究变量的选取和测量

5.2.1 变量的选取

（1）创始人烙印

学术界对于组织烙印维度的划分有着相似的观点，或从烙印起源寻找依据，或从烙印的影响因素发现踪迹。例如，Marquis等（2013）在梳理现有研究成果的基础上构建了一个新框架，将烙印研究拓展到不同领域、不同视角，提出了经济、技术、体制与个人是影响4种烙印实体的主要因素。国内学者黄勇等（2014）基于情境视角的经济维度、网络维度、制度维度、组织的创始人、创始人团队、重要的组织相关利益者共两大层次、六类具体要素分析组织烙印的类型、研究方法及其结论。王砚羽等（2016）从经济技术烙印、制度烙印、创始人烙印3个层次分析了不同组织的烙印来源、作用范围、烙印水平、影响区域的研究内容和特点。虽然大量研究发现烙印的作用对象可以多样化，但管理学界尤其强调烙印对组织的作用。Simsek等（2015）综合了现有烙印的分析结论，以组织为载体归纳了组织烙印的4个典型维度，即认知、结构、资源和文化，基本覆盖了组织的各个领域和层面。

1）认知烙印

管理者在组织活动中会将自身认知融入组织的逻辑认知结构，并对内外部环境变化做出反应，进行战略选择。有关企业家精神、创新精神等涉及企业主个人特质的研究成果十分关注最高领导者对组织决策的作用机制。从认知发展理论视角看，企业主受理性制约只能通过对环境特征的主观感知做出价值判断并进行战略决策。初始条件的多样性和复杂性造成了创始人认知模式的异质性，并深刻影响创始人的价值判断、思维逻辑与行为方式。部分研究在组织行为和心理学领域拓展了认知的含义，如分析了其心理倾向、惯例、秩序及对事件的叙述方式等，这为认知烙印的形成与延续提供了新的解释。

由于创始人的成长环境、个性禀赋、教育水平及社会化经历有着广泛差异，因此其对同一信息的理解与判断存在偏差，对企业战略选择和重大决策的制定也会相应不同，从而形成不同的烙印。上述现象可以用认知风格理论进行解释。作为当代心理学的前沿理论，认知风格理论主要用于解释个人认知差异导致不同风格的产生，其中认知是个体内在的思维和信念，风格是认知的外在表现。认知风格又称认知方式，在20世纪40年代由Allport（1937）以Life-Styles的概念提出，随着相关研究的深入，学者们逐渐开始使用Cognitive-Style的提法。Messick（1993）从信息处理的视角指出，认知风格是进行信息选择和加工、处理问题的个性化方式，解释了个体过滤与整合信息的内在逻辑。石盛林等（2011）将高管团队的认知风格分为分析型与创造型两种类型，其中分析型偏好工艺创新，而创造型偏好产品创新，并进一步提出高管团队认知风格可以切换，其结果会影响创新战略选择。杨付等（2012）通过大样本实证研究，以团队的学习型认知风格、创造型认知风格为自变量，以团队成员的创新行为为因变量，研究发现两种认知风格均有助于个人创新。综合对于认知风格的现有研究可以发现，个体认知风格的塑造是过程性和阶段性的，短期内相对固化而长期会发生演变。当企业面临内外部信息的变化时，创始人就需要随时调整自身认知风格。创始人认知风格可以在某个较长时间段内自我转化和协调是基于个体认知风格的长期可塑性。Maria（2007）认为认知风格理论作为当下组织理论的重要组成部分，可以帮助解释组织活动的诸多新现象，如个体认知风格是如何长期影响组织行为的，又是如何影响同组织内其他成员的管理活动的。

随着心理学和管理学科之间交叉的深入，认知领域的研究也从个体、团队拓展到组织及组织构件，甚至是组织群落，并逐渐成为研究前沿和未来热点。创始人认知作为家族企业的一个认知主体，具有不可复制与个性化的特征，影响企业成员的系统思维、价值观和行为模式。

2）结构烙印

创始人在创业初期可能采用特定的组织结构以保证企业适应当时的环境，这种组织结构可能被长期"锁定"（Wollin，1999）。关于结构烙印的研究已经发展到组织表层和组织深层两个方面，创始人结构烙印在组织表层主要反映企业的日常经营活动或适应性创造活动，在组织深层则反映了企业战略选择与重大决策制定的逻辑网络，角色化、机构化、层级化及官僚化等与组织结构相关的概念，可以认为是结构烙印长期作用于组织的现实结果。学者们对初始条件影响企业后续管理与实践开展了广泛研究，并通过规范与实证的方法验证初始战略的持续性（Boron et al., 1999），研究发现初始条件可以烙印于组织并留下不可磨灭的痕迹，而组织的战略选择可以验证初始条件是否对企业具有长期影响，即初始企业战略会"锚定"企业未来的管理行为与发展方向。根据资源拼凑理论，企业初创期普遍会面临资源匮乏的窘境，需要将现有资源进行拼凑整合应对新问题，这些拼凑活动能对企业产生长期影响，战略理论也认为组织战略是环境条件与企业决策者相互作用的结果，是对组织环境、内外部资源与市场竞争的有效影响变量。创始人制定初始战略后，在战略实施的各个阶段，影响战略的相关因素的逻辑关系开始显现，战略会随环境的变化而适时调整，但相对缓慢，组织制度和业务流程规范则会相对固化。创始人初始战略如同组织的天然基因，在企业初创期就深深地扎根于企业灵魂深处，并不断复制和转化，影响企业未来的道路。创始人的创业经验、环境资源的丰富程度、市场竞争程度及既定和预期目标都会影响企业的初始战略。

管理学领域对组织结构的研究方兴未艾，无论是早期的行为学派、社会学派，还是近期兴起的资源学派和情境学派，都对组织结构如何适应企业战略开展了广泛研究，但是关于组织结构的内涵尚未有统一的观点。Thompson（1967）指出组织结构是组织内部各个构件之间相互依存和相互作用的整体存在模式，该观点类似于系统学派将组织结构视为组织要素的归集形态。Victor等（1987）则发现组织结构是组织成员间资源互换和信息沟通的行为逻辑。郭霖等（2005）提出组织结构是组织内职位和权力的制度化及不同组织间的协调方式。因此，可以认为基于初始组织结构而产生的创始人结构烙印能够长期存在于组织内部。

3）资源烙印

创始人资源可以塑造并扎根于组织，家族企业基于有限理性做出的管理决策依赖创始人资源的丰裕度。作为创始人资源的关键组成部分，其认知能力、管理与实践能力、社会化经验及关系网络等是企业初创时的主要资源，为企业生存发挥了重大作用并可被企业携带和继承。Simsek等（2015）指出研究者们除了要关注企业自身资源外，更应进一步研究企业资源的来源。创始人作为新创企业的领袖，由其自身特征所形成的资源（如成长环境、教育经历、知识、能力等）是企业最重要的资源来源之一，即创始人是初创企业的资源烙印的施加者。创始人独特的个性禀赋为初创企业带来了异质性的资源，并在企业后续成长过程中通过技术化和制度化完成资源烙印的固化，为企业构建不断完善的资源体系。

创始人资源烙印与创始人资源的类型息息相关。关于资源的分类不同学派有着不同的界定，最早的资源概念由社会学派率先提出，将其定义为在社会劳动及人际社会交往过程和关系网络中蕴含的物质、能量和信息。随后，组织学派也将资源概念应用于组织行为及组织制度等领域的研究中，并将组织资源定义为组织现有与潜在的经验、技术、结构与流程等要素的总和。对组织而言，资源是蕴含于组织结构中，有助于组织成员开展管理活动的价值体系，是组织制度化构建下的一种货币体现，是组织各类现实、可利用的或潜在、有益的要素聚合体，组织通过选择、整合这些要素来支撑其未来的可持续发展。Nahapiet等（1998）认为资源是嵌入组织的一种特殊形态，表现为3种特性：一是结构性，即资源所在的网络节点与分布；二是关系性，即资源之间的关系质量，如性质、地位、价值和规范等；三是认知性，即不同资源之间的同质性和同向性。Burt（2009）把资源分为两种类型，即外部资源和内部资源。

4）文化烙印

创始人的初始价值观和使命是企业创建时组织文化的重要组成部分，也是组织文化烙印力量的主要来源，并且这种烙印力量可能会一直持续下去。从历史的视角可以解释组织文化形成的漫长过程。创始人关于企业生存与发展的哲学思考（创办企业的初衷、如何实现企业的个性化发展等）在实际管理活动中转化为企业的价值观、愿景和使命，当企业的这些文化元素最终为组织成员所接受和内化，文化烙印力量得以充分发挥。例如，企业的创业文化就是一个多元素集聚的价值体系，是创始人思维模式、认知水平、行为范式和价值追求的具体体现，其特征包括创业精神、风险偏好、创新意识和适应环境等（Schumpeter，1934）。

创始人可以以烙印施加者的身份将其价值观、愿景、秩序和规范映射到组织中并塑造企业文化，从而产生长期的文化烙印。创始人施加的文化烙印是企业文化的内在认知和外在表现。文化烙印起始于创始人的思维，是创始人世界观、人生观和价值观的集中体现，是创始人在组织内嵌入自身特质后展现的精神状态，反映了创始人独特的个性特征。创始人文化烙印随着企业发展而发生演变,如果当前企业文化能够适应企业生存与成长环境,或者能有效促进企业获取竞争优势,创始人文化烙印将会增强或继续维持;反之,则可能会衰退。创始人文化烙印往往在企业初创期这个敏感期就开始形成,由于组织文化是企业的个性化资源,难以被其他企业复制与模仿,因此文化烙印不易从内部被破坏。同时应看到,并非所有企业都具有良性、和谐及创新动力的组织文化,这取决于创始人特征与初始创业条件,而企业后续发展过程中的敏感期则会进一步对组织文化产生影响。因此,健康良性的企业文化所塑造的创始人文化烙印应该长期维持甚至被放大;反之,则应该使其衰退甚至产生新的文化烙印。

(2)传承情境

代际传承对创始人烙印产生影响,表现在3个方面的情境中。首先,利他行为的异化。纵向不对称利他行为会降低继任者的权威及被信任程度,横向不对称利他行为则可能带来诸多代际冲突。其次,核心关系圈逐渐缩小。家族企业逐渐发展壮大,但在创始人考虑传承时,缩小的核心关系圈冲击了家族内部的信任基础,依靠权威和信任体系不再能顺利实现治理目标,家族企业治理机制将在代际传承结束后发生改变,进而引发组织变革。最后,继任者亟须培养。对继任者的培养模式向利益相关者传递了不同的信号,也为继任者本身创造出不同的知识结构和行为模式,从而不同程度地影响着继任者的核心能力塑造,这又反过来影响继任者接下来对新知识的获取和运用。

1)代际冲突

Kellermanns(2004)将组织内人际冲突分为任务冲突、关系冲突和过程冲突3种类型,拓展了Jehn(2001)早期提出的冲突理论,可用于分析家族企业代际冲突的相关特征。任务冲突是在不考虑人际交往过程中的情感因素,只是在组织工作的层面上,个体成员之间由于思想和见解差异产生的冲突。关系冲突以个体情感因素为基础,体现组织内人际认知思想的不兼容,以及组织成员间兴趣偏好的差异、情绪紧张等方面的矛盾。过程冲突则是在如何实现既定目标方面产生的分歧,包括权力和资源的分配、任务的分解和分工等。关于家族企业冲突,Mille等(1983)指出其根本原因在于企业和家庭两个子系统各有其利益侧重点,在价值成长及角色定位等方面并非是目标趋同的[①]。

代际冲突是指创始人和继任者在思想观念、行为决策上的摩擦与分歧,发生代际冲突的根源在于两代领导人禀赋、特征之间的异质性。差异性是一把双刃剑(Williams et al.,1998),西方诸多研究表明,代际差异在拓宽视野、丰富认知资源、增强综合解决问题能力的同时,容易产生冲突、对立,甚至分裂,从而减少战略共识(Smith et al.,1994)[②]。在不同的传承阶段,学者们关注的冲突维度有所不同:在传承准备阶段,主要关注意愿的冲突,接班人不愿接班成为传承初期的主要冲突,也是造成代际传承失败的重要原因;在传承进行阶段,管理理念和创新成为两代人发生冲突的集中点,直接影响企业的发展方向和重大战略决策;在传承完成阶段,随着合法性与权威正式转移至继任者,创始人的权力旁落、二代子女

---

① 代际传承中出现的动荡在代际沟通阻滞、文化价值观冲突严重、存在控制权争夺的家族企业可能更为突出(程晨,2018)。

② Zellweger(2016)指出逻辑冲突在组织敏感期显得尤为突出。

情感关怀的缺位又会使新的冲突产生。代际冲突会触发继任者对创始人极大的不认同,这种不认同最终会导致继任者对创始人实施"去遗产化",从而建立自己的价值和认知体系。

2) 组织变革

在以"子承父业"模式为主的中国家族企业传承趋势下(陈凌 等,2003),由代际传承所引发的组织变革现象一直是学术界关注的热点。诸多学者均认可代际传承能够促使家族企业进行组织变革。Wally等(2001)指出家族继任者往往会通过代际传承开展变革活动进而彰显自身能力。Zahra(2005)研究认为,如果家族企业的管理者中有该家族不同辈分的成员,那么继任者往往会在经营过程中体现出更强的创新性,这些新的思想和观念将对企业战略调整和转型升级产生重要影响。许爱玉(2010)通过研究发现,从实质上来看,一家企业的组织变革其实是企业管理者的能力与适应企业外部环境变化、对资源的获取和分配、把握机遇和牢控风险之间逐渐契合的一个过程,也是企业管理者在复杂的内外部环境中逐步将隐藏的计划付诸行动的过程。Zellweger等(2012)的研究指出,与创始人相比,家族企业的继任者往往拥有更优的教育背景,具备更加宽广的视野和创新的思想。因此,继任者接班掌权后会为企业争取更多转型升级的机会。Benavides-Velasc等(2013)研究发现,在家族企业中,一旦家族成员参与企业的经营管理,担任企业"董监高"相关岗位时,家族企业内部就会形成全新的权力阵容,进而可能导致企业发生一系列战略层面的改革。郭超(2013)通过对191家已进行传承的上市家族企业进行实证研究发现,家族两代人的价值观差异会对企业转型起到重要的推动作用。汪祥耀(2015)认为,当继任者开始参与家族企业的经营管理时,会带来新颖的运营模式和管理理念,这些创新性"内核"的引入将有可能推动企业的组织变革。

Duran等(2016)研究发现,事实上,基于代际传承的组织变革的根本目的是为继任者构建权威、强化其合法性及组织转型升级,这些变化本身可以视为继任者对创始人烙印的"破旧"或"除旧"行为。如果继任者只是继承企业的既有业务,则很难区分其成果是创始人贡献的延伸还是继任者带来的新变化,创始人建立了影响力与绝对权威,由于优势效应很容易将成功归因于创始人,而将问题归咎于继任者,以新人身份进入企业的继任者也很难获得组织认同与家族支持。但是打破结构烙印能够突破企业旧有传统,彰显继任者的优势与成绩(李维安 等,2014)。因此,继任者通常视组织变革为当务之急[①],而创始人有实力与资源支持继任者开展组织变革。

3) 创始人帮扶

窦军生等(2008)认为创始人让继任者留学深造、安排继任者在基层实践、让其熟悉自己的关系网络、为其配备"辅政大臣"等,都是创始人期望企业顺利传承而为继任者创造条件的典型行为,也是创始人帮扶的外在表现形式。除了在教育、实践历练等方面外,创始人对继任者的帮扶还有多种表现。例如,为避免在代际传承过程中企业业绩下滑和股价下跌等不利影响,创始人以牺牲个人利益为代价建立"秘密储备"以提升继任者的未来绩效(魏春

---

① 李婵等(2021)指出继任者必须依靠自身能动性打破一代已经建立起来的相对稳固的组织格局,从这个意义上来说,代际传承实质上是继任者发挥个体能动性来影响组织既有制度化结构的过程,使家族企业从以创始人为核心的治理结构转向以继任者为核心的治理结构。

燕 等，2015）；当创始人启动代际传承时，基于中国式的"父爱主义"，创始人兼有能力与动机通过负向盈余管理为"内部人员""作嫁衣"（胡宁，2016）；家族企业传承中继任者由于个人权威与能力缺乏，在获得创始人情感与资源支持的情境下，会以组合创业的方式"开辟领地"传承家业（李新春 等，2015）；Selznick（1984）认为，创始人可以通过创造性地制定组织使命和目标、管理内部制度冲突等方式增加继任者对组织的认同感，进而维护组织价值的完整性。可见，创始人帮扶的目的是继任者顺利接班，从效果上来看其有利于创始人烙印的维持。

此外，与多数家族企业创始人以政治网络作为经营战略重点不同（张建君 等，2005），继任者比上一代更注重商业关系（赵晶 等，2015）。代际传承还会诱发企业社会资本等隐性知识的变动（窦军生 等，2008），隐性知识的转移使得企业资源获取方式、管理经营战略发生相应变革，从而促使企业资源在关键领域的配置发生变化。与此同时，继任者进入家族企业管理层，也会持续传承企业家精神[①]和企业文化（汪祥耀 等，2015）。

通过上述学者的研究，本书认为研究家族企业代际传承过程中影响创始人烙印演变的因素，要充分考虑传承情境的作用，特别是创始人烙印的 4 个维度是如何在传承情境的影响下发生不同变化的。基于此，本章将家族企业代际传承过程中创始人烙印演变的影响因素确定为代际冲突、组织变革和创始人帮扶等 3 个变量，并将隐性知识转移作为传承情境 3 个变量对创始人烙印演变影响的中介变量。

5.2.2 变量的测量

本书在实证研究时对主要变量的测量采用标准化的测量工具（5 点 Likert 量表）进行打分，在变量条目设计与测量尺度上，主要考虑提高度量的可靠性与准确度。

（1）传承情境的测量

1）代际冲突

在 Kellermanns（2004）划分的组织内任务冲突（task-conflict）、关系冲突（relationship-conflict）和过程冲突（process-conflict）3 种类型中，学术界更为关注任务和关系两个层面。其中，任务冲突是指组织成员对目标任务的分解、落实和实施具有不同的观点和想法，进而形成针对工作自身的冲突，体现"对事不对人"的特征；关系冲突则反映了组织成员由个体之间世界观、人生观、价值观及个性等的不一致所导致的敌视、分歧、争执等负面情绪或行为，体现"对人不对事"的特征。学者们在研究家族企业组织内冲突时广泛采用这两个维度进行分析。本书在确定代际冲突相关测量条目时，主要基于传承过程中各个阶段创始人和继任者之间可能产生的冲突，主要参考了李卫宁等（2018）对广东省 3 个家族企业的案例分析及李锐昌（2021）对 3 个典型家族企业的案例分析中使用的观测条目，并结合 Amason（1996）关于团队成员冲突的经典理论，编制了 7 项代际冲突的测量条目，主要测量在代际传承过程中创始人和继任者在传承意愿、思想观念、管理理念和文化认同等方面的冲突，具体内容如表 5-1 所示。

---

① 企业家精神内隐于创始人不同的个体特征、行为方式、思维方式和价值观念等之中，创始人这些禀赋和"心理连接"被视为代际传承中无成本的联助（Free-associating）。

表 5-1　代际冲突的测量条目

变量	编号	测量条目	参考来源
代际冲突	ICO1	继任者愿意继承，创始人有过犹豫和不放心	李卫宁等（2018）；李锐昌（2021）；Amason（1996）
	ICO2	创始人愿意传承，继任者信心不足或不感兴趣	
	ICO3	创始人和继任者对企业使命和愿景的看法存在差异	
	ICO4	创始人和继任者的管理理念和方法有较大差异	
	ICO5	创始人和继任者对是否改变企业战略存在分歧	
	ICO6	创始人和继任者的价值观和对事物的认知有较大不同	
	ICO7	创始人和继任者缺乏情感交流和行为互动	

2）组织变革

Leavitt（1976）根据组织变革的定义将组织变革的内容细分为3种类型：一是组织结构变革，主要是指利用业务结构与对权力关系的协调，试图优化组织绩效的管理方式；二是组织成员变革，主要是指通过人员意识、认知与思维的变化来适应新的环境，进而提升工作效率、创新动力和团体协作能力；三是组织技术变革，主要是指综合各类资源，采用新的经验、知识和管理方式创造新产品或服务，如智能化、数字化等。本书在确定组织变革相关测量条目时，除了借鉴 Leavitt（1976）对组织变革的内容分类外，主要参考了 Damanpour（1991）对组织变革的13个变项的描述[①]，以及 Robbins（2003）对组织变革对象的描述，编制了9项组织变革的测量条目，主要测量在代际传承过程中创始人和继任者为了传承的顺利进行和企业的稳定发展而制定的一系列组织变革措施，具体内容如表5-2所示。

表 5-2　组织变革的测量条目

变量	编号	测量条目	参考来源
组织变革	OCH1	企业改变特定产品生产、技术开发或市场竞争等方面的决策	Leavitt（1976）；Damanpour（1991）；Robbins（2003）
	OCH2	企业多元化水平发生改变	
	OCH3	企业各个业务系统、治理结构有较大调整	
	OCH4	高层管理者/创始团队发生较大调整	
	OCH5	家族控制权发生较大变化	
	OCH6	企业规则、惯例发生较大变化	
	OCH7	业务流程、项目管理重构	
	OCH8	改革员工工资、福利体系	
	OCH9	改革员工休假制度	

---

① Damanpour（1991）根据变项间的关系将组织变革的变项分为：关系变项，包括特别化、专业性、管理者的态度、技术资源、管理者之任期和资源的充裕性等6项；内容变项，包括功能差异性、正式化、集中化、管理强度及垂直差异性等5项；程序变项，包括内部沟通、外部沟通等2项。

3）创始人帮扶

创始人对继任者进行帮扶目的在于使其获得顺利接手企业的必要知识技能，并在此基础上获得家族和企业系统中利益相关者的认可和支持。潘凤文（2004）认为创始人对继任者的培养外在表现是职位的更替，内在逻辑则是创业精神的传承及领导者视野的拓展。王呈斌（2014）指出传承是一个过程，并非一个既定时点，因此培养继任者过程的效能越高，企业传承越能成功，并将家族企业继任者的培养过程分为制订传承计划、培养、指导、放权及辅助5个阶段。本书在确定创始人帮扶相关测量条目时主要参考了陈淑娟（2011）对继任者培养内容的相关描述，同时借鉴了窦军生等（2020）和郑登攀等（2020）在实证研究中所使用的继任者培养的相关观测条目，编制了10项创始人帮扶的测量条目，主要测量创始人在企业家精神、企业家能力、内外部资源等方面对继任者进行的帮扶，具体内容如表5-3所示。

表5-3 创始人帮扶的测量条目

变量	编号	测量条目	参考来源
创始人帮扶	FSU1	在传承过程中创始人十分关注培养继任者的战略布局能力	陈淑娟（2011）；窦军生等（2020）；郑登攀等（2020）
	FSU2	在传承过程中创始人十分关注培养继任者的自我学习能力	
	FSU3	在传承过程中创始人十分关注培养继任者的抗挫折能力	
	FSU4	在传承过程中创始人十分关注培养继任者的沟通协调能力	
	FSU5	在传承过程中创始人十分关注培养继任者的活动组织能力	
	FSU6	创始人在日常工作中向继任者灌输企业价值观	
	FSU7	创始人培养继任者对企业文化和愿景的认同感	
	FSU8	创始人全力帮助继任者提前适应企业环境	
	FSU9	创始人帮助继任者融入企业的商业活动	
	FSU10	创始人将自己的社会关系网络转移给继任者	

（2）创始人烙印的测量

1）认知烙印

认知烙印包含3个层面的含义：一是个体行动计划选择的内容、范围和稳定性；二是个体学习的目标和领域；三是个体记忆系统的构建和演化。在深入归纳各种类型的认知风格内涵的基础上，学者们设计了适时的、已被实证检验有效的测量量表。例如，Cools等（2006）从剖析、深化和创造3个维度开发了个体认知风格的量表。本书在确定认知烙印相关测量条目时主要借鉴了石盛林等（2011）研究高管团队两种认知风格对组织创新战略及技术创新影响中的观测条目，并采用段发明等（2016）基于个体与群体认知的测量尺度编制成的组织认知测量量表中的部分条目，设计了4项认知烙印的测量条目，主要测量创始人认知烙印因家族企业代际传承而产生的变化，具体内容如表5-4所示。

表 5-4 认知烙印的测量条目

变量	编号	测量条目	参考来源
认知烙印	CIM1	员工总是根据创始人风格寻找工作中不同的解决方案	Cools 等（2006）；石盛林等（2011）；段发明等（2016）
	CIM2	员工总是根据创始人思维模式制定工作目标	
	CIM3	员工总是根据创始人思维模式制订工作计划	
	CIM4	高管团队决策风格明显带有创始人的性格特征	

2）结构烙印

家族企业创始人需要将组织结构与其业务类型和企业战略相匹配，来实现企业内部模块之间的协调一致，提高员工的满意度，同时家族企业创始人的亲友直接担任企业要职，形成了以创始人为中心的家族最高管理团体网络的结构，加强了最高层级对企业的控制度与指挥链的深入程度。本书在确定结构烙印相关测量条目时主要参考了张光磊等（2012）开发的组织结构量表[①]，孙永风等（2007）在实证研究中对正式的、集权型组织的组织结构进行测量时采用的 7 个计量点，以及李忆等（2009）分析组织结构、技术创新和企业绩效 3 个变量之间的关系时采用的 3 项条目，编制了 6 项结构烙印的测量条目，主要测量创始人结构烙印因家族企业代际传承而产生的变化，具体内容如表 5-5 所示。

表 5-5 结构烙印的测量条目

变量	编号	测量条目	参考来源
结构烙印	SIM1	员工都必须事无巨细地向自己的上级请示遇到的问题	张光磊等（2012）；孙永风等（2007）；李忆等（2009）
	SIM2	员工必须得到上级同意才能处理职责范围内的事务	
	SIM3	员工不得擅自处理工作中遇到的特殊情况	
	SIM4	企业事务必须有正式的业务流程和操作规范	
	SIM5	重大规章制度始终由创始人制定	
	SIM6	企业上下必须严格按照创始人规定的规章制度办事	

3）资源烙印

组织在发展的过程中必然携带或继承创始人的资源，包括地位、关系、能力和权威。谢洪明等（2008）通过环境视角将企业资源划分为外部资源与内部资源两大类。其中，Nahapiet 等（1998）、Tasi 等（1998）及唐铭聪（2003）将内部资源分为信任和共同愿景两个关系型因素，并采用 6 个计量点进行测量。关于外部资源测量的研究则更为广泛，唐铭聪（1992）在研究创业导向和社会资本关系时采用 9 个计量点测量网络联结、行业身份与信任 3 个维度。林筠等（2017）在 Youndt 等（2005）、Han 等（2013）的研究基础上调整了嫁接性资源和联合性资源的量表，并设计了 7 个计量点。更进一步，林筠等（2018）开发了同时可测量内外部资源的企业网络关系量表，该量表将企业内外部资源分为结构、关系和认知 3 个

---
① 张光磊等（2012）将组织结构划分为 4 个方面，即集权程度、正式化程度、反应速度、整合能力，用 17 个题项来测量。

维度。本书综合借鉴以上成果，编制了 8 项资源烙印的测量条目，主要测量创始人资源烙印因家族企业代际传承而产生的变化，具体内容如表 5-6 所示。

表 5-6　资源烙印的测量条目

变量	编号	测量条目	参考来源
资源烙印	RIM1	企业内部维持之前的密切度	唐铭聪（1992）；林筠等（2017）；林筠等（2018）
	RIM2	企业内部维持之前的相互信赖	
	RIM3	企业内部可以一直提供可靠信息	
	RIM4	企业内部维持之前的知识共享系统	
	RIM5	经常运用创始人的外部知识解决自身问题	
	RIM6	经常与和创始人合作的企业共同解决问题	
	RIM7	经常与和创始人合作的企业向彼此提供可靠信息	
	RIM8	创始人的政商关系一直得到有效维护	

4）文化烙印

组织文化是能够反映组织的愿景、价值观念、道德规范和行为准则，以及组织开展管理活动、实施市场行为、发展商业关系的精神财富和价值底蕴。Wallach（1983）以组织潜在的制度氛围和精神环境为归类标准，将组织文化分为官僚型文化、支持型文化与创新型文化 3 种风格。王炳成等（2016）在 Khoja 等（2010）和 Wallach（1983）等学者的研究基础上，将企业文化分为创新型文化和官僚型文化两种形式，并设计 20 个计量点进行测量。许婷等（2017）借鉴了 Kaasa 等（2010）的观测量表，修订了测量企业创新型文化的 4 个计量点及测量企业官僚型文化的 2 个计量点。本书借鉴以上成果，编制了 8 项文化烙印的测量条目，主要测量创始人文化烙印因家族企业代际传承而产生的变化，具体内容如表 5-7 所示。

表 5-7　文化烙印的测量条目

变量	编号	测量条目	参考来源
文化烙印	CUI1	企业始终保持创始人营造的环境	王炳成等（2016）；许婷等（2017）
	CUI2	员工之间始终维持之前的信任程度	
	CUI3	员工之间始终维持之前的交流程度	
	CUI4	员工工作始终维持之前的冒险程度	
	CUI5	员工工作始终维持之前的自由程度	
	CUI6	创始人所提倡的价值观始终得到组织认同	
	CUI7	创始人的企业愿景一直被贯彻	
	CUI8	创始人的经营哲学一直被沿用	

（3）隐性知识转移的测量

资源理论认为，隐性知识作为家族企业的关键竞争性资源，其顺利转移的标准就是接收者能否将其内化为自身知识，即知识接收方能够熟练运用知识、认同并高度评价发生转移的知识的效用（Meyer et al., 1977）。从传承视角看，上述观点可以理解为当继任者将创始人的隐性知识吸收内化为自身知识后，才能加深理解、有效利用与延伸创新。本书在设计隐性知识转移相关测量条目时，主要借鉴了 Meyer 等（1977）与祁红梅（2007）在研究影响知识转移绩效的组织情境因素及动机机制时所使用的知识转移的相关观测条目，共编制 5 项隐性知识转移的测量条目，主要测量继任者是否吸收掌握了创始人的经营管理经验、企业家精神和核心价值观等隐性知识要素，具体内容如表 5-8 所示。

表 5-8 隐性知识转移的测量条目

变量	编号	测量条目	参考来源
隐性知识转移	TTR1	继任者决定保留创始人转移的哪些知识	Meyer 等（1977）；祁红梅（2007）
	TTR2	对隐性知识的应用制度化	
	TTR3	继任者逐渐对企业的核心价值观和愿景有清晰的认识和理解	
	TTR4	继任者基本掌握了创始人的经营理念	
	TTR5	继任者基本承接了创始人的关系网络	

（4）控制变量的测量

在关于企业管理的实证研究中，企业规模与行业属性是研究者常用的控制变量，对于企业规模是否对创始人烙印有显著影响学界尚未有统一的观点，目前相关案例研究均以大型企业为对象，如朱蓉（2018）研究了京东集团组织烙印的演变情况。对企业规模的测量一般采用企业员工数量、资产额或销售额等指标，但是由于财务数据较难通过问卷获得，因此本书以员工数量衡量企业规模，并根据《关于印发中小企业划型标准规定的通知》（工信部联企业〔2011〕300号）的划分依据，将员工数量划分为 5 个区间并赋值。

其余变量本书选择企业存续期，Marquis 等（2013）指出虽然烙印往往会持续存在，但其影响和外在表现会随着时间的推移而变化，这意味着某些烙印可能会随着时间的推移而消失，因此本书采用企业存续期作为另一个控制变量，并以 5 年间隔对其进行分段测量。此外，在第 4 章已说明了本书的理论框架以"子承父业"的模式为前提，因此继任者角色的差异对创始人烙印也产生影响，故将继任者分为家族内部成员与非家族内部成员两类，控制变量的测量条目如表 5-9 所示。

表 5-9 控制变量的测量条目

变量	分类标准	研究赋值
企业规模	企业员工在 50 人及以下	1
	企业员工在 51～100 人	2
	企业员工在 101～500 人	3
	企业员工在 501～1000 人	4
	企业员工在 1000 人以上	5
行业	制造业	1
	非制造业	0

续表

变量	分类标准	研究赋值
继任者角色	家族内部成员	1
	非家族内部成员	0
企业存续期	5年及以下	0
	6～10年	1
	11～15年	2
	16～20年	3
	20年以上	4

5.3 模型构建与研究假设

5.3.1 模型构建

本书第4章构建了基于家族企业代际传承的创始人烙印三阶段演变机制的理论框架，并从理论上论证了代际冲突、组织变革、创始人帮扶及隐性知识转移对创始人烙印演变的影响，本章将以实证方法进行研究假设与数据分析，具体检验理论框架的有效性，基于家族企业代际传承的创始人烙印演变影响因素的实证模型如图5-1所示。

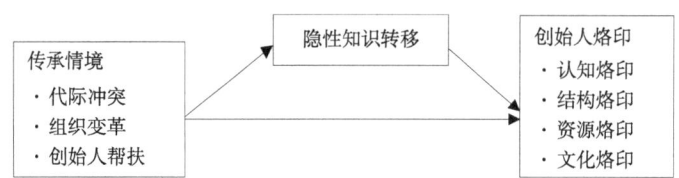

图5-1 基于家族企业代际传承的创始人烙印演变影响因素的实证模型

5.3.2 研究假设

（1）自变量与因变量的研究假设

1）代际冲突与创始人烙印演变

蔡庆丰等（2019）认为家族企业继任者的童年时期与创始人的创业时间具有交织性，由于创始人将大量时间与精力投入创业，童年时期经历过家族企业创建阶段的继任者，既理解创始人创业之不易，又缺乏创始人对其应有的关爱，使得继任者对家族企业形成一种"矛盾的情绪"，这种情绪会长期扎根于继任者内心，进而给创始人烙印带来复杂而深刻的影响。朱建安等（2015）指出创始人和继任者价值观的分歧贯穿家族企业传承的所有阶段，若分歧无法调和，将不利于家族企业的持续发展。类似研究也强调由于创始人和继任者知识体系、成长背景与教育程度等不同而产生的个体认知差异，会导致代际传承过程中企业文化的调整或重构（陈凌，2003）。周辉等（2016）通过对250家家族企业的实证研究发现创始人和家族成员对继任者的充分支持和信任可以使创始人的资源网络成功转移给继任者。鲍树琛等（2020）认为创始人的隐性知识难以被复制和模仿，具有专用性和黏滞性的特征，继任者需要在传承过程中与创始人长期良性互动才能逐步内化吸收，否则这些知识将面临断层与消失的风险。黄婷等

（2018）认为实施固有战略过程中产生的决策者与利益相关者的情感关系能够减缓创始人烙印衰退的速度，决策者对固有战略的不断投入会形成对它的情感依赖及持续承诺，也会增强创始人烙印的持续性。

基于上述分析，本书提出以下假设：

H1：代际冲突与创始人烙印变化显著相关；

H1a：代际冲突会导致创始人认知烙印衰退；

H1b：代际冲突会导致创始人结构烙印衰退；

H1c：代际冲突会导致创始人资源烙印衰退；

H1d：代际冲突会导致创始人文化烙印衰退。

2）组织变革与创始人烙印演变

继任者继任后会通过调配家族企业内部的创新资源、整合企业外部上下游资源来改变现有的组织架构（郑登攀 等，2020）。组织烙印理论认为平稳的组织结构和稳定的组织行为并非是组织成长与创新的绝对障碍，组织变革可能成为组织烙印发展的内在动力（Kogut et al.，2000）。从内部视之，不同于技术要素，在特定创始人烙印影响下，组织会形成制度化因素，如组织目标、工作规则、业务流程和信息共享等，并长期存在于组织中，且被组织成员广泛接受，故又能产生文化烙印效应。因此，组织内部的这些制度化因素也维持了烙印的持久性，以家族企业形式存在的长寿企业在维持传统价值观烙印延续中发挥重要作用，在创始家族控制程度越高的长寿家族企业中，烙印效应越能延续（邹立凯 等，2021）。韩亦等（2018）认为家族企业初创期所处的经济制度环境会持续影响未来的经营管理实践，只有发生环境条件剧变等特殊事件，组织的烙印效应才可能逐渐弱化。李婵等（2021）指出继任者可以通过已经得到组织广泛认可的实践制度化（构建制度）来维系那些有利于自我身份构建的制度（维系制度）等来打破由一代主导的烙印；同时，通过废除过时的实践，创造新的符合组织期望的制度（更新制度）来建立以其自身为核心的权威模式，给企业刻上新的烙印。邹立凯等（2021）指出家族企业内部的正式家族制度化过程能够维持文化烙印效应的持久性，家族控制程度越高，维护传统价值理念的正式家族制度化力量越强，受创始人影响的文化烙印越难被削弱。李贽（2018）阐明了代际传承过程中家族企业会消耗资源禀赋补偿组织变革产生的试错成本，获取生存与竞争能力，从而弱化不利于企业成长的"烙印"。

基于上述分析，本书提出以下假设：

H2：组织变革与创始人烙印变化显著相关；

H2a：组织变革会导致创始人认知烙印衰退；

H2b：组织变革会导致创始人结构烙印衰退；

H2c：组织变革会导致创始人资源烙印衰退；

H2d：组织变革会导致创始人文化烙印衰退。

3）创始人帮扶与创始人烙印演变

陈文婷（2012）指出家族企业继任者自身所拥有的资源十分有限，他们大多刚从学校毕业，或者只拥有较少的工作经验，缺少足够的创业资源和人脉。创始人除了可以给继任者提供土地、资金等实物资源及丰富的外部网络关系资源外，还可以为继任者提供充裕的决策信息资源,从而弥补继任者较为单一的资源结构,使继任者的企业内外部资源发挥出更大的价值。范博宏(2015)进一步强调家族价值观的传承离不开家庭教育这个重要环节,并通过台塑集团的案例研究发现,创始人王永庆并没有实施传统意义上的物质传承,而是将名下财富全部交由慈善基金会打理,这种举措反而使继任者们领悟到企业家精神的重要性并在各自领域获得非凡成就。Grant(1996)认为差异化的培养模式可以为继任者提供不同的学习路径,使其获取异质性的知识,并内化吸收形成专有知识,最终成为继任者资源体系的重要组成部分,使继任者拥有企业最高领导人应有的思维方式与价值判断,获得组织与家族成员一致的认同与支持。Liao等(2008)阐释了继任者无论是处理家族企业日常运营事务还是做出重大决策,都会首先依赖创始人的管理经验,惯例性地采用创始人现有的思维模式解决当下问题。Lansberg(1988)站在创始人离任的角度,认为在创始人的眼中,完全放手或辞职代表着要面对清闲和失落,面对继任者继任带来的生活方式和管理方式的改变。

基于上述分析,本书提出以下假设:

H3:创始人帮扶与创始人烙印持续性显著相关;

H3a:创始人帮扶能够维持创始人认知烙印;

H3b:创始人帮扶能够维持创始人结构烙印;

H3c:创始人帮扶能够维持创始人资源烙印;

H3d:创始人帮扶能够维持创始人文化烙印。

(2)中介变量和因变量之间的假设

烙印的持久性可能不仅是惯性或路径依赖的产物,而且是各组织内部和组织之间知识继承的系统过程的结果(王扬眉 等,2021)。在由创业家族长期控制的长寿企业中,经营价值理念、创业精神、企业愿景等在企业成立时已被创始人视为理所当然(Schein,1983),并且不断被其灌输给自己的后代。这些商业伦理与家族精神、家族文化等交织在一起,形成了家族独特的愿景使命、价值体系与精神文化,在长期的管理实践中不断积累、优化、整合而最终固化,因而使得长寿家族企业往往带有很强的初始烙印。制度演化理论和制度变迁理论认为,企业制度化进程就是企业文化、规范和秩序形成并固化的过程(Nakata,1995)。余向前等(2011)研究发现家族企业需要传承的隐性知识要素主要有创业精神、勤奋好学、外部资源网络及处事经验等,这些内容本质上正是文化烙印得以维持的要素。韩二伟(2019)指出创始人携带的可帮助企业获取竞争优势的知识表现为创始人映射于组织的烙印。郑登攀(2020)通过研究发现国内家族企业往往采用内部培养的方式传承创始人的知识和经营理念,这些都有助于继任者熟悉家族企业日常运营情况、树立领导权威,从而有利于延续家族企业价值观及创业精神等文化烙印。孙秀峰等(2017)认为创始人隐性知识就是那些关键的、难以复制与遗传的资源,是企业自成立后持续发展的核心竞争力,是保留与维持创始人特质的重要载体,也是家族企业基业长青的有力保障。吴炯(2016)则从剩余控制权的视角提出,只有当继任者的人力资本和社会资本发展到一定程度后,其合法性才会被人认同,其才能对企业固有的结构发起"挑战"。

基于上述分析,本书提出以下假设:

H4:隐性知识的顺利转移与创始人烙印持续性显著相关;

H4a：隐性知识的顺利转移能够维持创始人认知烙印；
H4b：隐性知识的顺利转移能够维持创始人结构烙印；
H4c：隐性知识的顺利转移能够维持创始人资源烙印；
H4d：隐性知识的顺利转移能够维持创始人文化烙印。

（3）中介变量中介效应的假设

1）隐性知识转移在代际冲突与创始人烙印演变之间的中介效应

代际传承过程中的困难促进了创始人与继任者之间的交流，这不仅能增强创始人的传承意愿，并且更容易在隐性知识共享的前提下形成新的隐性知识。吴炯等（2021）通过对2000—2020年CSMAR数据库中中国民营上市公司的实证研究发现，继任者和创始人在认知嵌入上的教育背景同质性、在关系嵌入上的亲密度及在结构嵌入上的中心化均与隐性知识转移正相关。Chirico（2008）指出创始人会根据"差序格局"（远近亲疏）的原则对可胜任的家族企业继任者进行筛选，这会使得在少主继位后家族成员间的利益难以协调并加剧彼此间的冲突，这些新的矛盾会导致隐性知识难以顺利传承。Zellweger（2019）认为人与人在交往过程中会建立起良好的相互预期，并进行相应的合作强化双方关系，这种关系在现实活动中让行动双方形成一种"心理连接"，从而促使他们信守在信任、认同和履行义务中形成的承诺。郭超（2013）的研究表明差异化的社会成长经历对继任者原本已接受的创始人赋予的传统价值观和期望提出了挑战，推动其形成特殊化的思路和观点，继任者传统和守旧的价值观也会随着其视野的开拓和管理实践能力的提升而逐渐衰减，上述变化越大，继任者对创始人传统行为的背离越突出。

基于上述分析，本书提出以下假设：

H5：代际冲突通过隐性知识转移对创始人烙印变化产生间接影响；
H5a：代际冲突通过隐性知识转移对创始人认知烙印变化产生间接影响；
H5b：代际冲突通过隐性知识转移对创始人结构烙印变化产生间接影响；
H5c：代际冲突通过隐性知识转移对创始人资源烙印变化产生间接影响；
H5d：代际冲突通过隐性知识转移对创始人文化烙印变化产生间接影响。

2）隐性知识转移在组织变革与创始人烙印演变之间的中介效应

家族企业的接班行为产生的组织变革，会使两代人价值观、经管观念发生"互动"，随即产生新的知识（刘娇 等，2017）。杨林（2010）指出在位企业主是企业变革的发起人、组织者和主导者，他们可以通过改变企业组织层级的金字塔式结构，对组织的知识结构进行调整。王雪莉等（2013）通过实证研究验证了企业变革导致隐性知识与显性知识相互作用与转化的影响机制，并提出在此过程中形成的异化知识本质上就是知识创新。Dyck（2002）则强调创始人和继任者之间相互支持、理解的良性关系有助于知识、关系网络、社会资本等的代际传递，对家族企业的成功传承有重要作用。Helfat（2003）进一步认为家族内部的和睦氛围是成员间相互信任和理解的环境基础，有利于代际传承顺利开展并构建一致的价值体系。

基于上述分析，本书提出以下假设：

H6：组织变革通过隐性知识转移对创始人烙印变化产生间接影响；
H6a：组织变革通过隐性知识转移对创始人认知烙印变化产生间接影响；
H6b：组织变革通过隐性知识转移对创始人结构烙印变化产生间接影响；

H6c：组织变革通过隐性知识转移对创始人资源烙印变化产生间接影响；

H6d：组织变革通过隐性知识转移对创始人文化烙印变化产生间接影响。

3）隐性知识转移在创始人帮扶与创始人烙印演变之间的中介效应

继任者所受到的认可和支持有助于知识和社会资本的代际转移，从而有助于传承过程顺利进行（Beckhar，1983）。严若森等（2018）认为内部培养能使继任者在较短的时间里熟悉企业内部业务和专业技能，构建通畅的信息沟通渠道，获得广泛的支持与认可。陈建林等（2020）认为当创始人辅佐继任者担任董事长或CEO后，能够使其商会资本更加丰富。Liu（2016）指出创始人的文化价值观深受家族元老的潜移默化，当将其转移给继任者时，仍然会保留其原貌。当创始人离开时，还没有完全制度化的关键例行程序和操作程序的知识就会消失（Davis，2010）。Finotto等（2014）的研究发现家族企业创始人在创业过程中拥有一整套具有显著特征的创业要素指导其后续行为模式，创始人倾向于传播和合法化他的创业图式并将其投射到继任者身上。此外，家族企业更关注企业的长期绩效，为保持企业的基业长青及维护利益相关者的关系资源，创始人十分重视继任者社会资本的培养和有效转移（李思飞 等，2018）。

基于上述分析，本书提出以下假设：

H7：创始人帮扶通过隐性知识转移对创始人烙印变化产生间接影响；

H7a：创始人帮扶通过隐性知识转移对创始人认知烙印变化产生间接影响；

H7b：创始人帮扶通过隐性知识转移对创始人结构烙印变化产生间接影响；

H7c：创始人帮扶通过隐性知识转移对创始人资源烙印变化产生间接影响；

H7d：创始人帮扶通过隐性知识转移对创始人文化烙印变化产生间接影响。

5.4　数据分析与假设检验

5.4.1　样本基本情况

针对附录二第一部分"背景信息"进行描述性统计，得出126份有效调查问卷的数据分布情况，如表5-10所示。

表5-10　样本的基本情况（$N=126$）

类别		频次/次	百分比	类别		频次/次	百分比
继任者性别	男	90	71.43%	行业	制造业	69	54.76%
	女	36	28.57%		非制造业	57	45.24%
创始人受教育程度	大学以下	79	62.70%	继任者受教育程度	大学以下	3	2.38%
	大学（本科与专科）	40	31.75%		大学（本科与专科）	93	73.81%
	研究生（硕士与博士）	7	5.56%		研究生（硕士与博士）	30	23.81%
继任者是否家族内部成员	是	103	81.75%	继任者所学专业类别	文科	60	47.62%
	否	23	18.25%		理工科	66	52.38%

续表

类别		频次/次	百分比	类别		频次/次	百分比
继任者年龄	30岁及以下	2	1.59%	企业员工数	50人及以下	23	18.25%
	31~35岁	38	30.16%		51~100人	33	26.19%
	36~40岁	43	34.13%		101~500人	35	27.78%
	41~45岁	36	28.57%		501~1000人	19	15.08%
	45岁以上	7	5.56%		1000人以上	16	12.70%
企业代际传承代数	1代	122	96.83%	继任者职位	董事长	26	20.63%
	2代	2	1.59%		董事长兼总经理	92	73.02%
	3代	0	0		其他	8	6.35%
	3代以上	2	1.59%				
企业注册形式	合伙企业	3	2.38%	企业生命周期	创业阶段	0	0
	有限责任公司	78	61.90%		发展阶段	47	37.30%
	股份有限公司	36	28.57%		成熟阶段	63	50.00%
	其他	9	7.14%		衰退阶段	16	12.70%
传承结束后家族拥有企业的股份	20%以下	0	0	企业存续期	5年及以下	0	0
	20%~50%	12	9.52%		6~10年	13	10.32%
	50%(不含)~80%	13	10.32%		11~15年	40	31.75%
	80%(不含)~100%(不含)	33	26.19%		16~20年	46	36.51%
	100%	68	53.97%		20年以上	27	21.43%

从继任者性别特征看，以男性偏多，比例在七成以上，可能存在"传男不传女"的传统现象。从教育程度看，继任者远远高于创始人，可见双方会在价值观、管理行为方面存在较大差异。从年龄看，继任者大多集中在31~45岁，有一定的朝气，可能具备组织变革的勇气与魄力。从企业行业看，过半数为制造业，且企业规模普遍较小，传承后家族绝对控制企业的接近九成，意味着继任者接班后有极大的控制权。从企业代际传承代数与企业生命周期看，大多数企业只传承了一代，且处于发展阶段和成熟阶段，存续期在10年以上，一方面说明浙江家族企业普遍较为年轻；另一方面说明代际传承需要一定的时间铺垫。

5.4.2 量表质量分析

本书使用SPSS 18.0统计学软件作为数据运算和检验的工具，在量表测量方面采用标准化的测量工具（5点Likert量表）进行打分，并检验测量条目的效度和信度，其中信度检验是对同一测量条目重复测量所得结果的一致性程度，反映了实际情况的真实性，效度检验能够准确测出测量条目的程度，反映检验结果的有效性。本书采用Cronbach's α系数检验信度，并以大于0.7的信度为标准衡量问卷与数据的可靠性，同时以大于0.5的负荷作为因子分析的前提。

（1）代际冲突

本书采用 7 个条目测量代际冲突变量的特征。通过探索性因子分析提取特征值大于 1 的因子，因子旋转采用方差最大正交旋转法（Varimax）。经过因子分析后共提取 6 个条目（删除条目 ICO1）并归入一个因子，相关结果如表 5-11 所示。

表 5-11 代际冲突的因子负荷与 Cronbach's α 系数

条目	因子负荷	方差解释量	Cronbach's α
ICO4	0.788	52.596%	0.7043
ICO3	0.722		
ICO6	0.746		
ICO5	0.646		
ICO2	0.617		
ICO7	0.606		

综合采用 KMO（Kaiser-Meyer-Olkin）检验与巴特利特（Bartlett）球形检验进行效度分析，结果显示反映变量代际冲突特征的 KMO 值为 0.731，大于因子负荷系数 0.5，巴特利特球形检验结果为 0，Cronbach's α 系数为 0.7043，内部效度较好。

（2）组织变革

本书采用 9 个条目测量组织变革变量的特征。通过探索性因子分析提取特征值大于 1 的因子，因子旋转采用方差最大正交旋转法。经过因子分析后共提取 7 个条目（删除条目 OCH8 和 OCH9）并归入一个因子，相关结果如表 5-12 所示。

表 5-12 组织变革的因子负荷与 Cronbach's α 系数

条目	因子负荷	方差解释量	Cronbach's α
OCH4	0.797	56.356%	0.7258
OCH6	0.771		
OCH1	0.733		
OCH2	0.689		
OCH5	0.657		
OCH3	0.621		
OCH7	0.608		

综合采用 KMO 检验与巴特利特球形检验进行效度分析，结果显示反映变量组织变革特征的 KMO 值为 0.856，大于因子负荷系数 0.5，巴特利特球形检验结果为 0，Cronbach's α 系数为 0.7258，内部效度较好。

（3）创始人帮扶

本书采用 10 个条目测量创始人帮扶变量的特征。通过探索性因子分析提取特征值大于 1 的因子，因子旋转采用方差最大正交旋转法。经过因子分析后共提取 7 个条目（删除条目 FSU3、FSU5 和 FSU9）并归入一个因子，相关结果如表 5-13 所示。

表 5-13 创始人帮扶的因子负荷与 Cronbach's α 系数

条目	因子负荷	方差解释量	Cronbach's α
FSU2	0.815	76.654%	0.7952
FSU4	0.782		
FSU8	0.716		
FSU10	0.681		
FSU1	0.663		
FSU6	0.636		
FSU7	0.617		

综合采用 KMO 检验与巴特利特球形检验进行效度分析，结果显示反映变量创始人帮扶特征的 KMO 值为 0.783，大于因子负荷系数 0.5，巴特利特球形检验结果为 0，Cronbach's α 系数为 0.7952，内部效度较好。

（4）认知烙印

本书采用 4 个条目测量认知烙印变量的特征。通过探索性因子分析提取特征值大于 1 的因子，因子旋转采用方差最大正交旋转法。经过因子分析后发现 4 个条目（无删除条目）均可归入一个因子，相关结果如表 5-14 所示。

表 5-14 认知烙印的因子负荷与 Cronbach's α 系数

条目	因子负荷	方差解释量	Cronbach's α
CIM4	0.793	65.327%	0.7195
CIM2	0.765		
CIM3	0.732		
CIM1	0.651		

综合采用 KMO 检验与巴特利特球形检验进行效度分析，结果显示反映变量认知烙印特征的 KMO 值为 0.761，大于因子负荷系数 0.5，巴特利特球形检验结果为 0，Cronbach's α 系数为 0.7195，内部效度较好。

（5）结构烙印

本书采用 6 个条目测量结构烙印变量的特征。通过探索性因子分析提取特征值大于 1 的因子，因子旋转采用方差最大正交旋转法。经过因子分析后共提取 5 个条目（删除条目 SIM3）并归入一个因子，相关结果如表 5-15 所示。

表 5-15 结构烙印的因子负荷与 Cronbach's α 系数

条目	因子负荷	方差解释量	Cronbach's α
SIM6	0.8352	75.268%	0.7861
SIM5	0.7915		
SIM2	0.7625		
SIM1	0.7251		
SIM4	0.6921		

综合采用 KMO 检验与巴特利特球形检验进行效度分析，结果显示反映变量结构烙印特征的 KMO 值为 0.694，大于因子负荷系数 0.5，巴特利特球形检验结果为 0，Cronbach's α 系数为 0.7861，内部效度较好。

（6）资源烙印

本书采用 8 个条目测量资源烙印变量的特征。通过探索性因子分析提取特征值大于 1 的因子，因子旋转采用方差最大正交旋转法。经过因子分析后共提取 6 个条目（删除条目 RIM4 和 RIM5）并归入一个因子，相关结果如表 5-16 所示。

表 5-16 资源烙印的因子负荷与 Cronbach's α 系数

条目	因子负荷	方差解释量	Cronbach's α
RIM2	0.8126		
RIM7	0.7795		
RIM3	0.7420	71.723%	0.7682
RIM8	0.6812		
RIM1	0.6423		
RIM6	0.6238		

综合采用 KMO 检验与巴特利特球形检验进行效度分析，结果显示反映变量资源烙印特征的 KMO 值为 0.738，大于因子负荷系数 0.5，巴特利特球形检验结果为 0，Cronbach's α 系数为 0.7682，内部效度较好。

（7）文化烙印

本书采用 8 个条目测量文化烙印变量的特征。通过探索性因子分析提取特征值大于 1 的因子，因子旋转采用方差最大正交旋转法。经过因子分析后共提取 6 个条目（删除条目 CUI2 和 CUI4）并归入一个因子，相关结果如表 5-17 所示。

表 5-17 文化烙印的因子负荷与 Cronbach's α 系数

条目	因子负荷	方差解释量	Cronbach's α
CUI7	0.8234		
CUI6	0.7832		
CUI8	0.7617	78.648%	0.8156
CUI3	0.6426		
CUI5	0.6238		
CUI1	0.6730		

综合采用 KMO 检验与巴特利特球形检验进行效度分析，结果显示反映变量文化烙印特征的 KMO 值为 0.778，大于因子负荷系数 0.5，巴特利特球形检验结果为 0，Cronbach's α 系数为 0.8156，内部效度较好。

（8）隐性知识转移

本书采用5个条目测量隐性知识转移变量的特征。通过探索性因子分析提取特征值大于1的因子，因子旋转采用方差最大正交旋转法。经过因子分析后发现5个条目（无删除条目）均可归入一个因子，相关结果如表5-18所示。

表5-18 隐性知识转移的因子负荷与Cronbach's α 系数

条目	因子负荷	方差解释量	Cronbach's α
TTR2	0.842		
TTR1	0.826		
TTR5	0.796	77.638%	0.8046
TTR4	0.776		
TTR3	0.748		

综合采用KMO检验与巴特利特球形检验进行效度分析，结果显示反映变量隐性知识转移特征的KMO值为0.836，大于因子负荷系数0.5，巴特利特球形检验结果为0，Cronbach's α 系数为0.8046，内部效度较好。

（9）相关性检验

鉴于品质评估中的量表是在既有量表，或者对既有量表重新修订或调整的基础上采用的，因此需要通过测量变量之间的关系情况，对其内容效度和结构效度做进一步的检验，相关结果如表5-19所示。

表5-19 研究变量的相关性交互分析与数据质量统计值

类别	代际冲突	组织变革	创始人帮扶	认知烙印	结构烙印	资源烙印	文化烙印	隐性知识转移
代际冲突	—							
组织变革	-0.283*	—						
创始人帮扶	-0.324**	0.267**	—					
认知烙印	-0.614**	0.215*	0.509**	—				
结构烙印	-0.608**	0.204*	0.184*	0.503**	—			
资源烙印	-5.871**	0.175*	0.276*	0.452**	0.342**	—		
文化烙印	0.515**	0.201*	0.203*	0.507**	-0.513**	-0.486**	—	
隐性知识转移	-0.337**	0.207*	0.372**	0.241*	0.206*	0.298*	-0.329**	—
均值	4.721	4.279	4.428	4.366	4.287	4.369	4.053	4.517
标准差	1.652	0.834	0.476	0.968	0.913	0.911	1.160	0.982

注：* 为 $P < 0.05$，** 为 $P < 0.01$。

从上述分析结果看，交互变量之间的相关系数均低于各自的信度值，并且每个特征值大于1的因子对其测量条目异化的解释值均高于其他因子异化的解释值。因此，可认为本章的各个测量量表均具有较高的内部一致性。

5.4.3 研究假设检验

（1）自变量与因变量的关系检验

以创始人烙印4个维度为被解释变量，通过强制回归法将传承情境的3个维度与相关控制变量放入回归模型检验直接效应，并采用最大似然估计法进行估计，传承情境对创始人烙印演变影响的回归分析结果如表5-20所示。

表5-20 传承情境对创始人烙印演变影响的回归分析结果

类别		因变量			
		认知烙印	结构烙印	资源烙印	文化烙印
常数项		0.014 （0.011）	0.022 （0.025）	0.090 （0.089）	0.148 （0.173）
自变量	代际冲突	−0.202 （−2.265）**	−0.166 （−1.924）*	−0.214 （−2.497）**	−0.266 （−3.111）**
	组织变革	−0.179 （−1.656）*	−0.374 （−4.168）***	−0.190 （−1.999）*	−0.301 （−2.836）**
	创始人帮扶	0.394 （3.308）***	0.091 （1.162）	0.224 （2.397）**	0.192 （2.045）*
控制变量	企业规模	0.017 （0.182）	0.176 （1.698）*	0.126 （1.074）	0.054 （0.389）
	行业	0.274 （1.251）	−0.015 （0.103）	0.119 （1.224）	0.087 （0.106）
	继任者角色	−0.458 （−4.498）***	−0.411 （−3.174）***	−0.274 （−2.251）**	−0.221 （−2.659）**
	企业存续期	−0.197 （−2.064）*	−0.504 （−5.618）***	−0.504 （−3.837）***	−0.212 （−2.815）**
R^2		0.653	0.436	0.295	0.361
$AdjR^2$		0.526	0.402	0.226	0.301
F 值		13.651	13.274	15.722	12.636
DW 值		1.941	2.065	1.705	1.838

注：除常数项为非标准化系数外，上述变量的系数均为标准化Beta系数，括号内是 t 双尾检验的绝对值，***、**、* 分别表示在0.01、0.5和0.1的水平上显著。

上表中 R^2 与 $AdjR^2$ 的结果表明了4个回归模型的精度较高，具有较好的解释力，F 值的结果表明回归模型整体有较强的显著性，而 DW 值的结果表明残差项不存在显著的自回归。在放入控制变量后，传承情境的3个维度对创始人烙印均有较为显著的影响，并且对认知烙印、资源烙印及文化烙印的影响更为显著，对结构烙印的影响次之。

基于上表中传承情境对创始人烙印的直接效应检验可以发现，代际冲突维度的回归结果支持了H1下的全部假设，这意味着不同类型的代际冲突对创始人烙印会产生削弱作用，即双方在情感、任务及关系等方面的冲突越大，继任者在上任后对企业管理的观点、理念和方法与创始人的差异就越大,继任者就越可能调整企业结构、重塑企业文化并调整内外部资源。组织变革维度的回归结果支持了 H2 下的全部假设,这意味着继任者在接班后对企业实施的一系列变革会弱化创始人烙印的持续性,其中组织变革对结构烙印的影响最为显著,一方面是因为组织变革的核心内容之一就是对企业结构的重组;另一方面则是因为继任者通过建立现代管理制度对创始人时期不再适应当前市场环境的企业结构进行必然的调整。组织变革也会涉及改变企业战略、业务范围、经营模式等内容,使得企业的资源和文化发生相应的变化,另外,组织变革也会改变企业固有的思维模式和行为范式。创始人帮扶维度的回归结果支持 H3a、H3c 和 H3d,而不支持 H3b,这说明创始人对继任者的培养过程是一个输出自己的价值观、管理理念、资源和思维及行为范式的过程,在这个过程中继任者会潜移默化地带有创始人的"影子",但是企业结构烙印的变化可能更多是由外部环境的变化驱动的。

除此以外,控制变量中继任者角色与企业存续期均对创始人烙印有显著影响。在继任者角色方面,如果是非家族成员继任,创始人烙印会比家族成员继任衰退得更快,也很有可能是家族成员会更多地考虑家族社会情感财富的保留;在企业存续期方面,随着时间的推移,创始人烙印会逐渐淡化,这也验证了的 Marquis 等(2013)的推断。

(2)中介变量与因变量的检验

以创始人烙印 4 个维度为被解释变量,通过强制回归法将中介变量与相关控制变量放入回归模型,并采用最大似然估计法进行估计,中介变量与因变量的回归分析结果如表 5-21 所示。

表 5-21 中介变量与因变量的回归分析结果

类别		因变量			
		认知烙印	结构烙印	资源烙印	文化烙印
常数项		0.532 (0.625)	0.723 (1.162)	0.342 (0.271)	0.164 (0.290)
隐性知识转移		0.365 (4.652)***	0.204 (0.395)	0.215 (2.816)**	0.228 (2.010)*
控制变量	企业规模	0.218 (0.965)	0.056 (0.012)	0.019 (0.027)	0.043 (0.899)
	行业	0.099 (1.432)	0.067 (0.895)	0.067 (1.321)	0.006 (0.008)
	继任者角色	−0.352 (−2.122)**	−0.290 (−1.756)*	−0.248 (−2.056)*	−0.426 (−3.377)***
	企业存续期	−0.222 (−1.962)*	−0.627 (−5.788)***	−0.562 (−5.046)***	−0.455 (−5.788)***
R^2		0.745	0.476	0.384	0.398
$AdjR^2$		0.612	0.431	0.208	0.343
F 值		18.763	16.276	13.842	16.642
DW 值		2.423	1.756	2.014	1.736

注:除常数项为非标准化系数外,上述变量的系数均为标准化 Beta 系数,括号内是 t 双尾检验的绝对值,***、**、* 分别表示在 0.01、0.5 和 0.1 的水平上显著。

上表中 R^2 与 $AdjR^2$ 的结果表明了 4 个回归模型的精度较高，具有较好的解释力，F 值的结果表明回归模型整体有较强的显著性，而 DW 值的结果表明残差项不存在显著的自回归。在放入控制变量后，隐性知识转移对认知烙印、资源烙印及文化烙印的影响较为显著，对结构烙印的影响不显著。

基于上表中隐性知识转移对创始人烙印的直接效应检验可以发现，回归结果支持 H4a、H4c、H4d，而不支持 H4b，可以理解为企业结构烙印的变化主要来自企业自身的变革及应对外部市场变化的需要，虽然在此过程中成功的隐性知识转移会在一定程度上提升继任者企业家精神、能力等方面的素质，但并不意味继任者会主导企业结构烙印的变化，这也说明隐性知识转移会更多地体现在企业文化、价值观、关系网络、思维认知等意识形态方面的烙印变化上，也意味着隐性知识转移对结构烙印不会起到中介效应。

（3）中介效应的检验

以隐性知识转移为被解释变量，通过强制回归法将传承情境 3 个维度与相关控制变量放入回归模型，并采用最大似然估计法进行估计，自变量对中介变量的回归分析结果如表 5-22 所示。

表 5-22 自变量对中介变量的回归分析结果

类别		中介变量
		隐性知识转移
常数项		0.085 （0.162）
自变量	代际冲突	-0.503 （-3.825）***
	组织变革	-0.258 （-1.709）*
	创始人帮扶	0.226 （1.997）**
控制变量	企业规模	0.075 （0.710）
	行业	0.099 （1.432）
	继任者角色	-1.171 （-1.817）*
	企业存续期	0.124 （1.016）
R^2		0.669
$AdjR^2$		0.647
F 值		6.142
DW 值		1.974

注：除常数项为非标准化系数外，上述变量的系数均为标准化 Beta 系数，括号内是 t 双尾检验的绝对值，***、**、*分别表示在 0.01、0.5 和 0.1 的水平上显著。

上表中 R^2 与 $AdjR^2$ 的结果表明了该回归模型的精度较高，具有较好的解释力，F 值的结果表明回归模型整体有较强的显著性，而 DW 值的结果表明残差项不存在显著的自回归。在放入控制变量后，传承情境的 3 个维度对隐性知识转移均有较为显著的影响，并且代际冲突与创始人帮扶两个解释变量的影响更为显著，组织变革的影响次之。

从回归结果分析，总体上能反映 3 个问题：一是代际冲突与隐性知识转移负相关，且非常显著，可以认为创始人和继任者的认知差异越大，隐性知识转移越困难；二是组织变革与隐性知识转移负相关，说明企业组织变革会导致企业内部环境发生巨大变化，从而使隐性知识转移困难；三是创始人帮扶对隐性知识转移正相关，且显著性也很强，说明创始人对继任者的精心培养与扶助对隐性知识转移起着十分明显的推动作用。

分别检验完解释变量、中介变量与被解释变量的两两交互关系后，通过强制回归法将传承情境 3 个维度、隐性知识转移与相关控制变量同时放入回归模型检验中介效应，并采用最大似然估计法进行估计。自变量、中介变量和控制变量对因变量的回归分析结果如表 5-23 所示。

表 5-23 自变量、中介变量和控制变量对因变量的回归分析结果

类别		因变量			
		认知烙印	结构烙印	资源烙印	文化烙印
常数项		0.007 （0.049）	—	0.087 （0.106）	0.028 （0.205）
自变量	代际冲突	−0.208 （−2.335）**	—	−0.220 （−1.721）*	−0.017 （−0.192）
	组织变革	−0.114 （−1.874）*	—	−0.136 （−1.784）*	−0.196 （−1.844）*
	创始人帮扶	0.321 （2.554）**	—	0.205 （0.246）	0.274 （1.779）*
隐性知识转移		0.384 （3.218）***	—	0.321 （2.554）**	0.221 （2.201）**
控制变量	企业规模	0.169 （1.221）	—	0.156 （1.288）	0.031 （0.377）
	行业	0.080 （1.273）	—	0.031 （0.377）	0.036 （0.474）
	继任者角色	−0.267 （−2.523）**	—	−0.223 （−2.290）**	−0.113 （−1.832）*
	企业存续期	0.274 （2.251）**	—	−0.175 （−1.911）*	−0.126 （−1.802）*
R^2		0.760	—	0.481	0.358
$AdjR^2$		0.452	—	0.366	0.331
F 值		16.251	—	17.282	13.618
DW 值		1.524	—	2.705	1.438

注：除常数项为非标准化系数外，上述变量的系数均为标准化 Beta 系数，括号内是 t 双尾检验的绝对值，***、**、* 分别表示在 0.01、0.5 和 0.1 的水平上显著。

上表中 R^2 与 $AdjR^2$ 的结果表明了 4 个回归模型的精度较高，具有较好的解释力，F 值的结果表明回归模型整体有较强的显著性，而 DW 值的结果表明残差项不存在显著的自回归。在放入控制变量后，传承情境的 3 个维度通过隐性知识转移对认知烙印、资源烙印和文化烙印的影响不同。

通过回归结果可以发现，在代际冲突维度，代际冲突与认知烙印、资源烙印依然显著负相关，隐性知识转移与认知烙印、资源烙印、文化烙印也存在显著相关性，这说明隐性知识转移在代际冲突对认知烙印和资源烙印的影响中发挥了部分中介效应，而代际冲突对文化烙印的影响不再显著，表明这两者与隐性知识转移存在完全中介效应，此外，隐性知识转移对结构烙印的影响也不显著，故不存在中介效应，验证了假设 H4a、H4c、H4d，并拒绝假设 H4b；在组织变革维度，组织变革与认知烙印、资源烙印、文化烙印依然显著负相关，而隐性知识转移与认知烙印、资源烙印、文化烙印也存在显著相关性，这说明隐性知识转移在组织变革对认知烙印、资源烙印和文化烙印的影响中发挥了部分中介效应，而隐性知识转移与结构烙印相关性不显著，故不存在中介效应，验证了假设 H5a、H5c、H5d，并拒绝假设 H5b；在创始人帮扶维度，创始人帮扶与认知烙印、文化烙印依然显著正相关，而隐性知识转移与认知烙印、文化烙印也存在显著相关性，这说明隐性知识转移在创始人帮扶对认知烙印和文化烙印的影响中发挥了部分中介效应，同时创始人帮扶和资源烙印之间不再显著，表明这两者与隐性知识转移存在完全中介效应，而隐性知识转移对结构烙印的影响不显著，故不存在中介效应，验证了 H6a、H6c、H6d，并拒绝假设 H6b。

5.5 研究发现与讨论

在实证分析家族企业创始人烙印演变的过程中，本章主要提取了影响家族企业创始人烙印的变量，从数据分析的视角研究家族企业传承情境的 3 个维度及隐性知识转移对创始人烙印演变的影响与作用机制。

总体而言，本章通过实证研究验证了第 4 章传承情境对创始人烙印演变的影响机制的理论分析，研究结果表明传承情境中的 3 个影响因素在不同程度上对创始人 4 类烙印演变存在显著的正向或负向的直接效应；在这一过程中，创始人帮扶对创始人烙印起到了维持作用，这说明创始人对继任者进行帮扶的过程会不断输出自身的价值观念和文化理念，同时会把自己的资源转移给继任者，在"子承父业"的模式下这种家族利他主义和家族社会财富保存的情况是普遍存在的，从而客观上维持了创始人烙印的持续性；代际冲突和组织变革则对创始人烙印有着破坏作用，这说明继任者作为企业接班人一旦与创始人冲突加剧，则必然期望并致力于推行自己认同的价值观和管理理念，从而逐步"废除"创始人遗留的"影子"，而组织变革则是企业在战略、架构等深层次方面发生的变化，此种变化客观上削弱了创始人烙印。

此外还需关注的是，作为传承情境对创始人烙印演变产生影响的"桥梁"，隐性知识转移这个中介变量对维持创始人烙印也同样发挥了重要作用，创始人对继任者的培养与帮扶过程实质上就是隐性知识的转移过程。同时，在影响机制方面，虽然本书归纳的传承情境 3 个维度较为系统地总结了影响创始人烙印的因素,但实际对家族企业创始人烙印演变产生影响是企业内外部因素综合作用的结果。

从样本数据还可以发现,126家浙江家族企业主要分布在制造业且规模普遍较小,说明浙江大量制造业企业面临代际传承问题的同时面临传统制造业转型升级的压力,可以认为它较为突出地反映了浙江制造业领域家族企业的现状,但并不表示其具有普遍意义,也不能代表其他行业的情况。但样本中创始人烙印的回归结果仍然可以引起一些注意,如创始人结构烙印的影响因素中显著的较少,没有能够很好地反映出传承情境与结构烙印之间的关系,这很有可能是因为结构烙印的变化除了受内部的传承情境影响外,也会受外部政策与市场环境变化的影响。

5.6 本章小结

本章主要用实证方法分5步研究了浙江家族企业代际传承过程中何种因素对创始人烙印具有显著影响:第一步,选取和测量实证分析所需变量,其中创始人烙印使用认知烙印、结构烙印、资源烙印和文化烙印4个维度,影响创始人烙印演变的因素包括代际冲突、组织变革和创始人帮扶,将隐性知识转移设为中介变量,并将企业规模、行业、继任者角色和企业存续期设为控制变量;第二步,采集各个变量的测量条目;第三步,构建变量关系模型并提出研究假设;第四步,进行量表质量分析,通过因子分析与相关性分析对测量条目的效度和信度进行检验;第五步,采用回归分析法进行假设检验并分析结果与展开讨论。

6 创始人烙印演变与传承效果：实证研究

本书第 4 章从理论上分析了创始人烙印演变与家族企业传承效果之间的关系，就本质而言，创始人烙印演变主要影响的是企业内生性环境，此类影响既会表现为驱动性的积极作用，也会表现为约束性的消极作用。本章主要从实证的角度深入分析创始人烙印演变对家族企业传承效果的影响机制。

6.1 关键问题界定

家族企业传承效果反映了家族代际接力的质量，对其进行有效的评价是保证传承后企业持续成长的必然选择（窦军生 等，2008）。现有研究总结了不利于传承的诸多原因，如代际冲突难以调和、传承计划缺失、继任者能力不足等，然而对于为何能实现成功传承则缺乏共识。为了检验创始人烙印演变对家族企业传承效果的影响程度，本章主要解释如下 4 个关键问题。

（1）家族企业传承效果的界定

顺利完成代际传承是家族企业保证基业长青的永恒话题，然而传承对家族企业的影响并非只在一朝一夕，往往影响久远，因此对于如何判别传承效果的优劣尚未形成一致性观点。Morris 等（1997）率先总结了家族企业传承效果的二元评价构念，分别从个体性的传承满意度与综合性的传承绩效两个层面确定了评价标准。在此基础上，Sharma（2001）对该模型进行了补充与延伸，正式提出了家族企业传承效果的二维评价模型，并强调两个评价维度之间应相互独立。①家族成员与员工满意度（Satisfaction）。该维度由主观性指标构成，主要衡量相关利益者对继任者接班后企业情况的感受与认知。②传承绩效（Performance）。该维度由客观性指标构成，主要衡量传承后企业的经营表现。Handler（1990）倡导采用多元化综合性指标客观反映传承效果。张兵（2004）在传承计划与传承效果影响的实证研究中使用企业绩效作为被解释变量。综上所述，企业绩效作为可以综合反映企业经营能力与竞争水平的综合性指标，能够较为充分与准确地对传承效果进行评价，因此本书在界定传承效果时采用企业绩效的相关指标。

（2）企业绩效的评价与具体指标的选择

考虑到要客观衡量传承后企业的发展情况，因此除普遍使用的财务性指标之外，还应使用反映家族企业中家族成员、企业员工等个体关系情况的指标、反映企业的经营与文化氛围及企业的创新能力的指标等非财务性指标。

（3）创始人烙印演变对家族企业传承效果的影响是一致的还是分类别的

创始人烙印分为认知烙印、结构烙印、资源烙印和文化烙印，由于这4个维度的烙印形成的过程不尽相同，烙印本身的性质和作用也有较大差异，因此认知烙印、结构烙印、资源烙印和文化烙印的变化对传承效果的影响是有差别的。

（4）继任者跨代创业的调节作用

在当前经济社会形势下，跨代创业被认为是家族企业重新塑造竞争力、提升价值、实现永续经营的关键，成功的跨代创业能够进一步促进创始人烙印演变对家族企业传承效果的影响。

6.2 研究变量的选取和测量

6.2.1 变量的选取

本章主要研究创始人烙印演变对传承效果的影响，其中创始人烙印的相关变量已在第5章进行阐述，此处主要分析企业绩效。如何衡量企业绩效在管理学界历来莫衷一是，家族企业除具有企业属性外兼具家庭特征，因此其绩效的测度更为复杂。Venkatraman等（1986）构建了三维企业绩效评价模型，第一层面是财务性指标，包括权益报酬率（ROE）、资本收益率（ROC）、销售利润率（ROS）等；第二层面是商业性指标，包括产品竞争力、市场占有率、业务多元化等；第三层面是管理性指标，包括组织效率、组织文化、社会责任等。Kaplan等（1992）提出平衡计分卡（Balanced Score Card）的概念，并用财务、客户、内部运营、学习与成长4个维度组成的综合绩效指标架构评价企业绩效。Aworski（1993）指出企业绩效评价应当多元化和多视角。与此观点类似，Andrews（2000）认为企业绩效是企业各个层面微观绩效的综合反映。Chandler（2007）认为企业绩效评价方法应与企业所处的发展阶段相匹配，在起步阶段，主要以评价企业家个人经营能力、关系网络是否丰富等为主；在成长阶段，主要以评价企业内部管理能力为主；在成熟阶段，则主要以评价财务性指标与社会性指标为主。该理论将企业视为动态发展的组织形态，但是没有将其作为开放性的系统。

在实务层面上，由于非上市公司几乎不会将自身财务数据公开，即较难获取相关的二手数据，因此Borman（1993）认为如果采用调查问卷等方法获取一手数据用以评价企业绩效，可采用任务绩效和关系绩效两个指标，其中任务绩效侧重反映工作产出能力，衡量企业日常经营活动取得的成效；关系绩效侧重反映组织氛围与个体行为特征，衡量企业社会性行为的气氛。张阿城等（2021）采用Meta分析方法将企业绩效的具体内容细分为企业经营绩效、创新绩效及投资绩效，揭示了政策不确定性对这3个维度不同程度的影响。考虑到继任者在接班后从事的跨代创业存在大量创新行为，本书综合性地采用任务绩效、关系绩效与创新绩效3个维度来评价家族企业传承效果。

6.2.2 变量的测量

与第5章相同，在实证研究时对主要变量的度量采用标准化的测量工具（5点Likert量表）进行打分,在变量条目设计与测量尺度上,主要考虑提高度量的可靠性与准确性。

（1）任务绩效

任务绩效（Task Performance）是指与工作产出直接相关的,能够直接对工作结果进行评价的绩效,是与具体职务的工作内容密切相关的,同时与个体的能力、完成任务的熟练程度和工作知识密切相关的绩效。就家族企业传承效果而言,任务绩效主要反映继任者接班后对企业的贡献程度,即通过商业行为为企业创造额外的资源或机会的能力,具体衡量企业市场开拓、销售业绩、竞争能力等方面的情况。本书以张兵（2004）测量家族企业凝聚力与企业绩效关系时采用的任务绩效的 5 项测量条目为基础,综合借鉴了 Awlliams 等（1991）编制的任务绩效量表中的相关条目及蒋丽芹等（2020）对长三角科技型企业的实证分析中所使用的观测条目,共编制 5 项任务绩效测量条目,主要测量企业的市场发展与竞争状态（表6-1）。

表 6-1　任务绩效的测量条目

变量	编号	测量条目	参考来源
任务绩效	MP1	盈利能力稳中有升	张兵（2004）; Awlliams 等（1991）; 蒋丽芹等（2020）
	MP2	营业收入不断增加	
	MP3	竞争能力有所增强	
	MP4	战略目标加快完成	
	MP5	市场份额得以扩展	

（2）关系绩效

关系绩效（Relationship Performance）又称周边绩效（Contextual Performance）,是评价组织周边行为质量的指标,对提高组织任务绩效有着"润滑剂"的作用。Borman 等（1996）提出关系绩效与特定任务无关,并将其分为 5 个方面:①完成本职工作后主动接受额外任务;②始终保持热情饱满的精神状态;③提倡团队协作、互助与奉献;④无条件地按照组织秩序和规则行事;⑤以完成组织目标为第一要务。本书以张兵（2004）测量继任者才能、积极性与企业绩效关系时采用的关系绩效 10 项测量条目为基础,借鉴了 Borman 等（1997）实证分析中使用的观测条目,剔除了相关性较强的 2 项条目,共编制 8 项关系绩效的测量条目,主要测量个体关系与组织工作场景（表6-2）。

表 6-2　关系绩效的测量条目

变量	编号	测量条目	参考来源
关系绩效	RP1	员工的责任感增加	Borman 等（1996）; 张兵（2004）
	RP2	员工的工作热情提高	
	RP3	员工更好地遵守规章制度	
	RP4	员工的忠诚度增加	
	RP5	企业内部团队合作氛围更浓	
	RP6	企业内部沟通更顺畅	
	RP7	家族企业内部关系更融洽	
	RP8	企业关系网络更稳定	

（3）创新绩效

创新绩效（Innovation Performance）是评价企业采用新技术或新的管理模式后创造额外价值的指标。总体来说，企业创新绩效可以从两个层面衡量：一是技术革新；二是思维创新。基于此，学者们对创新绩效指标进行了分类，既包括效果类的维度，又包括过程类的维度，其中衡量效果的指标有专利申请数、产品研发数、管理制度革新数等，衡量过程的指标有研发支出、研发速度、流程再造等。Vincent（2005）提出创新绩效体现为新产品的研发与投入，通过对前人研究成果的积累，朱建民等（2015）在产业集群社会资本对创新绩效影响的实证研究中编制了新的创新绩效测量量表。本书综合借鉴上述研究成果，编制了5项创新绩效的测量条目，主要测量继任者接班后的创新行为与效果（表6-3）。

表6-3 创新绩效的测量条目

变量	编号	测量条目	参考来源
创新绩效	IP1	相较于竞争对手，研发投入较多	Vincent（2005）；朱建民等（2015）
	IP2	相较于竞争对手，管理流程更有效率并具备创新性	
	IP3	相较于竞争对手，制度建设更为有效并具备创新性	
	IP4	相较于竞争对手，人力资源领域的管理方式更具创新性	
	IP5	相较于竞争对手，市场创新能力更强	

（4）跨代创业

Coin等（1989）提出组织的创业动机蕴藏于创业团队或创始人倾向于选择高风险方案（风险承担性），创始人对组织进行趋利变革与产品/服务创新（创新性维度），并且善于运用策略与同行企业竞争（预见性维度），另外其还开发了创业行为量表。除上述3个维度外，Lumpkin等（1996）延伸原有架构，将创业行为扩增为5个维度，新增了"自主性"与"竞争积极性"两个前瞻性指标。自主性是指个人和团体从概念的提出到实现，或者在追求机遇的过程中，所展现出的自我独立引导的能力和意愿的强度。本书综合借鉴上述研究成果，编制了4项跨代创业的测量条目，主要测量继任者跨代创业的程度（表6-4）。

表6-4 跨代创业的测量条目

变量	编号	测量条目	参考来源
跨代创业	CGE1	继任者对主营业务有所拓展	Coin等（1989）；Lumpkin等（1996）
	CGE2	继任者投资新领域、新项目	
	CGE3	继任者成立新的企业	
	CGE4	继任者开辟新市场（包括海外市场）	

（5）控制变量的测量

与第5章相同，本书继续以企业规模、行业、继任者角色与企业存续期为控制变量（表6-5）。

表 6-5 控制变量的测量条目

变量	分类标准	研究赋值
企业规模	企业员工在 50 人及以下	1
	企业员工在 51~100 人	2
	企业员工在 101~500 人	3
	企业员工在 501~1000 人	4
	企业员工在 1000 人以上	5
行业	制造业	1
	非制造业	0
继任者角色	家族内部成员	1
	非家族内部成员	0
企业存续期	5 年及以下	0
	6~10 年	1
	11~15 年	2
	16~20 年	3
	20 年以上	4

6.3 模型构建与研究假设

6.3.1 模型构建

第 4 章从理论上推演了创始人烙印演变对传承效果的影响，本章将以实证方法进行研究假设与数据分析，具体检验理论推演的有效性，创始人烙印演变与传承效果的实证模型如图 6-1 所示。

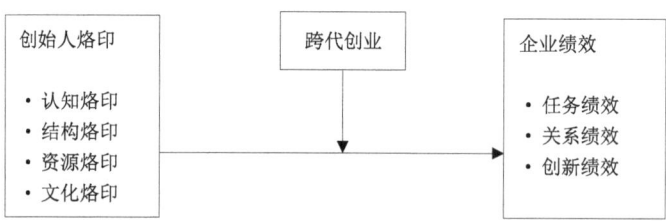

图 6-1 创始人烙印演变与传承效果的实证模型

6.3.2 研究假设

（1）自变量与因变量的研究假设

1）认知烙印与企业绩效

朱仁宏等（2017）指出家族企业独特的核心竞争力来源于创始人在管理实践中总结的只能心领神会的经验，这是非家族企业无法比拟的。

祝振铎等（2018）研究发现在离继两任具有相同或相似的价值理念的公司治理环境中，

创始人通过"扶上马、送一程"的传统传承模式，能够实现较为平稳的过渡。Siegerand 等（2011）也认为家族声誉、创始人隐性知识与关系网络可以对家族企业代际传承形成持续、积极的影响。陈建林（2021）提出，对于创始人而言，部分研究认为其普遍特征在于保守的态度和固化的管理经验等，它们在市场快速变化的情境下会制约企业技术创新。王向阳等（2011）认为在家族企业传承中，创始人经验作为重要的资源禀赋，在为企业带来竞争优势的同时，也可能使企业创新形成路径依赖。严若森等（2018）阐释了代际传承是家族企业创新战略落地的转折点，其主要原因在于较长的任期和对经验的依赖等会阻碍创始人的创新思维，即创始人的固有思维模式对企业创新具有约束性。蔡庆丰等（2019）指出继任者的成长经历使其形成了异于创始人的思维方式、价值倾向及管理理念等，其对创始人所创建的家族事业较难认同，更期望可以在自己擅长且偏好的领域身体力行。贺小刚等（2007）指出家族企业往往会受到家族血缘等"裙带关系"的干预，凭借身份地位所形成的非正式权威和非正式规制会影响决策，这可能会降低现代组织的创新水平。梁能（1995）也研究发现企业组织和市场处于权变与动态的环境中，创始人自身的有限理性难以保证其认知逻辑与企业的创新演化逻辑协调匹配。

基于上述分析，本书提出以下假设：

H1：认知烙印衰退与企业绩效显著相关；

H1a：认知烙印衰退会降低任务绩效；

H1b：认知烙印衰退会降低关系绩效；

H1c：认知烙印衰退会提升创新绩效。

2）结构烙印与企业绩效

刘海建（2003）认为当组织结构形成大量惯例而变得僵化时，企业会变得缺乏朝气、抱残守缺、惰性增强，对环境的适应能力逐渐衰退，企业家精神和创业精神最终会消失殆尽。贺小刚等（2007）发现，重组家族企业初始的非正式制度，通过构建正式的治理结构有助于制衡家族权威，并对企业绩效起到积极作用。李婵等（2021）研究发现，为了顺利完成代际传承，继任者会通过制度逐步改变企业的权威模式，促使企业脱离以创始人为核心的传统型权威和魅力型权威主导的权威模式，形成以制度为核心的法制型权威主导的新型权威模式，进而促进企业稳步发展。周燕等（2011）提出家族企业的创始人权威通常具有很强的个人依附性，当企业的控制权产生更迭时，家族权威关系也会随之变化。Jaskiewicz 等（2015）认为代际传承广泛地被视为家族企业进行战略变革、打破战略惯性、引入新资源的契机。李新春等（2016）也认为家族企业在代际传承期的多元化战略调整是保持企业差异化优势和家族基业长青的核心要义。刘静等（2017）认为创始人在位期间的绩效要优于继任者，原因是相较于创始人，继任者接管后的企业更关注对家族控制权的强化，也更偏好稳健型的战略方针，制约了企业的发展，并更深入地指出继任者倾向稳健型战略方针会使得企业对新技术、新市场的开发不感兴趣。类似的，Strauss 等（1991）提出与创始人相比，继任者越发厌恶风险，这会降低家族企业的创新绩效。唐跃军等（2014）基于终极控制权理论，从第二类代理问题与大股东制衡的视角，通过实证研究发现，终极控股股东两权结构偏离在一定程度上有损于企业的创新绩效。朱德胜等（2016）以 2010 年以前上市的高新技术企业为研究样本得出如下结论：股权制衡结构对企业创新效率有显著的正向影响，股权制衡度高的企业拥有更高的创新效率。闵亦杰等（2016）的实证研究发现家族企业管理的权力主体结构越复杂，家族涉入对企业技术创新投入的负向影响越明显。

基于上述分析，本书提出以下假设：

H2：结构烙印衰退与企业绩效显著相关；

H2a：结构烙印衰退会提升任务绩效；

H2b：结构烙印衰退会提升关系绩效；

H2c：结构烙印衰退会提升创新绩效。

3）资源烙印与企业绩效

Barney（1991）基于资源基础理论率先指出企业独有的部分创始人资源形成是企业之间差异化优势的本原所在。杜媛（2020）阐述了创始人所掌握的资产性资源、核心知识性资源与网络关系性资源是继任者寻求企业扩张的资源基础。梁上坤等（2015）认为创始人的专用性资源对创始人具有高度依赖性，当创始人离任或退出时，依附其的专用性资源或将随之而去，不再发挥作用。胡旭阳等（2016）指出继任者继承创始人丰富的政治关系可以为企业在获取有价值的政策信息、打破准入壁垒等方面取得长期优势，同时企业可借此获得税收减免及财政补贴等优惠政策。马淑文（2011）也认为创始人资源表现为家族企业的一系列行为特征，并于家族和市场两个系统中发挥积极作用，一方面能够帮助企业规避非系统性风险；另一方面能够降低代理成本并提升绩效。Bennedsen（2015）更为直接地指出，家族企业代际传承成功的关键在于创始人的声誉、权威和关系网络等专用性资源为继任者所用。辛金国等（2016）通过对2004—2013年处于代际传承的上市家族企业的实证研究表明家族企业权力交接时创始人和继任者之间政治资源的差异会导致企业政治关联减弱，并伴随企业绩效降低；继任者顺利继承创始人的政治资源，可以弱化企业易主对传承绩效的消极影响。王扬眉（2018）在研究创始人的社会网络资源时发现，创始人的政府网络资源和产业网络资源为继任者在接班阶段提供了诸多便利条件，为传承铺平道路。刘林（2016）的实证研究发现民营企业的政治关联能促进企业充分履行社会责任，而企业家拥有政治资源的市场绩效优于那些企业家缺乏政治资源的企业。赵晶等（2016）通过实验研究发现两代领导人之间社会资本的差异化能够显著削弱正在传承的企业的创新能力。陈建林等（2021）以2007—2016年上市家族企业为样本，通过实证研究发现创始人的政治关联会缓解权威式治理及代际传承对创新能力的消极影响。

基于上述分析，本书提出以下假设：

H3：资源烙印衰退与企业绩效显著相关；

H3a：资源烙印衰退会降低任务绩效；

H3b：资源烙印衰退会降低关系绩效；

H3c：资源烙印衰退会降低创新绩效。

4）文化烙印与企业绩效

胡玮玮（2014）将价值观视为隐性知识中体现个体信念的要素，其差异化的根源在于个体成长背景、教育程度、社会化经历的不同，这也是双方价值观和理念产生分歧的主要原因，它会对家族企业的成长产生巨大的不利影响。于树江等（2021）认为家族文化是一个家族企业区别于其他家族企业的很重要的因素,与各类管理机制相对健全的国有企业、外资企业相比,家族企业的发展更依赖家族文化,家族企业的持续发展除了依靠物质财富推动转型升级外,作为物质载体的家族文化也至关重要。Corbetta等(1999)指出企业创始人在对潜在继任对象进行培养和筛选的过程中,会带有倾向性地向继任者传递利于企业世代延续和基业长青的价值观,双方价值观的延续可以使企业在各个生命周期的使命与愿景具有一致性。梁强等(2020)提出家族逻辑属于企业文化范畴,是家族成员集体的一致性文化认知,能够通过家族涉入的方式渗透进组织并影响其行为。

基于上述分析,本书提出以下假设:

H4:文化烙印衰退与企业绩效显著相关;

H4a:文化烙印衰退会降低任务绩效;

H4b:文化烙印衰退会降低关系绩效;

H4c:文化烙印衰退会降低创新绩效。

(2)调节效应的假设

1)跨代创业在认知烙印与企业绩效之间的调节效应

Granovetter(1985)认为跨代创业不是一个简单的个体行为,不可能脱离代际关系,必然会受到交接班人之间互动关系的影响。王扬眉(2018)指出家族继任者是跨代创业的带头人,其创业动机与创业能力是保证家族企业转型升级和永续经营的关键所在。Busenitz(1997)关于企业家精神的研究表明,经验在创业过程中起着关键作用,在某种程度上,经验既会影响个人识别机会的能力,也会影响其评估、选择、最终实施行为的能力。杨俊等(2011)发现创业者的行业经验与当前行业关联度越强,创业者的创新行为对企业绩效的作用越大。Plehn-Dujowich(2009)指出当创始人给予继任者更多的社会经历和成长机会时,家族企业继任者会表现出更多的创业行为,从而保持不断创新的活力。吴炯等(2021)认为,继任者和创始人可以以目标取向差异、利益导向差异和理性趋向差异为关系协调的起点,通过妥协、协作和顺从方式调节他们面临的认知差异,最终为继任者提供资源、机会、能力和动力优势来推动跨代创业。

基于上述分析,本书提出以下假设:

H5:继任者跨代创业能够调节认知烙印和企业绩效之间的关系;

H5a:继任者跨代创业能够降低认知烙印衰退对任务绩效的负向影响;

H5b:继任者跨代创业能够降低认知烙印衰退对关系绩效的负向影响;

H5c:继任者跨代创业能够加强认知烙印衰退对创新绩效的正向影响。

2)跨代创业在结构烙印与企业绩效之间的调节效应

孙秀峰等(2017)认为代际传承为家族企业转型升级与创新发展提供了良好的机遇,让继任者勇于挑起家族事业重担,这是其接班后进行跨代创业的一大主因。汪祥耀等(2015)对娃哈哈的案例进行研究发现,娃哈哈创始人宗庆后在女儿宗馥莉接班时赋予她充分的信任和权力,"我放手让她自己去锻炼","她管她的,有问题来找我,没问题她自己管"。而事实上,极具独立精神的宗馥莉并未接手娃哈哈的传统饮料业务,而是将工作重点放在积极拓展新领域上,其经营理念和管理方式都与父亲大相径庭,宗庆后关注实业盈利,宗馥莉则更倾向于利用战略变革来促使公司转型与发展。唐琳琳（2009）认为家族企业的代际传承，正是通过代际家族企业家不断的制度创新，在与家族、企业资源交互的过程中传递使命，通过家族内部的权力交接达成愿景，进而实现基业长青。于树江等（2021）提出大多数家族企业谋求借助产业转型突破行业与业务边界，寻找新的经济增长点和发展路径，这不仅是家族企业实现转型升级的一种重要方式和路径，而且是家族企业实现持续成长的重要战略选择。

基于上述分析，本书提出以下假设：

H6：继任者跨代创业能够调节结构烙印和企业绩效之间的关系；

H6a：继任者跨代创业能够加强结构烙印衰退对任务绩效的正向影响；

H6b：继任者跨代创业能够加强结构烙印衰退对关系绩效的正向影响；

H6c：继任者跨代创业能够加强结构烙印衰退对创新绩效的正向影响。

3）跨代创业在资源烙印与企业绩效之间的调节效应

Nordqvist（2013）提出，跨代创业是指家族通过对创业精神的不断诠释与实践，逐代培养和塑造创业企业家及为企业创造额外价值的过程，它是企业重新创造竞争优势、创新转型及实现永续经营的关键。储小平（2013）认为跨代创业有助于家族企业代际传承，它融合了创业与传承两大要素，不仅将企业内外部资源进行协调与重组，而且有助于实现家族世代传承的美好愿望。李新春等（2008）提出组织变革、技术革新、资源重组、网络关系重构及国际化经营等组合创业战略的实施，是保证企业家精神传承与世代可持续发展的重要措施。Lambrecht（2005）将家族企业代际传承总结为永续连贯的线性过程，为实现"终身成长"，创业家族必须顺利将映射创始人特质的资源传递给后代。Baker（2005）阐明了在跨代创业不可预测的情况下，继任者并不能完全按照自身强调的目标导向采取行动，而是需要拼凑手中可获取的创始人资源。

基于上述分析，本书提出以下假设：

H7：继任者跨代创业能够调节资源烙印和企业绩效之间的关系；

H7a：继任者跨代创业能够降低资源烙印衰退对任务绩效的负向影响；

H7b：继任者跨代创业能够降低资源烙印衰退对关系绩效的负向影响；

H7c：继任者跨代创业能够降低资源烙印衰退对创新绩效的负向影响。

4）跨代创业在文化烙印与企业绩效之间的调节效应

Minniti等（2001）指出创业本质上是一个动态学习的过程，学习机制成为优势资源在离继任者间不断转移与传递的重要工具，继任者积极转换文化框架，用创新的视角捕捉创业机会，对家族企业原有业务进行拓展创新，获得创业飞跃。王扬眉等（2020）认为，成功的创业精神教育可以使继任者开展广泛的创业实践活动，帮助继任者参与家族企业内的项目、战略变革及组合创业。Zahra（2005）进一步指出创业可以使那些已经创建并以长期成长为目标的企业保持组织文化的传承能力（Cultural Generative Capability）。朱蓉（2018）通过对京东集团的案例研究发现，经历海外上市后，刘强东反复强调京东的价值观存续和连续创业的企业家精神传承的重要性。陆可晶等（2020）认为跨代创业成长受主辅双重系统影响，其中主系统由家族孕育（家族文化、家族支持）和个人体系（个人权威、个人能力、个人特质）组成，是跨代创业成长的内部保障，辅系统由市场环境和政商关系组成，是跨代创业成长的外部支撑，主辅系统之间相互作用，协调促进创业企业快速成长。窦军生（2008）提出保持家族企业基业长青的基本要义是那些能够提升家族企业核心竞争力的异质性家族文化可以世代相传、生生不息。

基于上述分析，本书提出以下假设：

H8：继任者跨代创业能够调节文化烙印和企业绩效之间的关系；

H8a：继任者跨代创业能够降低文化烙印衰退对任务绩效的负向影响；

H8b：继任者跨代创业能够降低文化烙印衰退对关系绩效的负向影响；

H8c：继任者跨代创业能够降低文化烙印衰退对创新绩效的负向影响。

6.4 数据分析与假设检验

6.4.1 量表质量分析

本章与第5章相同，仍然使用SPSS 18.0统计学软件作为数据运算和检验的工具，在量表测量方面采用标准化的测量工具（5点Likert量表）进行打分，并检验测量条目的效度和信度，其中信度检验是对同一测量条目重复测量所得结果的一致性程度，反映了实际情况的真实性，效度检验能够准确测出测量条目的程度，反映检验结果的有效性。本书采用Cronbach's α系数检验信度，并以大于0.7的信度为标准衡量问卷与数据的可靠性，同时以大于0.5的负荷作为因子分析的前提。

（1）任务绩效

本书采用5个条目测量任务绩效变量的特征。通过探索性因子分析提取特征值大于1的因子，因子旋转采用方差最大正交旋转法。经过因子分析后共提取4个条目（删除条目MP3）并归入一个因子，相关结果如表6-6所示。

表6-6 任务绩效的因子负荷与Cronbach's α系数

条目	因子负荷	方差解释量	Cronbach's α
MP1	0.853	63.757%	0.8081
MP2	0.841		
MP5	0.758		
MP4	0.736		

综合采用KMO检验与巴特利特球形检验进行效度分析，结果显示反映变量任务绩效特征的KMO值为0.826，大于因子负荷系数0.5，巴特利特球形检验结果为0，Cronbach's α系数为0.8081，内部效度较好。

（2）关系绩效

本书采用8个条目测量关系绩效变量的特征。通过探索性因子分析提取特征值大于1的因子，因子旋转采用方差最大正交旋转法。经过因子分析后共提取6个条目（删除条目RP7和RP8）并归入一个因子，相关结果如表6-7所示。

表 6-7 关系绩效的因子负荷与 Cronbach's α 系数

条目	因子负荷	方差解释量	Cronbach's α
RP6	0.812	64.168%	0.8105
RP2	0.793		
RP4	0.775		
RP3	0.754		
RP5	0.743		
RP1	0.737		

综合采用 KMO 检验与巴特利特球形检验进行效度分析，结果显示反映变量关系绩效特征的 KMO 值为 0.831，大于因子负荷系数 0.5，巴特利特球形检验结果为 0，Cronbach's α 系数为 0.8105，内部效度较好。

（3）创新绩效

本书采用 5 个条目测量创新绩效变量的特征。通过探索性因子分析提取特征值大于 1 的因子，因子旋转采用方差最大正交旋转法。经过因子分析后共提取 4 个条目（删除条目 IP1）并归入一个因子，相关结果如表 6-8 所示。

表 6-8 创新绩效的因子负荷与 Cronbach's α 系数

条目	因子负荷	方差解释量	Cronbach's α
IP4	0.783	66.317%	0.7185
IP2	0.755		
IP3	0.722		
IP5	0.661		

综合采用 KMO 检验与巴特利特球形检验进行效度分析，结果显示反映变量创新绩效特征的 KMO 值为 0.821，大于因子负荷系数 0.5，巴特利特球形检验结果为 0，Cronbach's α 系数为 0.7185，内部效度较好。

（4）跨代创业

本书采用 4 个条目测量跨代创业变量的特征。通过探索性因子分析提取特征值大于 1 的因子，因子旋转采用方差最大正交旋转法。经过因子分析后发现 4 个条目（无删除条目）均可归入一个因子，相关结果如表 6-9 所示。

表 6-9 跨代创业的因子负荷与 Cronbach's α 系数

条目	因子负荷	方差解释量	Cronbach's α
CGE1	0.821	7.284%	0.8284
CGE2	0.793		
CGE3	0.772		
CGE4	0.718		

综合采用 KMO 检验与巴特利特球形检验进行效度分析，结果显示反映变量跨代创业特征的 KMO 值为 0.802，大于因子负荷系数 0.5，巴特利特球形检验结果为 0，Cronbach's α

系数为 0.8284，内部效度较好。

（5）相关性检验

鉴于品质评估中的量表是在既有量表，或者对既有量表重新修订或调整的基础上采用的，因此需要通过测量变量之间的关系情况，对其内容效度和结构效度做进一步的检验，相关结果如表 6-10 所示。

表 6-10 研究变量的相关性交互分析与数据质量统计值

类别	认知烙印	结构烙印	资源烙印	文化烙印	任务绩效	关系绩效	创新绩效	跨代创业
认知烙印	—							
结构烙印	-0.329**	—						
资源烙印	-0.328**	0.222*	—					
文化烙印	-0.315*	0.307*	0.476**	—				
任务绩效	-0.359**	0.134	0.286*	0.365**	—			
关系绩效	0.425**	0.314*	0.503**	0.507**	0.513**	—		
创新绩效	0.359**	0.243*	0.262*	0.241*	0.436**	0.329**	—	
跨代创业	0.468**	0.268*	0.271*	0.311**	0.532**	0.328**	0.445**	—
均值	4.053	4.517	4.682	4.763	4.125	4.622	4.174	4.621
标准差	1.160	0.982	0.991	0.942	0.977	0.673	1.248	0.625

注：* 为 $P<0.05$，** 为 $P<0.01$。

从上述分析结果看，交互变量之间的相关系数均低于各自的信度值，并且每个特征值大于 1 的因子对其测量条目异化的解释值均高于其他因子异化的解释值。因此，可认为本章的各个测量量表均具有较高的内部一致性。

6.4.2 研究假设检验

（1）自变量与因变量的关系检验

以企业绩效 3 个维度为被解释变量，通过强制回归法将创始人烙印的 4 个维度与相关控制变量放入回归模型检验直接效应，并采用最大似然估计法进行估计，创始人烙印演变对企业绩效影响的回归分析结果如表 6-11 所示。

表 6-11 创始人烙印演变对企业绩效影响的回归分析结果

类别		因变量		
		任务绩效	关系绩效	创新绩效
常数项		0.078 （1.054）	0.034 （0.349）	0.106 （1.014）
自变量	认知烙印	0.235 （1.815）*	0.220 （1.721）*	-0.211 （-0.207）*
	结构烙印	-0.267 （-2.421）**	-0.211 （-0.207）*	-0.167 （-0.716）*
	资源烙印	0.267 （2.421）**	0.186 （1.799）*	0.125 （0.175）
	文化烙印	0.154 （0.011）	0.136 （1.784）*	0.125 （0.175）

续表

类别		因变量		
		任务绩效	关系绩效	创新绩效
控制变量	企业规模	0.186 (1.799)*	0.014 (0.219)	−0.019 (0.231)
	行业	0.045 (0.507)	0.004 (0.073)	0.016 (0.021)
	继任者角色	0.198 (1.877)*	0.183 (2.026)*	0.205 (1.837)
	企业存续期	0.016 (0.205)	0.101 (1.008)	0.056 (0.359)
R^2		0.519	0.627	0.648
$AdjR^2$		0.492	0.566	0.593
F 值		16.156	15.618	14.369
DW 值		1.934	2.046	2.453

注：除常数项为非标准化系数外，上述变量的系数均为标准化 Beta 系数，括号内是 t 双尾检验的绝对值，***、**、* 分别表示在 0.01、0.5 和 0.1 的水平上显著。

表 6-11 中 R^2 与 $AdjR^2$ 的结果表明了 3 个回归模型的精度较高，具有较好的解释力，F 值的结果表明回归模型整体有较强的显著性，而 DW 值的结果表明残差项不存在显著的自回归。在放入控制变量后，创始人烙印的 4 个维度对企业绩效均有较为显著的影响，并且对任务绩效、关系绩效的影响更为显著，对创新绩效的影响次之。

基于上表中创始人烙印对企业绩效的直接效应检验不难看出，认知烙印方面的回归结果支持了 H1 下的全部假设，这意味着创始人的管理经验、思维模式和行为范式是经过艰苦创业和治理企业而获得的宝贵财富，对企业发展有着长期的积极影响，但是由于创始人存在思维固化和保守的可能，不利于企业创新。结构烙印方面的回归结果支持了 H2 下的全部假设，这说明当企业为了适应外部竞争环境和内部治理需要而触发组织变革以致创始人的结构烙印发生衰退时，企业自身的管理架构正经历一种良性"蜕变"，这对企业的持续发展无疑是必需的和有利的。资源烙印方面的分析结果支持了 H3a 和 H3b，拒绝了 H3c，这意味着创始人的内外部资源是企业的核心竞争力，是企业持续经营的关键要素，但未必是企业愿意破旧与创新的动力。文化烙印方面的分析结果仅支持了 H4b，拒绝了 H4a 和 H4c，这说明在短期内企业文化的变化可以较快改变企业氛围和员工的关系，但是对经营业绩和创新的影响却是漫长的过程。

（2）调节效应的检验

检验完自变量与因变量的关系后，检验自变量、调节变量和因变量的关系，采用强制回归法对其进行回归分析，并采用最大似然估计法进行估计。跨代创业调节作用的回归分析结果如表 6-12 所示。

表 6-12 跨代创业调节作用的回归分析结果

类别		因变量		
		任务绩效	关系绩效	创新绩效
常数项		0.375 (0.598)	0.762 (1.132)	0.215 (0.276)
自变量	认知烙印	0.163 (1.547)*	0.246 (2.438)*	-0.224 (-1.713)*
	结构烙印	-0.324 (-3.702)***	-0.246 (-2.438)*	-0.224 (-2.125)**
	资源烙印	0.451 (4.598)***	0.173 (1.188)*	0.048 (0.069)
	文化烙印	0.076 (0.013)	0.163 (1.547)*	0.125 (0.175)
跨代创业		0.235 (2.498)**	0.163 (1.547)	0.288 (2.513)**
交叉影响	认知烙印 × 跨代创业	0.136 (1.784)*	0.114 (1.839)*	0.105 (1.702)*
	结构烙印 × 跨代创业	0.211 (1.876)*	0.292 (2.553)**	0.221 (2.201)**
	资源烙印 × 跨代创业	0.298 (2.787)***	0.201 (1.975)**	0.066 (0.089)
	文化烙印 × 跨代创业	0.026 (0.093)	0.347 (2.581)***	0.087 (0.088)
控制变量	企业规模	0.179 (1.689)*	0.050 (0.074)	0.087 (0.898)
	行业	0.009 (0.013)	0.026 (0.093)	0.037 (0.455)
	继任者角色	0.379 (3.612)***	0.355 (4.641)***	0.141 (1.138)
	企业存续期	0.059 (1.177)	0.119 (1.224)	0.006 (0.008)
R^2		0.301	0.403	0.491
$AdjR^2$		0.299	0.326	0.421
F 值		13.863	12.298	17.641
DW 值		1.983	2.051	2.749

注：除常数项为非标准化系数外，上述变量的系数均为标准化 Beta 系数，括号内是 t 双尾检验的绝对值，***、**、* 分别表示在 0.01、0.5 和 0.1 的水平上显著。

上表中 R^2 与 $AdjR^2$ 的结果表明了 3 个回归模型的精度较高，具有较好的解释力，F 值的结果表明回归模型整体有较强的显著性，而 DW 值的结果表明残差项不存在显著的自回归。在放入控制变量后，创始人烙印的 4 个维度在跨代创业的调节作用下对企业绩效的影响较为显著。

根据上述回归结果，认知烙印 × 跨代创业和结构烙印 × 跨代创业两个交叉项均显著，验证了 H5 和 H6 的全部假设；资源烙印 × 跨代创业交叉项对任务绩效和关系绩效显著，对创新绩效不显著，验证了 H7a 和 H7b，拒绝了 H7c；文化烙印 × 跨代创业交叉项仅对关系绩效显著，对任务绩效和创新绩效不显著，验证了 H8b，拒绝了 H8a 和 H8c。

6.5 研究发现与讨论

本章基于第 5 章的分析结果，在研究传承情境对创始人烙印演变的实证研究的基础上，以创始人烙印演变为解释变量，以企业传承效果中的任务绩效体现接班后企业的市场发展与竞争状态，以关系绩效体现接班后个体关系与组织工作场景的改变，以创新绩效体现接班后企业从经营管理各个层面进行的创造和革新，并探讨了创始人烙印变化、跨代创业与企业绩效三者间的联系。研究发现创始人烙印变化与家族企业传承绩效间有显著关联，继任后的关系绩效中，认知烙印、结构烙印、资源烙印和文化烙印的变化均对其显著相关，而除文化烙印之外的其他烙印变量均与任务绩效显著相关，创始人烙印变化与创新绩效之间的关联相对较弱，只有结构烙印和资源烙印与其显著相关，跨代创业在创始人烙印演变与企业传承效果之间也发挥了显著的调节效应。

研究结论表明，认知烙印、结构烙印的变化与企业绩效关系最为密切，这说明一旦企业的系统思维、行为风格等发生重大转变，在短时间内企业会难以适应从而影响业务和人际关系等层面的绩效，但是这种转变有利于产生某些创新因素，有利于继任者进行变革，同理，企业结构烙印的变化是为了适应外部竞争环境和内部业务流程再造等而进行的改变，因此从长期来看对企业绩效是有利的。资源烙印对任务绩效和关系绩效显著，对创新绩效不显著，可以认为创始人资源是企业长期发展的保障，但是未必可以成为继任者创新的动力，即继任者需要根据自身需要拓展或放弃某些"不合时宜"的资源。文化烙印仅对关系绩效显著，而对任务绩效和创新绩效均不显著，反映了传承后企业文化对企业绩效的滞后影响。跨代创业作为调节变量在认知烙印与结构烙印对企业绩效的关系中发挥了显著的调节效应，但是在资源烙印对创新绩效及文化烙印对任务绩效和创新绩效中不显著，说明了继任者开展跨代创业对传承后的企业取得长期效益有一定的作用。

6.6 本章小结

本章主要从实证方法的角度分 5 步研究了浙江家族企业传承后创始人何种烙印对企业绩效具有显著影响：第一步，选取和测量实证分析所需变量，其中创始人烙印使用认知烙印、结构烙印、资源烙印和文化烙印 4 个维度，企业绩效包括任务绩效、关系绩效与创新绩效，将跨代创业设为调节变量，将企业规模、行业、继任者角色和企业存续期设为控制变量；第二步，采集各个变量的测量条目；第三步，构建变量关系模型并提出研究假设；第四步，进行量表质量分析，通过因子分析与相关性分析对测量条目的效度和信度进行检验；第五步，采用回归分析法进行假设检验并分析结果、展开讨论。

7 结论、不足与展望

在现有研究中已经有部分学者关注到个体方面的烙印作用，但是对创始人烙印还没有系统性的研究和明确的界定。在创业研究领域，研究者们往往从单一的表象角度解释创始人在企业创立初期的战略蓝图，并在管理实践中逐步被锁定，其被固化后留存于企业中。在当前的烙印理论体系中，这些尚未在理论层面得到足够关注和系统性的研究应用。本书基于代际传承的视角，运用烙印理论、组织变革理论和家族创业理论，通过跨案例研究、理论推演与实证研究等方法，研究了浙江家族企业基于代际传承的创始人烙印演变机制，以及创始人烙印演变后对家族企业传承效果的影响，从而得出了一些较有意义的结论。

7.1 主要结论

通过总结当前对家族企业创始人烙印的研究可以发现，其只关注家族企业创始人烙印起源的影响因素及烙印形成过程的研究，而忽略了两个问题：一是创始人烙印形成之后，后续在企业经历特殊时期（如代际传承）时是否会发生变化，导致这些变化的原因有哪些，影响创始人烙印演变机制的理论框架如何构建，其分阶段的演变路径又是如何形成的；二是创始人烙印演变的结果是如何影响家族企业代际传承效果的，针对此局限性，本书根据第 1 章研究目标和研究内容的设定，紧紧围绕"传承情境—隐性知识转移—创始人烙印演变""创始人烙印演变—跨代创业—传承效果"的关系及内在机制，综合运用跨案例研究、理论推演与实证研究的方法，最终得出如下结论。

（1）通过理论研究发现，家族企业代际传承过程中创始人烙印的演变是分阶段的，在渐变期主要是资源烙印和文化烙印发生小幅衰退，认知烙印和结构烙印基本稳定，在剧变期主要是认知烙印和结构烙印会发生大幅衰退，资源烙印和文化烙印发生小幅衰退，在质变期认知烙印、结构烙印、资源烙印和文化烙印均有大幅衰退，且随着继任者执掌企业后对企业施加的影响逐渐增大，企业将会出现新的烙印。

（2）家族企业代际传承过程中的代际冲突、组织变革和创始人帮扶均会对创始人烙印演变产生影响，有效的隐性知识转移对创始人烙印有着明显的维持作用。

传承双方的代际冲突越大，创始人烙印衰退越快，良好的隐性知识转移则有助于创始人认知烙印、资源烙印和文化烙印的维持。企业在代际传承过程中发生的组织变革越剧烈，创始人烙印衰退速度越快，并且部分依赖隐性知识转移降低认知烙印、资源烙印和文化烙印衰退的程度。创始人对继任者在接班方面的帮助有利于认知烙印、资源烙印和文化烙印的维持，并部分依赖隐性知识转移提升认知烙印和文化烙印的持续性，而对资源烙印而言隐性知识转移发挥了完全中介效应。对结构烙印而言隐性知识转移对其作用不大，它只依赖代际冲突和组织变革的影响。

（3）创始人烙印演变对企业传承后的绩效有着显著影响，继任者的跨代创业发挥了显著的调节效应。

创始人结构烙印的衰退对提高家族企业传承绩效的贡献最大，足见结构烙印变化对家族企业传承的重要性，认知烙印的变化对传承绩效的各个维度也均有显著影响，资源烙印的维持对任务绩效和关系绩效均有显著影响，但对创新绩效作用不大，而文化烙印的维持仅对关系绩效有显著影响。继任者跨代创业在认知烙印、结构烙印和资源烙印的变化对企业传承绩效的影响中起显著的调节作用，但仅在文化烙印的变化对关系绩效的影响中起显著的调节作用，而对任务绩效和创新绩效作用不大。

7.2 理论贡献和管理启示

本书以代际传承和烙印理论为主要理论基础，以企业新老领导交替为具体的研究情境，并综合跨案例研究、理论推演与实证研究等方法，以过程观为视角，研究了基于浙江家族企业代际传承的创始人烙印演变机制，研究成果具有一定的学术贡献与实际应用价值。

7.2.1 理论贡献

（1）提出了基于家族企业代际传承的创始人烙印三阶段演变机制的理论框架

通过归纳 Handler（1990）的四阶段家族企业传承模型和 Stavrou（1998）的三阶段家族企业传承模型等经典传承模型，提取相关传承要素，将家族企业的代际传承分为传承准备阶段、传承进行阶段、传承完成阶段，并结合敏感期的含义，提出了与家族企业的代际传承相对应的三个创始人烙印演变阶段，分别为渐变期、剧变期和质变期，从而提出了基于家族企业代际传承的创始人烙印三阶段演变机制的理论框架，为后文的研究做好了铺垫，也为未来在该领域的学术研究提供了一定的指导。

（2）展现了基于家族企业代际传承的创始人烙印演变路径及其对传承效果的影响

首先，从创始人烙印自身特征与构成维度的研究出发，通过研究家族企业代际传承中的敏感期，以代际传承过程为背景，分析了传承情境对创始人烙印在3个演变阶段的影响机制。其次，系统研究了3个阶段中创始人烙印演变的程度。最后，研究创始人烙印演变对家族企业传承效果的影响，丰富了家族企业战略管理与组织烙印领域的研究成果，弥补了学术界过于关注创始人烙印的起源与形成而对后续演变机制研究不足的问题。

（3）通过创始人烙印演变的研究为代际传承过程中某些现象做出了新的解释

在揭示创始人烙印在家族企业代际传承各个阶段的演变机制的过程中，通过理论推演发现了一些新现象，解释了为什么在代际传承过程中创始人认知烙印、结构烙印、资源烙印和文化烙印是分阶段演变的，为什么顺利的隐性知识转移会对创始人烙印起维持作用，创始人烙印为什么会随着代际传承阶段的推进逐渐衰退，而且结构烙印衰退的速度最快。

7.2.2 管理启示

本书相关研究对家族企业代际有效传承和创始人烙印管理具有一定的启示。

（1）做好代际传承过程中创始人和继任者的冲突管理

从思想理念上，要关注社会性因素对代际关系的影响。培育企业文化价值观，起到增强他人认同或减少行为的不确定性作用，从而减少继任者与创始人在传承过程中出现的各种代际冲突。比如，将"理解""奉献""共赢"等价值观纳入企业文化建设，不仅可以减少继任者与创始人在传承过程中的动机分歧，而且能更好地维护他们在传承过程中的协作关系。从行为治理上，要认识到信任、规范和权威对协调代际关系的意义。在重复发生相互关系的情势下，信任、规范和权威使创始人和继任者之间更愿意分享而增进相互了解，从而增加关系价值。比如，在家族企业传承过程中，创始人可以通过安排继任者在企业关键岗位、携其参加公众活动等方式来提升继任者与其之间的互动频率，从而引导双方增强互信互助，进而减少代际冲突的产生。

（2）支持继任者跨代创业并给予最大程度的帮扶

家族企业代际传承并不是简单地把位子传给下一代，还关系到资源、机会、能力和动力等方面的同步转移。比如，创始人的创新、勤奋及坚持等企业家精神是支撑继任者开展持续跨代创业必备的素养，因此可以通过为继任者配备"辅政大臣"的方式来培养继任者创新、勤奋及坚持等方面的企业家精神，从而有效确保各项创业决策高质量制定和执行。在家族企业原有业务不受影响的前提下，家族可以提供全方位的资源鼓励与支持继任者开展创业活动，并允许其犯错，甚至是创业失败。如果继任者具有创业动机，那么创始人就应该鼓励继任者运用知识去追求创业机会，同时保护他们免受日常管理的困扰，这是创始人烙印能否持续甚至扩大的关键。

（3）加强家族企业隐性知识转移的效果

家族企业需要对创始人隐性知识的有效转移进行整体规划与控制实施。创始人应该在传承计划中嵌入隐性知识转移的规划以提高隐性知识代际传承的效率和效果。在控制实施方面，家族可以采取制度化与非制度化相结合的方式推进隐性知识的代际传承进程，其中企业文化、价值观、使命与愿景等隐性知识要素可以通过制定规则性的条目形成制度化、规范化的机制，而创始人管理经验、企业家精神、关系网络等则可通过认知和行为的内化形成非制度化的环境。同时，创始人应明确不同传承阶段隐性知识的转移要素，并处理好代际及家族成员之间的和谐关系，增进互信与良性互动，从而促进企业家隐性知识传承的顺利进行。

7.3 不足之处和研究展望

本书一方面在理论上对家族企业代际传承的敏感期及创始人烙印的演变路径和影响机制进行了深入研究，在此基础上进一步分析了创始人烙印演变的结果对传承效果的影响，并对家族企业创始人在代际传承过程中如何做好烙印管理及处理好传承情境中的相关因素，提供了一定意义上的借鉴与参考。但是仍然存在如下三方面的不足之处，以期未来研究能继续丰富与完善。

（1）样本数量偏少且有地域限制

在样本数量方面，除探索性案例研究访谈了6家典型企业外，本书实证研究的样本为126个，数量相对偏少，可能会造成研究结论代表性不足，主要原因有两个。一是对样本要求较高。由于本书需要研究创始人烙印演变对家族企业传承效果的影响，因此样本必须是代际传承已经全部完成的家族企业，但是当前浙江省内二代正式接班的家族企业数量较少，问卷调查的企业中大多数都是传承进行中或尚未传承的家族企业，导致样本数相对偏少。二是时间和人力物力有限，很难通过问卷调查的方式短时间内大范围地获取企业数据。在地域性方面，本书主要以浙江家族企业为研究对象，主要是考虑到浙江是民营经济较为发达的省份，研究其家族企业的传承与创始人烙印演变具有一定的代表性。鉴于此，建议后续研究者可以在研究资源允许的情况下扩大地域研究范围，可综合其他民营经济较为发达的省份开展大样本研究，以期获得更为准确和效度更高的结论。

（2）缺乏每个传承阶段中传承情境对创始人烙印演变影响的实证研究

本书的理论基础是基于代际传承的创始人烙印三阶段演变机制，具体研究了代际传承3个阶段中传承情境的3个因素的不同变化程度对创始人烙印的影响，从而发现由于每个传承阶段传承情境3个因素的差异和发生演变的创始人烙印自身特性的差别，每个阶段创始人烙印的演变程度和演变方向也各有其特征和规律，甚至可能产生新的烙印。但是该理论框架需要非常长时间跨度的研究才能进行实证检验，原因在于需要找到尚未发生传承的家族企业，还要对这些企业进行长期跟踪与观察，并在每个阶段结束时获取数据并得出结论，而本书的实证研究是在传承结束后获取数据，即在第三个阶段结束后得到结论。长期跟踪调查进行实证研究有两个难点：一是获取大量的尚未发生传承的家族企业数据有难度；二是长期跟踪意味着需要较长时间跨度的研究，同时追踪大样本数据需要花费大量的时间与精力。基于此，在上述两点难以克服的情况下，建议后续研究者可以采用案例研究的方案，以若干国内典型家族企业为研究对象，进行长期跟踪研究，可以从个体视角审视创始人烙印演变各个阶段的微观特征。

（3）数据的相对静态性

Marquis等（2013）认为绩效是烙印远端表现的一个因素，可以认为创始人烙印演变对家族企业的传承绩效并非短期影响，因此需要获取家族企业传承结束后企业绩效的长期动态数据。但是，由于本书采用问卷调查的方法取得的绩效数据属于静态数据，只能反映创始人烙印演变对家族企业传承绩效的短期影响，从结果上看表现为解释变量与被解释变量之间的线性关系，因此建议后续研究者可以在获取反映传承结束后企业绩效表现的历史数据的基础上，进行长期动态的研究，并检验是否存在"U形"或"倒U形"等非线性关系。

7.4　本章小结

本章作为全书的结束部分总结了主要结论，对本书的理论创新进行了提炼与归纳，在综合了理论分析和实证研究成果的基础上，对家族企业在传承过程中如何进行有效的创始人烙印管理进行启示性分析，最后就本书现有研究的不足之处进行概括并展望后续的研究方向。

附录一 探索性案例研究企业访谈提纲

一、请简要描述贵公司的基本情况和发展历程

1. 贵公司成立于何时？目前员工总数是多少？
2. 贵公司的主营业务是什么？所属行业概况怎样？
3. 贵公司的存续期多长？目前处于公司生命周期的哪个阶段？
4. 贵公司在发展过程中有没有发生剧烈动荡或危机？如有，发生在何时？

二、请谈谈贵公司是如何开展代际传承的（代际传承从选择继任者开始到创始人退出公司为止）

1. 贵公司是否有详细的传承计划（包括接班前对继承人的培养、接班后的工作安排等）？
2. 继任者从进入公司到正式接班结束大概经历了多长时间？大致分为几个阶段？
3. 在代际传承过程中创始人给予了继任者哪些帮助？
4. 在代际传承过程中公司隐性知识（公司价值观、企业家精神、管理经验等）转移情况如何？
5. 在接班过程中，继任者和创始人是如何进行冲突管理的（请举典型例子说明）？
6. 继任者是否有跨代创业行为？如有，具体是如何开展的？

三、请介绍一下贵公司在代际传承过程中发生的组织变革情况

1. 公司的高管团队、家族股权、组织制度是否发生了重大变化？如有，请详细说明。
2. 公司战略是否发生了重要变化？如有，请详细说明。
3. 公司的业务范围、经营模式等是否有重大变化？

四、请谈谈在代际传承过程中创始人烙印发生了何种变化

1. 公司的行为准则、思维模式、行事风格等发生了何种变化？
2. 公司的业务流程、工作规范、集权化程度、决策程序等发生了何种变化？
3. 公司的内部和外部关系网络发生了何种变化？
4. 公司的价值观、愿景等发生了何种变化？

五、请谈谈在代际传承后公司在绩效方面发生的变化

1. 公司市场占有率、销售增长率、利润增长率等财务指标是否有明显变化?
2. 公司的员工关系、工作氛围是否有明显变化?
3. 公司在技术、服务、产品等方面是否有较大创新?

附录二 创始人烙印演变与浙江家族企业传承调查问卷

尊敬的先生/女士：

您好！非常感谢您在百忙之中参加本次问卷调查。浙江的民营企业多数以家族企业的形式存在，家族企业是我国改革开放后逐步兴盛起来的企业模式，经过30多年的发展，目前大多数浙江家族企业都面临代际传承的问题，在家族企业的传承过程中，随着继任者的掌权和创始人的退出，创始人在企业留下的烙印会发生变化，这种变化对企业的发展有着深刻的影响。本次调查的目的就是要了解浙江家族企业在传承过程中创始人烙印受哪些因素的影响，创始人烙印的变化又会对家族企业的传承效果带来何种影响。问卷不记名，请您根据自己的真实想法独立完成这份问卷，并尽可能回答所有问题，问卷的部分内容会涉及您企业的内部问题，我们保证对您填写的内容严格保密，谢谢！

※ 若您的企业尚未发生传承或传承未结束，则无须参加本次问卷调查。

※ 创始人烙印：在短暂的敏感期间，组织出现反映创始人突出特性的特征，尽管后续时期出现了明显的环境变化，但这些特征仍然存在。

- 调查对象
  1. 家族企业现任的经营管理者、家族企业的相关利益者。
  2. 问卷中大部分问题需要由家族企业的相关利益者回答，会在问卷中特别说明。
- 回答方法
  1. 如果没有特别的提示，请在相应的选项打钩（√），或者在相应的横线上直接填上自己的意见。
  2. 完成问卷后请当场密封，交回到调查员手中。

第一部分　背景信息

本部分内容旨在了解您与上一代创始人的个人信息,以及您公司的一些基本情况。

请在符合您个人或公司情况的相应选项编号上打钩(√),或者在横线上方填上答案。

1. 您的性别:_____
   A. 男　　　　　　　　B. 女

2. 您的年龄:_____
   A. 30 岁及以下　　　　B. 31～35 岁　　　　C. 36～40 岁
   D. 41～45 岁　　　　　E. 45 岁以上

3. 您受教育的程度:_____
   A. 大学以下　　　　　B. 大学(本科与专科)
   C. 研究生(硕士与博士)

4. 您前任接受教育的程度:_____
   A. 大学以下　　　　　B. 大学(本科与专科)
   C. 研究生(硕士与博士)

5. 您的专业(以最后学历为准):_____
   A. 经济学　　　　　　B. 管理学　　　　　　C. 法学
   D. 医学　　　　　　　E. 教育学　　　　　　F. 文学
   G. 工学　　　　　　　H. 理学　　　　　　　I. 其他

6. 贵公司历经了几代传承:_____
   A. 一代　　　　　　　B 二代
   C. 三代　　　　　　　D. 三代以上

7. 您现在公司中的职位:_____
   A. 董事长　　　　　　B. 董事长兼总经理
   C. 其他

8. 您是否属于公司的家族内部成员:_____
   A. 是　　　　　　　　B. 否

9. 贵公司目前所属的行业:_____
   A. 农业　　　　　　　　　B. 制造业　　　　　　C. 交通运输业
   D. 建筑业(含建材业)　　E. 批发和零售业　　　F. 纺织服装业
   G. 房地产业　　　　　　　H. 住宿和餐饮业　　　I. 居民服务和其他服务业
   J. 教育　　　　　　　　　K. 其他　　　　　　　L. 卫生和社会福利业
   M. 体育和娱乐业

10. 贵公司目前的员工数：_____
    A.50 人及以下　　　　B.51 ~ 100 人　　　　C.101 ~ 500 人
    D.501 ~ 1000 人　　　E.1000 人以上

11. 贵公司的注册形式：_____
    A. 合伙企业　　　　　B. 有限责任公司　　　C. 股份有限公司
    D. 其他

12. 贵公司的创业发起人是：_____
    A. 企业主本人　　　　B. 企业主兄弟姐妹　　C. 企业主与其长辈
    D. 企业主夫妻　　　　E. 企业主与亲戚朋友　F. 其他

13. 贵公司的存续期间有多久：_____
    A.5 年及以下　　　　 B.6 ~ 10 年　　　　　C.11 ~ 15 年
    D.16 ~ 20 年　　　　 E.20 年以上

14. 贵公司在成立之初家族拥有企业的股份：_____
    A.20% 以下　　　　　B.20% ~ 50%　　　　　C.51% ~ 80%
    D.81% ~ 100%（不包括 100%）　　　　　　　 E.100%

15. 贵公司在传承结束后家族拥有企业的股份：_____
    A.20% 以下　　　　　B.20% ~ 50%　　　　　C.51% ~ 80%
    D.81% ~ 100%（不包括 100%）　　　　　　　 E.100%

16. 您认为贵公司现在所处的生命周期阶段：_____
    A. 创业阶段 (产品或服务尚未最终定型，处于探索中)
    B. 发展阶段 (产品和服务基本确定，效益和形象不断提升)
    C. 成熟阶段 (企业有固定的产品和服务，处于稳定的生产和销售之中)
    D. 衰退阶段 (企业产品和服务相对萎缩，效益下滑)

第二部分　创始人烙印演变的影响因素

本部分内容旨在了解贵公司代际传承中创始人烙印演变受哪些因素的影响，这部分内容有些题项需要前任企业家回答。

一、下面是关于浙江家族企业创始人烙印演变直接影响因素的描述，请根据本企业的实际情况和您的切身感受，判断在代际传承结束后，它们在多大程度上影响了贵公司创始人烙印的变化，并在对应数字上打"√"（①＝非常不同意/完全不准确；②＝不同意/不准确；③＝不确定/一般；④＝同意/准确；⑤＝非常同意/完全准确）。

维度	序号	题项或描述	非常不同意/完全不准确				非常同意/完全准确
代际冲突	1	创始人对继任者接班有过不放心和犹豫	①	②	③	④	⑤
	2	继任者面临接班有过信心不足或不感兴趣	①	②	③	④	⑤
	3	创始人和继任者对企业目标和愿景的看法存在差异	①	②	③	④	⑤
	4	创始人和继任者的管理理念和方法有较大不同	①	②	③	④	⑤
	5	创始人和继任者对是否改变企业战略存在分歧	①	②	③	④	⑤
	6	创始人和继任者的价值观和对事物的认知有较大差异	①	②	③	④	⑤
	7	创始人和继任者缺乏情感交流和互动	①	②	③	④	⑤
组织变革	8	企业层面的业务组合发生较大变化	①	②	③	④	⑤
	9	企业较大程度改变了发展方向	①	②	③	④	⑤
	10	企业对特定产品的决策或市场领域竞争决策发生改变	①	②	③	④	⑤
	11	公司多元化水平发生改变	①	②	③	④	⑤
	12	企业各个业务系统、治理结构有较大调整	①	②	③	④	⑤
	13	高层管理者/创始团队发生较大调整	①	②	③	④	⑤
	14	家族控制权发生较大变化	①	②	③	④	⑤
	15	企业规则、惯例发生较大变化	①	②	③	④	⑤
	16	业务流程、项目管理重构	①	②	③	④	⑤
	17	改革员工工资、福利体系	①	②	③	④	⑤
	18	改革员工休假制度	①	②	③	④	⑤
创始人帮扶	19	注重培养继任者的战略布局能力	①	②	③	④	⑤
	20	注重培养继任者的自我学习能力	①	②	③	④	⑤
	21	注重培养继任者的抗挫折能力	①	②	③	④	⑤
	22	注重培养继任者的沟通协调能力	①	②	③	④	⑤

续表

维度	序号	题项或描述	非常不同意/完全不准确 ←……→ 非常同意/完全准确				
创始人帮扶	23	注重培养继任者的活动组织能力	①	②	③	④	⑤
	24	创始人在日常工作中向继任者灌输企业价值观	①	②	③	④	⑤
	25	创始人加强继任者对企业文化和愿景的认同感	①	②	③	④	⑤
	26	创始人全力帮助继任者尽早适应企业环境	①	②	③	④	⑤
	27	创始人帮助继任者参与企业的商业活动	①	②	③	④	⑤
	28	创始人将自己的社会关系网络引荐给继任者	①	②	③	④	⑤

二、下面是关于代际传承过程中隐性知识转移的描述，请根据您的切身感受，判断隐性知识转移的效果，并在对应数字上打"√"（①＝非常不同意/完全不准确；②＝不同意/不准确；③＝不确定/一般；④＝同意/准确；⑤＝非常同意/完全准确）。

序号	隐性知识转移	非常不同意/完全不准确 ←……→ 非常同意/完全准确				
1	继任者决定保留创始人传授的隐性知识	①	②	③	④	⑤
2	对隐性知识的应用制度化	①	②	③	④	⑤
3	继任者已经对企业的核心价值观和愿景有了清晰的理解和认同	①	②	③	④	⑤
4	继任者已经完全领悟了创始人的经营理念	①	②	③	④	⑤
5	继任者基本继承了创始人的关系网络	①	②	③	④	⑤
6	继任者基本继承了创始人的企业家精神	①	②	③	④	⑤

三、下面是关于浙江家族企业创始人烙印演变的描述，请根据本企业的实际情况和您的切身感受，判断在代际传承结束后贵公司创始人烙印变化的情况，并在对应数字上打"√"（①＝非常不同意/完全不准确；②＝不同意/不准确；③＝不确定/一般；④＝同意/准确；⑤＝非常同意/完全准确）。

维度	序号	题项或描述	非常不同意/完全不准确 ←……→ 非常同意/完全准确				
认知烙印	1	员工总是根据创始人风格寻找工作中不同的解决方案	①	②	③	④	⑤
	2	员工总是根据创始人思维模式制定工作目标	①	②	③	④	⑤
	3	员工总是根据创始人思维模式制订工作计划	①	②	③	④	⑤
	4	管理层决策风格明显带有创始人的性格特征	①	②	③	④	⑤

续表

维度	序号	题项或描述	非常不同意/完全不准确 ←……→ 非常同意/完全准确				
结构烙印	5	无论事情大小，员工都必须向自己的上级请示	①	②	③	④	⑤
	6	员工即使处理职责范围内的事也要征得上级同意	①	②	③	④	⑤
	7	不允许员工自行处理工作中遇到的特殊情况	①	②	③	④	⑤
	8	公司事务必须有正式的处理流程和书面规定	①	②	③	④	⑤
	9	重大规章制度始终由创始人制定	①	②	③	④	⑤
	10	公司上下必须严格按创始人规定的规章办事	①	②	③	④	⑤
资源烙印	11	企业内部维持之前的密切度	①	②	③	④	⑤
	12	企业内部维持之前的相互信赖	①	②	③	④	⑤
	13	企业内部可以一直提供可靠信息	①	②	③	④	⑤
	14	企业内部维持之前的知识共享系统	①	②	③	④	⑤
	15	经常运用创始人的外部知识解决自身问题	①	②	③	④	⑤
	16	经常与和创始人合作的企业共同解决问题	①	②	③	④	⑤
	17	经常与和创始人合作的企业向彼此提供可靠信息	①	②	③	④	⑤
	18	创始人的政商关系一直得到有效维护	①	②	③	④	⑤
文化烙印	19	企业始终保持创始人营造的环境	①	②	③	④	⑤
	20	员工之间始终维持之前的信任程度	①	②	③	④	⑤
	21	员工之间始终维持之前的交流程度	①	②	③	④	⑤
	22	员工工作始终维持之前的冒险程度	①	②	③	④	⑤
	23	员工工作始终维持之前的自由程度	①	②	③	④	⑤
	24	创始人所提倡的价值观始终得到组织认同	①	②	③	④	⑤
	25	创始人的企业愿景一直被贯彻	①	②	③	④	⑤
	26	创始人的经营哲学一直被沿用	①	②	③	④	⑤

第三部分 企业传承效果的评价

本部分内容旨在了解贵公司在代际传承结束后企业绩效的变化情况。

一、下面是关于家族企业传承后企业绩效的描述，请根据本企业的实际情况和您的切身感受，对下述题项的描述进行判断，并在对应数字上打"√"（①=非常不同意/完全不准确；②=不同意/不准确；③=不确定/一般；④=同意/准确；⑤=非常同意/完全准确）。

维度	序号	题项或描述	非常不同意/完全不准确 ←……→ 非常同意/完全准确				
任务绩效	1	盈利能力稳中有升	①	②	③	④	⑤
	2	营业收入不断增加	①	②	③	④	⑤
	3	竞争能力有所增强	①	②	③	④	⑤
	4	战略目标加快完成	①	②	③	④	⑤
	5	市场份额得以扩展	①	②	③	④	⑤
关系绩效	6	员工的责任感较之前增加	①	②	③	④	⑤
	7	员工的工作热情较之前有所提高	①	②	③	④	⑤
	8	员工更好地遵守规章制度	①	②	③	④	⑤
	9	员工对企业忠诚度较之前增加	①	②	③	④	⑤
	10	企业内部团队合作氛围较之前更浓	①	②	③	④	⑤
	11	企业内部沟通较之前更为顺畅	①	②	③	④	⑤
	12	企业各部门间的联系比以前更加密切	①	②	③	④	⑤
	13	企业关系网络较之前更为稳定	①	②	③	④	⑤
创新绩效	14	与竞争对手相比，研发投入较多	①	②	③	④	⑤
	15	与竞争对手相比，管理流程更有效率并具备创新性	①	②	③	④	⑤
	16	与竞争对手相比，制度建设更为有效并具备创新性	①	②	③	④	⑤
	17	与竞争对手相比，人力资源领域的管理方式更具创新性	①	②	③	④	⑤
	18	与竞争对手相比，市场创新能力更强	①	②	③	④	⑤

二、下面是关于继任者跨代创业的描述，请根据本企业的实际情况和您的切身感受，对下述题项关于跨代创业效果的描述进行判断，并在对应数字上打"√"（① = 非常不同意 / 完全不准确；② = 不同意 / 不准确；③ = 不确定 / 一般；④ = 同意 / 准确；⑤ = 非常同意 / 完全准确）。

序号	跨代创业	非常不同意 / 完全不准确 ←……			非常同意 / 完全准确 →	
1	继任者对主营业务有所拓展	①	②	③	④	⑤
2	继任者投资新领域、新项目	①	②	③	④	⑤
3	继任者成立了新的公司	①	②	③	④	⑤
4	继任者开辟新市场（包括海外市场）	①	②	③	④	⑤

参考文献

[1] AARMENAKIS A, GBEDEIAN A. Organizational change: a review of theory and research in the 1990s[J]. Journal of management, 1999, 25（3）: 293-315.

[2] ALBORT-MORANT G, OGHAZI P. How useful are incubators for new entrepreneurs? [J]. Journal of business research, 2016（7）: 2125-2129.

[3] ALLINSON C W, HAYES J. The cognitive style index: a measure of intuition-analysis for organizational research[J]. Journal of management studies, 1995, 33（1）: 119-135.

[4] ADLER P S. Social capital: prospects for a new concept[J]. Academy of management review, 2002, 27（1）: 17-40.

[5] AMASON A C. Distinguishing the effects of functional and dysfunctional conflict on strategic decision making: resolving a paradox for top management teams[J]. Academy of management journal, 1996, 39（1）: 123-148.

[6] ANDERSON R C, REED D M. Founding -family ownership and firm performance: evidence from the S&P 500[J]. The journal of finance, 2003, 58（3）: 1301-1327.

[7] ANDREW N. Clinical imprinting: the impact of early clinical learning on career long professional development in nursing[J]. Nurse education in practice, 2013, 13（3）: 161.

[8] ANSOFF H I. Corporate management[M]. New York: Mc Graw-Hill, 1965.

[9] ANSOFF H I. Strategic management[M]. New York: John Wiley and Sons, 1979.

[10] ARREGLE J L, BATJARGAL B, HITT M A, et al. Family ties in entrepreneurs' social networks and new venture growth[J].Entrepreneurship theory and practice, 2015, 39（2）: 313-344.

[11] AZOULAY P, LIU C C, STUART T E. Social influence given（partially) deliberate matching: career imprints in the creation of academic entrepreneurs（Working Paper)[C]. Cambridge: Harvard University.

[12] AZOULAY P. Social influence given deliberate matching: career imprints in the creation of academic entrepreneurs[J]. American journal of sociology, 2017, 122（4）: 1223-1271.

[13] BAMFORD C E, DEAN T J, MC DOUGALL P P. An examination of the impact of initial founding conditions and decisions upon the performance of new bank start-ups[J]. Journal of business venturing, 2000, 15（3）: 253-277.

[14] BARACH J A, GANITSKY J B. Successful succession in family business[J]. Family business review, 1995, 8（2）: 131-155.

[15] BARNEY J B. Firm resource and sustained competitive advantage[J] .Journal of management, 1991, 17（1）: 99-120.

[16] BARNES L B, HERSHON S A. Transferring power in the family business[J] .Family business review, 1976, 54（4）: 105-114.

[17] BARON J N, HANNAN M T, BURTON M D. Building the iron cage: determinants of managerial intensity in the early years of organizations[J]. American sociological review, 1999 (64): 527-547.

[18] BECKHAR D R, DYER W, DYER G. Managing change in the family firm-issues and strategies[J]. Sloan management review, 1983, 24 (3): 59-65.

[19] BECKMAN C M, BURTON M D. Founding the future: path dependence in theevolution of top management teams from foundingt OIPO[J]. Organization science, 2008, 19 (1): 3-24.

[20] BECKMAN C M, BURTON M D, O'REILLY C. Early teams: the impact of team demography on vc financing and going public[J]. Journal of business venturing, 2007, 22 (2): 147-173.

[21] BENNEDSEN M, FAN J P H, JIAN M, et al. The family business map: framework, selective survey, and evidence from Chinese family firm succession[J]. Journal of corporate finance, 2015 (33): 212-226.

[22] BENAVIDES-VELASCO C A, QUINTANA-GARCÍA C, GUZMÁN-PARRA V F. Trends in family business research[J]. Small business economics, 2013, 40: 41-57.

[23] BENNER M J, TRIPSAS M. The influence of prior industry affiliation on framing in nascent industries: the evolution of digital cameras[J]. Strategic management journal, 2012, 33 (3): 277-302.

[24] BETTINELLI C, FAYOLLE A, RANDERSON K. Family entrepreneurship: a developing field[J]. Foundations and trends in entrepreneurship, 2014, 10 (3): 161-236.

[25] BOEKER W. Strategic change: the effects of founding and history[J]. Academy of management journal, 1989, 32 (3): 489-515.

[26] BORGATTI S. Organizational initial categorization: imprinting and the mitigation of imprinting[J]. Academy of management proceedings, 2006 (1): 10-58.

[27] BRYANT P. Timprinting by design: the microfoundations of entrepreneurial[J]. Entrepreneurship theory and practice, 2012, 10 (5): 1-22.

[28] BURT. Structural holes: the social structure of Competition [M]. Cambridge, MA: Harvard University Press, 1995.

[29] BUSENITZ L W, LAU C M. A cross-cultural cognitive model of new venture creation[J]. Entrepreneurship theory & practice, 1997, 20 (4): 393-417.

[30] CARNEY M, ZHAO J, ZHU L M. Lean innovation: family firm succession and patenting strategy in a dynamic institutional landscape[J]. Journal of family business strategy, 2018, 3 (5): 423-456.

[31] CARROLL G R, HANNAN M T. The demography of corporations and industries[M]. Princeton, N J: Princeton University Press, 2004.

[32] CARROLL G R, HANNAN M T. Density dependence in the evolution of populations of newspaper organizations[J]. American sociological review, 1989, 54 (4): 524-541.

[33] CHEN C A. Sector imprinting: exploring its impacts on managers' perceived formalized personnel rules, perceived red tape, and current job tenure[J]. American review of public administration, 2010, 42 (3): 320-340.

[34] CHENG Q. Family firm research-a review[J]. China journal of accounting research, 2014, 7: 149-163.

[35] CHIRICO F. Knowledge accumulation in family firms: evidence from four case studies[J]. International small business journal, 2008, 26 (4): 433-462.

[36] CHUA J H, CHRISMAN J J, CHANG E P C. Are family firms born or made? An exploratory investigation[J]. Family business review, 2004, 17 (1): 37-54.

[37] CHUA J H, CHRISMAN J J, SHARMA P. Defining family business by behavior[J]. Entrepreneurship theory and practice, 1999, 23 (1): 19-39.

[38] COOLS E, VAN DEN BROECK H, BOUCKENOOGHE D. The cognitive style indicator: development

and validation of a new measurement instrument[R]. Ghent: Ghent University, Faculty of Economics and Business Administration, 2006.

[39] CORBETTA G, MONTEMERLO D. Ownership, governance, and management issues in small and medium — size family businesses: a comparison of Italy and the United States[J]. Family business review, 1999, 12(4): 361-374.

[40] CROSSAN M M, LANE H W, WHITE R E. An organizational learning framework: from intuition to institution[J]. Academy of management review, 1999, 24(3): 522-537.

[41] CUCCULELLI M, MICUCCI G. Family succession and firm performance: evidence from italian family firms[J]. Journal of corporate finance, 2008, 14(1): 17-31.

[42] DACIN M T, DACIN P A. Traditions as institutionalized practice: implications for deinstitutionalization [M]// GREEN-WOOD R, OLIVER C, SAHLIN K, et al. The SAGE handbook of organizational institutionalism. London: Sage, 2008: 327-351.

[43] DAFT R L, WEICK K E. Toward a model of organizations as interpretation systems[J]. Academy of management review, 1984, 9(2): 23-31.

[44] DAVIS P S, HARVESTON P D. In the founder's shadow: conflict in the family firm[J]. Family business review, 1999, 12(4): 311-323.

[45] DAY W, LIU Y, LIAO M. How does entre-preneurs'socialist imprinting shape their opportuni to selection in transition economies? Evidence from china's privately owned enterprises[J]. International entrepreneurship and management journal, 2018, 14(4): 823-856.

[46] DIMAGGIO J P, POWELL W W. The iron cage revisited: institutional isomorphism and collective rationality in organizational fields[J]. American sociological review, 1983, 16(3): 67-89.

[47] DIMOV D, PABLO MARTIN DE H, HANA M. Learning patterns in venture capital investing innew industries[J]. Industrial and corporate change, 2012, 21(6): 1389-1426.

[48] DISCUA CRUZ A, HOWORTH C, HAMILTON E. Intrafamily entrepreneurship: the formation and membership of family entrepreneurial teams[J]. Entrepreneurship theory and practice, 2013, 37(1): 17-46.

[49] DOBREV S D, GOTSOPOULOS A. Legitimacy vacuum, structural imprinting, and the first mover disadvantage[J]. Academy of management journal, 2010, 53(5): 1153-1174.

[50] DOWELL G, SWAMINATHAN A. Entry timing, exploration, and firm survival in the early us bicycle industry[J]. Strategic management journal, 2006, 27(12): 1159-1182.

[51] DRORI I, ELLIS S, SHAPIRA Z. The evolution of a new industry: a genealogical approach[M]. California: Stanford University Press, 2013: 256-286.

[52] DROZDOW. What is continuity? [J]. Family business review, 1998, 11(4): 337-347.

[53] DURAN P, KAMMERLANDER N, ZELLWEGER T. Doing more with less: innovation input and output in family firms[J]. Academy of management journal, 2016, 59: 1224-1264.

[54] DYCK B, MAUWS M, STARKE F A, et al. Passing the baton: the importance of sequence, timing, technique and communication in executive succession[J]. Journal of business venturing, 2002, 17(2): 143-162.

[55] EISENHARDT K M. Building theories from case study research[J]. Academy of management review, 1989, 14(4): 532-550.

[56] EISENHARDT K M, SCHOONHOVEN C B. Organizational growth: linking founding team, strategy, environment, and growth among U.S. semiconductor ventures, 1978—1988[J]. Administrative science quarterly, 1990, 35(3): 29-504.

[57] FAHLENB RACH R. Founder-CEOs, investment decisions, and stock market performance[J]. Journal of financial and quantitative analysis, 2009, 44 (2): 439-466.

[58] FAMA E F, JENSEN M C. Agency problems and residual claims[J]. Journal of law & economics, 1983, 26 (2): 27-49.

[59] FAN J P H, WONG T J, ZHANG T. Founder succession and accounting properties[J]. Contemporary accounting research, 2012, 29 (1): 283-311.

[60] FARH J L, HACKETT R D, LIANG J. Individual-level cultural values as moderators of perceived organizational support-employee outcome rela-tionships in China: comparing thee effects of power distance and traditionality[J]. Academy of man-agement journal, 2007, 50 (3): 715-729.

[61] FINOTTO V, MORETTI A. Unveiling the founder effect: a conceptual framework of entrepreneurial imprinting[J]. Socialence electronic publishing, 2014, 4 (2): 364-398.

[62] FRIESL M, SACKMANN S A, KREMSER S. Knowledge sharing in new organizational entities: the impact of hierarchy, organizational context, micro-politics and suspicion[J]. Cross cultural management: an international journal, 2011, 18 (1): 71-86.

[63] GAO J, LI J, CHENG Y, et al. Impact of initial conditions on new venture success: a longitudinal study of new technology-based firms[J]. International journal of innovation management, 2010, 14 (1): 41-56.

[64] GARCÍA-ALVAREZ E, LÓPEZ-SINTAS J, GONZALVO P S. Socialization patterns of successors in firs-to second-generation[J]. Family businesses, 2002, 15 (3): 189-203.

[65] GEROSKI P A, MATA J, PORTUGAL P. Founding conditions and the survival of new firms[J]. Strategic management journal, 2010, 31 (5): 510-529.

[66] BOZER G, LEVIN L, SANTORA J C. Succession in family business: multi-source perspectives[J]. Journal of small business & enterprise development, 2017, 24 (2): 256-283.

[67] GOEL S, JONES R J. Entrepreneurial exploration and exploitation in family business a systematic review and future directions[J]. Family business review, 2016, 29 (1): 94-120.

[68] GÓMEZ-MEJÍA L R, HAYNES K T, NÚÄEZ-NICKEL M. Socioemotional wealth and business risks in family-controlled firms: evidence from spanish olive oil mills[J]. Administrative science quarterly, 2007, 52 (1): 106-137.

[69] GRANOVETTER M. Economic action and social structure: the problem of embeddedness[J]. American journal of sociology, 1985, 91 (3): 481-510.

[70] GRANT R M. Toward a knowledge-based theory of the firm[J]. Strategic management journal, 1996, 17 (S2): 109-122.

[71] GREENWOOD R, HININGS C R. Understanding radical organizational change: bringing together the old and the new institutionalism[J]. Academy of management review, 1996, 21 (4): 1022-1054.

[72] GOMEZ-MEJIA L R, NUEZ-NICKEL M, GUTIERREZ I. The role of family ties in agency contracts[J]. The academy of management journal, 2001, 44 (1): 81-95.

[73] GRUBER M, FAUCHART E. Darwinians, communitarians and missionaries: the role of founder identity in entrepreneurship[J]. Academy of management journal, 2011, 54 (5): 935-957.

[74] GUO Y, CAO Y, SONG Y. Organizational imprinting, managerial cognition, and firm strategy in emerging economies[C]//Academy of management annual meeting proceedings, 2013.

[75] HAMBRICK D C, MASON P A. Upper echelons: the organization as a reflection of its top managers[J]. Academy of management review, 1984, 9 (2): 193-206.

[76] HANDLER W C. Succession in family businesses: a review of the research[J]. Family business review, 1994, 7 (2): 133-157.

[77] HANNAN M T, FREEMAN J. The population ecology of organizations[J]. American journal of sociology, 1977, 82(5): 929-964.

[78] HARRIS L C, OGBONNA E. The strategic legacy of company founders[J]. Long range planning, 1999, 32(3): 333-343.

[79] HARVEY J H. What can the family contribute to business examining contractual relationship[J]. Family business review, 1999, 12(1): 612-621.

[80] HARVEY M, EVANS R E. Family business and multiple levels of conflict.[J]. Family business review, 1994, 7(4): 331-348.

[81] HELFAT C E, PETERAF M A. The dynamic resource-based view: capability lifecycles[J]. Strategic management journal, 2003, 24(10): 997-1010.

[82] HIGGINS M C. Career imprints: creating leaders across an industry[M]. San Francisco, CA: Jossey-Bass, 2005.

[83] HONG H, GIMEND J. Becoming a founder: how founder role-identity affects entrepreneurial transitions and persistence in founding[J]. Journal of business venture, 2010, 25(1): 41-53.

[84] BRETON-MILLER I L, MILLER D, STEIER L P. Toward an integrative model of effective FOB succession[J]. Entrepreneurship theory and practice, 2004, 28(4): 305-328.

[85] IMMELMANN K. Ecological significance of imprinting and early learning[J]. Annual review of ecology systematics, 1975, 6: 15-37.

[86] JASKIEWICZ P, COMBS J G, RAU S B. Entrepreneurial legacy: toward a theory of how some family firms nurture transgenerational entrepreneurship[J]. Journal of business venturing, 2015(30): 29-49.

[87] JEHN K A, MANNIX E A. The dynamic nature of conflict: a longitudinal study of intragroup conflict and group performance[J]. Academy of management journal, 2001, 44(2): 238-251.

[88] JOHNSON V. What makes organizational imprints stick? Identity persistence at the paris opera from louis XIV to the french revolution[R]. Working paper, University of Michigan, 2008: 1-56.

[89] JOHNSON V. What is organizational imprinting? Cultural entrepreneurship in the founding of the paris opera[J]. American journal of sociology, 2007, 113(1): 97-127.

[90] JONES C. Coevolution of entrepreneurial careers, institutional rules and competitive dynamics in American film, 1895—1920[J]. Organization studies, 2001, 22(6): 911-944.

[91] KAPLAN S, STRÄMBERG P. Financial contracting theory meets the real world: an empirical analysis of venture capital contracts[J]. Review of economic studies, 2003, 70(2): 281-315.

[92] KARRA N, TRACEY P, PHILLIPS N. Altruism and agency in the family firm: exploring the role of family, kinship, and ethnicity[J]. Entrepreneurship theory & practice, 2006, 30(6): 861-878.

[93] GERSICK K E, LANSBERG I, DESJARDINS M, et al. Stages and transitions: managing change in the family business[J]. Family business review, 1999, 12(4): 287-297.

[94] KELLERMANNS F W, EDDLESTON K A. Feuding families: when conflict does a family firm good[J]. Entrepreneurship theory and practice, 2004, 28(3): 209-228.

[95] KELLERMANNS F W, EDDLESTON K A, BARNETT T, et al. An exploratory study of family member characteristics and involvement: effects on entrepreneurial behavior in the family firm[J]. Family business review, 2008, 21(1): 1-14.

[96] KIMBERLY J R. Issues in the creation of organizations: initiation, innovation, and institutionalization[J]. Academy of management journal, 1979, 22(3): 437-457.

[97] KIMBERLY J R, BOUCHIKHI H. The dynamics of organizational development and change: how the past shapes the present and constrains the future[J]. Organization science, 1995, 6(1): 9-18.

[98] KRIAUCIUNAS A, KALE P. The impact of socialist imprinting and search on resource change: a study of firms in lithuania[J]. Strategic management journal, 2006, 27(7): 659-679.

[99] KRIAUCIUNAS A, SHINKLE G. Organizational imprinting: informing girm behaviorin domestic and international context[R]. Working Paper, Purdue University, 2008: 1-24.

[100] KIM Y, GAO F Y. An empirical study of human resource management practices in family firms in China[J]. International journal of human resource management, 2010, 21: 2095-2119.

[101] KIMBERLY J. Issues in the creation of organizations: initiation, innovation, and institutionalization [J]. Academy of management journal, 1979, 22(3): 437-457.

[102] KOGUT B, ZANDER U. Did socialism fail to innovate? A natural experiment of the two zeiss companies[J]. American sociological review, 2000, 65(2): 169-190.

[103] LAMBERG J, LAURILA J. Materializing the societal effect: organizational forms and changing patterns of dominance in the paper industry[J]. Organization studies, 2005, 26(12): 1809-1830.

[104] LAMBRECHT J. Multigenerational transition in family businesses: a new explanatory model[J]. Family business review, 2005, 18(18): 267-282.

[105] LANSBERG I. The succession conspiracy[J]. Family business review, 1988, 1(2): 119-143.

[106] LIAO S H, FEI W C, LIU C T. Relationships between knowledge inertia, organizational learning and organization innovation[J]. Technovation, 2008, 28(4): 183-195.

[107] LIU X. Corruption culture and corporate misconduct [J]. Journal of financial economics, 2016, 122(2): 307-327.

[108] LONGENECKER J G, SCHOEN J E. Management succession in the family business[J]. Journal of small business management, 1978, 16(3): 1-6.

[109] LÜSCHER L S, LEWIS M W. Organizational change and managerial sensemaking: working through paradox[J]. Academy of management journal, 2008, 51(2): 221-240.

[110] MAHONEY J. Path dependence in historical sociology[J]. Theory and society, 2000, 29(4): 507-548.

[111] MAJUMDAR S K. The hidden hand and the license raj to an evaluation of the relationship between age and the growth of firms in Iindia[J]. Journal of business venturing, 2004, 19(1): 107-125.

[112] MALONI M J, HIATT M S, ASTRACHAN J H. Supply management and family business: a review and call for research[J]. Journal of purchasing and supply management, 2017, 23(2): 123-136.

[113] MARIA K. Cognitive styles in the context of modern psychology: toward an Integrated framework of cognitive style[J]. Psychological bulletin, 2007, 133(3): 464-481.

[114] MARIA M, WILLIAM D B. Global Entrepreneurship Monitor (GEM) -National Entrepreneurship Assessment United States of America-2003 Executive Report [C]. Dallas, 2001.

[115] MARQUIS C, QIAN C. Corporate social responsibility reporting in China: symbol or substance?[J]. Organization science, 2014, 25(1): 127-148.

[116] MARQUIS C. The pressure of the past: network imprinting in intercorporatecommunities[J]. Administrative science quarterly, 2003, 48(4): 655-689.

[117] MARQUIS C, HUANG Z. Acquisitions as exaptation: the legacy of founding institutions in the US commercial banking industry[J]. Academy of management journal, 2010, 53(6): 1441-1473.

[118] MARQUIS C, TILCSIK A. Imprinting: toward a multilevel theory[J]. Academy of management annals, 2013, 7(1): 193-243.

[119] MATHIAS B D, WILLIAMS D W, SMITH A R. Entrepreneurial inception: the role of imprinting in entrepreneurial action[J]. Journal of business venturing, 2015, 30(1): 11-28.

[120] MC E B, JAFFEE J, TORTORIELLO M. Not all bridging ties are equal: network imprinting and firm

growth in the nashville legal industry, 1933—1978[J]. Organization science, 2012, 23（2）: 547-563.

[121] MELIN L, NORDQVIST M. The reflexive dynamics of institutionalization: the case of the family business[J]. Strategic organization, 2007, 5（3）: 321-333.

[122] MEMULLEN J S, WARNICK B J. To nurture or groom? The parent-founder succession dilemma[J]. Entrepreneurship theory & practice, 2015, 39（6）: 1379-1412.

[123] MEYER J W, SCOTT W R. Organizational environments: ritual and rationality[M]. Beverly Hills: Sage Publications, 1983.

[124] NELSON T. The persistence of founder influence: management, ownership, and performance effects at initial public offering[J].Strategic management journal, 2003, 24（8）: 707-724.

[125] MILANOV H, FERNHABER A S. The impact of early imprinting on the evolution of new venture networks[J].Journal of business venturing, 2009, 24（11）: 46-61.

[126] MILLER D, FRIESEN P H. Strategy-making and environment: the third link[J]. Strategic management journal, 1983, 4（3）: 221-235.

[127] MILLER D, LEE J, CHANG S. Filling the institutional void: the social behavior and performance of family vs non-family technology firms in emerging markets[J]. Journal of international business studies, 2009, 40（5）: 802-817.

[128] MINTZBERG H. Crafting strategy[J]. Harvard business review, 1987, 65（4）: 66-75.

[129] MILANOV H, SHEPHERD D A. The importance of the first relationship: the ongoing influence of initial network on future status[J]. Strategic management journal, 2013, 34（6）: 727-750.

[130] MINTZBERG H, WATERS J A. Tracking strategy in an entrepreneurial firm[J]. Academy of management journal, 1982, 25（3）: 465-499.

[131] MUSTAKALLIO M, AUTIO E, ZAHRA S A. Relational and contractual governance in family firms: effects on strategic decision making[J]. Family business review, 2002, 15（3）: 205-222.

[132] NAHAPIET J, GHOSHAL S. Social capital, intellectual capital, and the organizational advantage[J]. Academy of management review, 1998, 23（2）: 242-266.

[133] NALDI L, NORDQVIST M, KARIN S, et al. Entrepreneurial orientation, risk taking, and performance in family firms[J]. Family business review, 2007, 20（1）: 33-47.

[134] NONAKA I, TAKEUCHI H. The knowledge creating company[M]. New York: Oxford University Press, 1995.

[135] NORDQVIST M, MELIN L. Entrepreneurial families and family firms[J]. Entrepreneurship and regional development, 2010, 22（3-4）: 211-239.

[136] NORDQVIST M, ZELLWEGER T. Transgenerational entrepreneurship: exploring growth and perform- dance in family firms across generations[J]. International small business journal, 2010, 29（6）: 730-731.

[137] OLSON P D, ZUIKER V S, DANES S M, et al. The impact of the family and the business on family business sustainability [J]. Journal of business venturing, 2003, 18（5）: 639-666.

[138] OSNES G. Succession and authority: a case study of an african family business and a clan chief [J]. International journal of cross cultural management, 2011, 11: 185-201.

[139] GEROSKI P A, JOSÉ M, PEDRO P. Founding conditions and the survival of new firms[J]. Strategic management journal, 2010, 31（5）: 510-529.

[140] PARK S H, LUO Y. Guanxi and organizational dynamics: organizational networking in Chinese firms[J]. Strategic management journal, 2001, 22（5）: 455-477.

[141] PARKER C S. Family firms and the "willing successor" problem[J]. Entrepreneurship theory & practice, 2016, 40（6）: 1241-1259.

［142］PENG Y. Kinship networks and entrepreneurs in China's transitional economy 1[J]. American journal of sociology, 2004, 109（5）: 1045-1074.

［143］BRYANT P T. Imprinting by design the microfoundations of entrepreneurial adaptation[J]. Entrepreneurship theory and practice, 2014, 38（5）: 1081-1102.

［144］PETERS T J, WATERMAN R H. In search of excellence: lessons from America's best-run companies[M]. NY: Harper and Row, 1982: 8-19.

［145］PHILLIPS D J. Organizational genealogies and the persistence of gender inequality: the case of silicon valley law firms[J]. Administrative science quarterly, 2005, 50（3）: 440-472.

［146］PLEHN-DUJOWICH J M. Dynamic relationship between entrepreneurship, unemployment, and growth: evidence from U.S. industries[R]. Report of the office of advocacy in the United States small business administration, 2009.

［147］POLITIS D. The process of entrepreneurial learning: a conceptual framework[J]. Entrepreneurship theory and practice, 2005（29）: 399-424.

［148］PRAMODITA S, JAMES J C, JESS H C. Succession planning as planned behavior: some empirical results[J]. Family business review, 2003, 16: 11-15.

［149］PRAMODITA S. An overview of the field of family business studies: current status and directions for the future[J]. Family business review march, 2004（17）: 11-36.

［150］PUCK J, RYGL D, KITTLER M. Cultural antecedents and performance consequences of open communication and knowledge transfer in multicultural process-innovation teams[J]. Organisational transformation & social change, 2007, 3（2）: 223-241.

［151］RAJAGOPALAN N, SPREITZER G M. Toward a theory of strategic change: a multi-lens perspective and integrative framework[J]. The academy of management review, 1997, 22（1）: 48-79.

［152］RANDERSON K, DOSSENA G, FAYOLLE A. The futures of family business: family entrepreneurship[J]. Futures, 2016, 75: 36-43.

［153］ROBERTS P W, KLEPPER S, HAYWARD S. Founder backgrounds and the evolution of firm size[J]. Industrial and corporate change, 2011, 20（6）: 1515-1538.

［154］ROGOFF E G, HECK R K Z. Evolving research in entrepreneurship and family business: recognizing family as the oxygen that feeds the fire of entrepreneurship[J]. Journal of business venturing, 2003, 18（5）: 559-566.

［155］SCHEIN E H. The individual, the organization, and the career: a conceptual scheme[J]. The journal of applied behavioral science, 1971（4）: 401-426.

［156］SCHEIN E H. The role of the founder in creating organizational culture[J]. Organizational dynamics, 1983, 12（1）: 13-28.

［157］SCOTT R W. Institutions and organizations: ideas, interests & identities[M]. London: SAGE Puhlications, 2007.

［158］SEHREYOGG G, SYDOW J. Organizational path dependence: a process view[J]. Organization studies, 2011, 32（3）: 321-335.

［159］SELZNICK P. Leadership in administration: a sociological interpretation[M]. Oakland: University of California Press, 1984.

［160］SE-YEON A. Founder succession, the imprint of founders' legacies, and long-term corporate survival[J]. Sustainability, 2018, 10（5）: 1-15.

［161］SHANE S. Prior knowledge and the discovery of entrepreneurial opportunities[J]. Organization science, 2000, 11（4）: 448-469.

[162] SHANE S, VENKATARAMAN S. The promise of entrepreneurship as a field of research[J]. Academy of management review, 2000, 25 (1): 217-226.

[163] SHARMA P. Determinants of initial satisfaction with the succession process in family firms: a conceptual model[J]. Entrepreneurship theory & practice, 2001, 8 (3): 17.

[164] SHARMA P, CHRISMAN J J, CHUA J H. Succession planning as planned behavior: some empirical results[J]. Family business review, 2003, 16 (1): 1-15.

[165] SHARMA P, IRVING P G. Four bases of family business successor commitment: antecedents and consequences[J].Entrepreneurship theory and practice, 2005, 29 (1): 13-33.

[166] SHINKLE G A, KRIAUCIUNAS A P. The impact of current and founding institutions on strength of competitive aspirations in transition economies[J]. Strategic management journal, 2012, 33 (4): 448-458.

[167] SIEGER P, ZELLWEGER T, NASON R S, et al. Portfolio entrepreneurship in family firms: a resource-based per-spective[J]. Strategic entrepreneurship journal, 2011 (5): 327-351.

[168] SIMSEK Z, FOX B C, HEAVEY C, "What's past is prologue" a framework, review and future directions for organizational research on imprinting[J]. Journal of management, 2015 (41): 288-317.

[169] STINCHCOMBE A L. Social structure and organizations[M]//MARCH J G. Handbook of organizations. Chicago: Rand McNally, 1965: 142-193.

[170] SODA G, USAI A, ZAHEER A. Network memory: the influence of past and current networks on performance[J]. Academy of management journal, 2004, 47 (6): 893-906.

[171] STAVROU E T. A four factor model: a guide, to planning next generation in the family firm[J]. Family business review, 1998, 11 (2): 135-142.

[172] STEIER L. New venture creation and organization: a familial subnarrative[J]. Journal of business research, 2007, 60 (10): 1099-1107.

[173] STEIER L. Next-generation entrepreneurs and succession: an exploratory study of modes and means of managing social capital[J]. Family business review, 2001, 14 (3): 259-276.

[174] STRAUSS G, SHUEN A, CHANDLER A D. Scale and scope: the dynamics of industrial capitalism[J]. Administrative science quarterly, 1991, 36 (3): 497.

[175] SULLIVAN B N, TANG Y, MARQUIS C. Persistently learning: how small-world network imprints affect subsequent firm learning[J]. Strategic organization, 2014 (12): 180-199.

[176] SWAMINATHAN A. Environmental conditions at founding and organizational mortality: atrial—by-firemodel[J]. Academy of management journal, 1996, 39 (5): 1350-1377.

[177] TAN W L, FOCK S T. Coping with growth transitions: the case of Chinese family businesses in singapore[J]. Family business review, 2001, 4 (2): 123-139.

[178] THOMPSON J D. Organizations in action: social science bases of administrative theory[J]. Social science electronic publishing, 1967, 48 (3): 498.

[179] TIMOTHY W F. Letting go[J]. Cornell hotel & restaurant administration quarterly, 1986, 64 (5): 14-18.

[180] TSAI W, GHOSHAL S. Social capital and value creation: the role of intrafirm networks[J]. Academy of management journal, 1998, 41 (4): 464-476.

[181] TUSHMAN M L, ROMANELLI E. Organizational evolution: a metamorphosis model of convergence and reorientation[J]. Research in organizational behavior, 1985 (7): 171-222.

[182] UHLANER L M, KELLERMANNS F W, EDDLESTON K A, et al. The entrepreneuring family: a new paradigm for family business research[J]. Small business economics, 2012, 38 (1): 1-11.

[183] VICTOR B, BLACKBURN R S. Interdependence: an alternative conceptualization[J]. Academy of

[184] VILLALONGA B, AMIT R. How do family ownership, control, and management affect firm value? [J] Journal of financial economics, 2006, 80（2）: 385-417.

[185] WARD J L. Growing the family business: special challenges and best practices[J]. Family business review, 1997, 10（4）: 323-337.

[186] WARREN B. Organizational origins: entrepreneurial and environmental imprinting of the time of founding[M]. Cambridge, MA: Ballinger, 1988: 33-51.

[187] WEI Y F. Organizational imprinting and response to institutional complexity: evidence from publicly-traded Chinese state-owned firms in Hong Kong[J]. Management and organization review, 2017, 54（10）: 85-112.

[188] WELCH C, PICKKARI R, PLAKOYIANNAKI E, et al. Theorising from case studies: towards a pluralist future for international business research[J]. Journal of international business studies, 2011, 42（5）: 740-762.

[189] GIBB DYER JR W. The family: the missing variable in organizational research[J]. Entrepreneurship theory and practice, 2003, 27（4）: 401-416.

[190] WOLLIN A. Punctuated equilibrium: reconciling theory of revolutionary and incremental change[J]. Systems research & behavioral science, 2010, 16（4）: 359-367.

[191] YIN R K. Case study research: design and methods[M]. Thousand Oaks: Sage Publications Inc, 2003.

[192] ZAHRA S A. Entrepreneurial risk taking in family firms[J]. Family business review, 2005, 18（1）: 23-40.

[193] ZAHRA S A. Organizational learning and entrepreneurship in family firms: exploring the moderating effect of ownership and cohesion[J]. Small business economics, 2012, 38（1）: 51-65.

[194] ZARING O, ERIKSSON C M. The dynamics of rapid industrial growth: evidence from sweden's information technology industry, 1990—2004[J]. Industrial & corporate change, 2009, 18（3）: 507-528.

[195] ZELLWEGER T, CHRISMAN J J, CHUA J H, et al. Social structures, social relationships and family firms[J]. Entrepreneurship theory and practice, 2019, 43（2）: 207-223.

[196] ZELLWEGER T, RICHARD M, SIEGER P, et al. How much am I expected to pay for my parents' firm? An institutional logics perspective on family discounts[J]. Entrepreneurship theory and practice, 2016, 40（5）: 1041-1069.

[197] ZHENG Y. Unlocking founding team prior shared experience: a transactive memory system perspective[J]. Journal of business venturing, 2012, 27（5）: 577-591.

[198] TAMMAR B Z. Institutionalization as an interplay between actions, meanings and actors: the case of a rape crisis center in israel[J]. Academy of management journal, 2002, 45（1）: 234-254.

[199] ZYGLIDOPOULOS S. Initial environmental conditions and technological change[J]. Journal of management studies, 1999, 36（2）: 241-262.

[200] 鲍树琛, 许永斌. 家族企业代际传承的制度演变分析 [J]. 兰州学刊, 2020（12）: 138-148.

[201] 蔡庆丰, 陈熠辉, 吴杰. 家族企业二代的成长经历影响并购行为吗? 基于我国上市家族企业的发现 [J]. 南开管理评论, 2019, 22（1）: 139-150.

[202] 程晨. 家族企业代际传承: 创新精神的延续抑或断裂? [J]. 管理评论, 2018（6）: 81-92.

[203] 陈传明. 企业战略调整的路径依赖特征及其超越 [J]. 管理世界, 2002（6）: 94-101.

[204] 陈东. 私营企业出资人背景、投机性投资与企业绩效 [J]. 管理世界, 2015（8）: 97-119.

[205] 陈慧. 童年经历对创业企业领导风格影响分析 [J]. 中国教育学刊, 2012（12）: 36-39.

[206] 陈建林, 贺凯艳. 家族企业管理模式异质性对创新的影响: 家族企业创新研究的争论与整合 [J]. 软科学, 2021, 35（6）: 58-62.

［207］陈建林，夏泽维，李瑞琴. 家族企业商会资本代际传承研究：基于中国上市家族企业的实证研究 [J]. 外国经济与管理，2020，42（11）：125-139.

［208］陈琳，袁志刚. 授之以鱼不如授之以渔？：财富资本、社会资本、人力资本与中国代际收入流动 [J]. 复旦学报（社会科学版），2012（4）：99-112.

［209］陈凌，应丽芬. 代际传承：家族企业继任管理和创新 [J]. 管理世界，2003（6）：89-97.

［210］陈淑娟. 东方管理视角下中国家族企业接班传承研究 [D]. 上海：复旦大学，2011.

［211］陈晓萍，徐淑英，樊景立. 组织与管理研究的实证方法 [M]. 北京：北京大学出版社，2012.

［212］陈文婷. 家族企业跨代际创业传承研究：基于资源观视角的考察 [J]. 大连：东北财经大学学报，2012（4）：3-9.

［213］陈晓萍，徐淑英，樊景立. 组织与管理研究的实证方法 [M]. 北京：北京大学出版社，2012.

［214］储小平，李桦. 创业式接班 [J]. 北大商业评论，2013（12）：6-8.

［215］戴维奇，刘洋，廖明情. 烙印效应：民营企业谁在"不务正业"?[J]. 管理世界，2016（5）：99-115i，187-188.

［216］邓浩，贺小刚，肖玮凡. 亲缘关系与家族企业的高管变更：有限利他主义的解释 [J]. 经济管理，2016，38（10）：66-86.

［217］窦军生，贾生华. 个人意愿、家族承诺与家族企业传承计划的实施 [J]. 中大管理研究，2007（4）：1-18.

［218］窦军生，贾生华. "家业"何以长青？：企业家个体层面家族企业代际传承要素的识别 [J]. 管理世界，2008（9）：105-117.

［219］窦军生，贾生华. 家族企业代际传承影响因素研究述评 [J]. 外国经济与管理，2006（9）：52-58.

［220］窦军生，李生校，邬家瑛. "家和"真能"万事"兴吗？：基于企业家默会知识代际转移视角的一个实证检验 [J]. 管理世界，2009（1）：108-120.

［221］窦军生，邬爱其. 家族企业传承过程演进：国外经典模型评介与创新 [J]. 外国经济与管理，2005，27（9）：52-58.

［222］窦军生，张芯蕊，李生校，等. 继承人培养模式何以影响家族企业传承绩效：继承人受认可度的中介效应 [J]. 重庆大学学报（社会科学版），2020，26（5）：54-70.

［223］杜媛. 何种企业适合双重股权结构？：创始人异质性资本的视角 [J]. 经济管理，2020，42（9）：160-175.

［224］段发明，党兴华. 高管领导行为对组织认知和技术创新绩效的影响：区分高管是否为创始人的实证研究 [J]. 管理工程学报，2016，30（2）：1-8.

［225］范博宏. 交托之重：范博宏论家族企业传承 01[M]. 北京：东方出版社，2014.

［226］冯旭南. 债务融资和掠夺：来自中国家族上市公司的证据 [J]. 经济学（季刊），2012（3）：943-968.

［227］盖尔西克. 家族企业的繁衍 [M]. 北京：经济日报出版社，1998.

［228］郭霖，帕德瑞夏·弗莱明. 企业家信任水平、组织结构与企业成长：中国中小高科技企业的一个实证分析 [J]. 厦门大学学报（哲学社会科学版），2005（1）：103-110.

［229］郭超. 子承父业还是开拓新机：二代接班者价值观偏离与家族企业转型创业 [J]. 中山大学学报（社会科学版），2013，53（2）：189-198.

［230］韩亦，郑恩营. 组织印记与中国国有企业的福利实践 [J]. 社会学研究，2018，33（3）：51-73.

［231］贺小刚，李新春，连燕玲. 家族权威与企业绩效：基于广东省中山市家族企业的经验研究 [J]. 南开管理评论，2007，10（10）：75-81.

［232］贺小刚，连燕玲. 家族权威与企业价值：基于家族上市公司的实证研究 [J]. 经济研究，2009（4）：90-102.

［233］贺小刚，燕琼琼，梅琳. 创始人离任中的权力交接模式与企业成长：基于我国上市公司的实证研究 [J]. 中国工业经济，2011（10）：98-108.

[234] 何轩, 陈文婷, 李新春. 赋予股权还是泛家族化: 家族企业职业经理人治理的实证研究 [J]. 中国工业经济, 2008 (5): 109-119.

[235] 华斌, 陈忠卫. 高管团队凝聚力、冲突与组织绩效: 基于创业过程的研究 [J]. 当代财经, 2013 (12): 69-78.

[236] 范博宏, 莫顿·班纳德森. 家族企业规划图 [M]. 北京: 东方出版社, 2015.

[237] 胡宁. 家族企业创一代离任过程中利他主义行为研究: 基于差序格局理论视角 [J]. 南开管理评论, 2016, 19 (6): 168-176.

[238] 胡玮玮. 浙商家族企业隐性知识代际传承矩阵: 基于多案例的探索性研究 [J]. 商业经济与管理, 2014 (1): 50-58.

[239] 胡旭阳, 吴一平. 中国家族企业政治资本代际转移研究: 基于民营企业家参政议政的实证 [J]. 中国工业经济, 2016 (1): 146-160.

[240] 黄海杰, 吕长江, 朱晓文. 二代介入与企业创新: 来自中国家族上市公司的证据 [J]. 南开管理评论, 2018, 21 (1): 6-16.

[241] 黄婷, 徐鸿昭, 朱沆, 等. 铺路还是设障? 领导人的社会情感财富与企业战略变革: 对华帝股份跨代继任的案例研究 [J]. 南方经济, 2018 (10): 69-91.

[242] 黄勇, 彭纪生. 组织印记研究回顾与展望 [J]. 南大商学评论, 2014 (3): 119-139.

[243] 黄永聪. 创建期制度铭记与中国企业跨省并购速度的关系研究 [D]. 广州: 华南理工大学, 2015.

[244] 李婵, 葛京, 游海. 制度工作视角下家族企业代际传承过程中权威转换机制的案例研究 [J]. 管理学报, 2021, 18 (8): 1128-1137.

[245] 李贲, 吴利华. 资源依赖还是创新制胜?: 基于组织"烙印"作用的新企业生存研究 [J]. 外国经济与管理, 2018, 40 (2): 35-50.

[246] 李锐昌. 家族企业传承中代际冲突的成因、类型及影响 [J]. 管理案例研究与评论, 2021, 14 (1): 20-36.

[247] 李思飞, 裘泱. 家族企业传承意愿与社会资本投资 [J]. 金融评论, 2018 (2): 44-55.

[248] 李维安, 徐建. 董事会独立性、总经理继任与战略变化幅度: 独立董事有效性的实证研究 [J]. 南开管理评论, 2014, 17 (1): 4-13.

[249] 李卫宁, 韩荷馨, 吕源. 基于代际关系视角的家族企业传承机制: 以三个中国家族企业为例 [J]. 管理案例研究与评论, 2015, 8 (3): 199-209.

[250] 李卫宁, 张妍妍, 吕源. 家族企业传承过程中的代际冲突: 基于三个家族企业的案例研究 [J]. 管理案例研究与评论, 2018 (2): 74-88.

[251] 李新春, 韩剑, 李炜文. 传承还是另创领地?: 家族企业二代继承的权威合法性建构 [J]. 管理世界, 2015 (6): 110-124.

[252] 李新春, 何轩, 陈文婷. 战略创业与家族创业精神的传承: 基于百年老字号李锦记的案例研究 [J]. 管理世界, 2008, 10: 127-140, 188.

[253] 李新春, 马骏, 何轩, 等. 家族治理的现代转型: 家族涉入与治理制度的共生演进 [J]. 南开管理评论, 2018, 21 (2): 160-171.

[254] 李新春, 苏晓华. 总经理继任: 西方的理论和我国的实践 [J]. 管理世界, 2011 (4): 145-152.

[255] 李新春, 张鹏翔, 叶文平. 家族二代认知差异与企业多元化战略调整: 基于中国上市家族企业二代进入样本的实证研究 [J]. 中山大学学报 (社会科学版), 2016, 56 (3): 183-193.

[256] 李新剑. 民营企业创始人"退隐"后干预企业的机制研究 [J]. 宁夏大学学报 (人文社会科学版), 2016, 38 (2): 166-168.

[257] 李艳双, 马朝红, 杨妍妍. 企业家精神与家族企业战略转型: 基于多案例的研究 [J]. 管理案例研究与评论, 2019, 12 (3): 273-289.

[258] 李艳双, 杨妍妍, 王文婷. 家族企业社会情感财富的传承路径与路障: 基于多案例的研究 [J]. 管理案例研究与评论, 2020, 13 (1): 37-52.

[259] 李艳双, 朱丽娜, 杨妍妍. 企业家创新创业精神形成机理与传承路径的多案例研究 [J]. 科学决策, 2020 (10): 19-43.

[260] 李忆, 司有和. 组织结构、创新与企业绩效: 环境的调节作用 [J]. 管理工程学报, 2009, 23 (4): 20-26.

[261] 连燕玲, 贺小刚, 张远飞. 家族权威配置机理与功效: 来自我国家族上市公司的经验证据 [J]. 管理世界, 2011 (11): 105-117.

[262] 梁能. 跨国经营概论 [M]. 上海: 上海人民出版社, 1995.

[263] 梁强, 王博, 宋丽红, 等. 制度复杂性与家族企业成长: 基于正大集团的案例研究 [J]. 南开管理评论, 2020, 23 (3): 51-62.

[264] 梁强, 邹立凯, 宋丽红. 组织印记、生态位与新创企业成长: 基于组织生态学视角的质性研究 [J]. 管理世界, 2017 (6): 141-154.

[265] 梁上坤, 金叶子, 土宁, 等. 企业社会资本的断裂与重构: 基于雷士照明控制权争夺案例的研究 [J]. 中国工业经济, 2015 (4): 149-160.

[266] 林筠, 韩鑫, 张敏. 结合型与桥接型社会资本对双元创新的影响 [J]. 科学学研究, 2017, 35 (10): 1557-1566.

[267] 林筠, 吴莹莹, 张敏, 等. 陕西制造业利用内外部社会资本提升技术创新能力研究 [J]. 生产力研究, 2018 (5): 87-92.

[268] 刘白璐, 吕长江. 基于长期价值导向的并购行为研究: 以我国家族企业为证据 [J]. 会计研究, 2018 (6): 47-53.

[269] 刘海建, 陈传明. 企业组织资本、战略前瞻性与企业绩效: 基于中国企业的实证研究 [J]. 管理世界, 2007 (5): 83-93.

[270] 刘海建, 周小虎, 龙静. 组织结构惯性、战略变革与企业绩效的关系: 基于动态演化视角的实证研究 [J]. 管理评论, 2009, 21 (11): 92-100.

[271] 刘娇, 等. 家族企业价值观传承与战略变革: 基于探索性的案例分析 [J]. 南方经济, 2017 (8): 49-67.

[272] 刘静, 刘刚, 梁晗. 中国家族上市公司代际绩效差异的影响机制研究 [J]. 北京工商大学学报 (社会科学版), 2017, 32 (4): 116-126.

[273] 刘林. 基于信号理论视角下的企业家政治联系与企业市场绩效的关系研究 [J]. 管理评论, 2016, 28 (3): 93-105.

[274] 刘小玄, 韩朝华. 中国的古典企业模式: 企业家的企业 [J]. 管理世界, 1999 (6): 179-189.

[275] 刘鑫, 薛有志. CEO 继任、业绩偏离度和公司研发投入: 基于战略变革方向的视角 [J]. 南开管理评论, 2015, 18 (3): 34-47.

[276] 刘学方. 企业管理模式的变化对企业绩效的影响分析: 以家族企业为例 [J]. 经济学家, 2015 (4): 54-63.

[277] 陆可晶, 罗仲伟, 张源, 等. 家族跨代创业竞争优势获取路径研究: 基于扎根理论的探索性分析 [J]. 技术经济与管理研究, 2020 (1): 30-35.

[278] 马克斯·韦伯. 经济与社会: 下卷 [M]. 林荣远, 译. 北京: 商务印书馆, 1997.

[279] 马淑文. 家族社会资本、创业导向与初创期企业成长绩效关系研究 [J]. 商业经济与管理, 2011 (2): 51-57.

[280] 毛基业, 李晓燕. 理论在案例研究中的作用: 中国企业管理案例论坛 (2009) 综述与范文分析 [J]. 管理世界, 2010 (2): 10-113.

[281] 梅琳, 贺小刚, 李婧. 创始人渐进退出还是激进退出？对创业家族企业的实证分析 [J]. 经济管理, 2012（1）：60-70.

[282] 梅胜军. 转型变革中的组织危机感及其对战略选择的影响机制研究 [D]. 杭州：浙江大学, 2010.

[283] 孟范祥, 张文杰, 杨春河. 西方企业组织变革理论综述 [J]. 北京交通大学学报（社会科学版）, 2008, 7（2）：89-92.

[284] 孟领. 西方组织变革模型综述 [J]. 首都经济贸易大学学报, 2005, 7（1）：90-92.

[285] 闵亦杰, 陈志军, 李荣. 家族涉入与企业技术创新 [J]. 外国经济与管理, 2016, 38（3）：86-98.

[286] 潘凤文. 台湾家族企业传承之个案研究 [D]. 新北：辅仁大学, 2004.

[287] 庞仙君, 罗劲博, 彭涛. 风险资本给创业家族企业带来什么？：基于中国创业板上市公司的经验证据 [J]. 科学学与科学技术管理, 2015（5）：126-136.

[288] 石盛林, 陈圻, 张静. 高管团队认知风格对技术创新的影响：基于中国制造企业的实证研究 [J]. 科学学研究, 2011, 29（8）：1251-1257.

[289] 苏敬勤, 崔淼. 环境不确定性、能力基础与业务调整：理论与案例 [J]. 科研管理, 2011, 32（2）：106-113.

[290] 孙海法, 刘运国, 方琳. 案例研究的方法论 [J]. 科研管理, 2004, 25（2）：107-112.

[291] 孙秀峰, 宋泉昆, 冯浩天. 家族企业企业家隐性知识的代际传承：基于跨代创业视角的多案例研究 [J]. 管理案例研究与评论, 2017, 10（1）：20-33.

[292] 孙秀峰, 王雪梅, 宋泉昆. 家族企业代际传承影响企业经营绩效的路径：基于跨代转型创业与继承人社会资本的视角 [J]. 经济理论与经济管理, 2019（4）：98-112.

[293] 孙永风, 李垣. 转型经济下中国企业创新选择的实证研究：环境与组织因素 [J]. 管理工程学报, 2007, 21（1）：41-46.

[294] 唐琳琳. 组织变革领导力的概念模型及其效能机制研究 [D]. 杭州：浙江大学, 2009.

[295] 唐铭聪. 创业导向、市场导向与经营绩效之实证研究：社会资本之观点 [D]. 高雄：高雄科技大学, 1992.

[296] 唐跃军, 左晶晶. 所有权性质、大股东治理与公司创新 [J]. 金融研究, 2014（6）：177-192.

[297] 王呈斌. 家族企业代际传承的影响机理及其实证研究：以台州为例 [D]. 徐州：中国矿业大学, 2014.

[298] 王重鸣. 管理心理学 [M]. 北京：人民教育出版社, 2000.

[299] 王金朵. 家族企业"子承父业"接班模式研究 [J]. 时代经贸, 2011（32）：121-122.

[300] 王明琳, 周生春. 控制性家族类型 / 双重三层委托代理问题与企业价值 [J]. 管理世界, 2006（8）：83-103.

[301] 王向阳, 卢艳秋, 赵英鑫. 知识获取、路径依赖对企业创新能力的影响研究 [J]. 图书情报工作, 2011, 55（18）：106-148.

[302] 王奇, 吴秋明. 家族企业基因的代际传承机理研究 [J]. 福州大学学报（哲学社会科学版）, 2020（5）：61-68.

[303] 王雪莉, 张勉, 黄志超. 变革导向领导行为与知识转移：组织文化、知识转移与接受意愿的中介作用 [J]. 兰州大学学报（社会科学版）, 2013, 41（3）：89-95.

[304] 王砚羽, 谢伟. 历史的延续：组织印记研究述评与展望 [J]. 外国经济与管理, 2016（12）：91-102.

[305] 王扬眉, 梁果, 李爱君, 等. 家族企业海归继承人创业学习过程研究：基于文化框架转换的多案例分析 [J]. 管理世界, 2020, 36（3）：120-142.

[306] 王扬眉, 梁果, 王海波. 家族企业继承人创业图式生成与迭代：基于烙印理论的多案例研究 [J]. 管理世界, 2021, 37（4）：198-216.

[307] 王扬眉, 鞠芳辉, 梁果. 家族企业"创业DNA"跨代传承：基于烙印理论的多案例研究 [C]. 广州：创业与家族企业国际研讨会, 2016.

[308] 王扬眉, 吴琪, 罗景涛. 家族企业跨国创业成长过程研究: 资源拼凑视角的纵向单案例研究 [J]. 外国经济与管理, 2019, 41 (6): 105-125.

[309] 王扬眉, 叶仕峰. 家族性资源战略传承: 从适应性到选择性组合创业: 一个纵向案例研究 [J]. 南方经济, 2018 (10): 49-68.

[310] 汪祥耀, 金一禾. 家族企业代际传承及二代推动战略转型的绩效研究 [J]. 财经论丛, 2015 (11): 54-79.

[311] 魏春燕, 陈磊. 家族企业 CEO 更换过程中的利他主义行为: 基于资产减值的研究 [J]. 管理世界, 2015 (3): 137-150.

[312] 吴超鹏, 薛南, 枝张琦, 等. 家族主义文化、"去家族化" 治理改革与公司绩效 [J]. 经济研究, 2019, 54 (2): 182-198.

[313] 吴道友. 组织变革多阶段协同行为策略及其影响机制研究: 国际创业的视角 [D]. 杭州: 浙江大学, 2009.

[314] 吴炯. 家族企业传承中的社会资本代际调适: 基于海鑫集团的案例研究 [J]. 管理案例研究与评论, 2015, 8 (4): 303-322.

[315] 吴炯. 家族社会资本、企业所有权成本与家族企业分拆案例研究 [J]. 管理学报, 2013, 10 (2): 179-190.

[316] 吴炯. 家族企业剩余控制权传承的地位、时机与路径: 基于海鑫、谢瑞麟和方太的多案例研究 [J]. 中国工业经济, 2016 (4): 110-126.

[317] 吴炯, 胡敬婵. 代际传承与高管变更: 基于合法性的理论解释 [J]. 天津财经大学学报, 2019, 39 (4): 96-113.

[318] 吴炯, 李保杰. 家族企业接班者的政治关联、人力资本与跨代创业行为 [J]. 管理学报, 2015, 12 (11): 1638-1645.

[319] 吴炯, 王飞飞. 家族企业接班人社会嵌入与跨代创业 [J]. 科技进步与对策, 2021, 38 (13): 100-109.

[320] 吴炯, 王飞飞. "人在江湖, 身不由己": 家族企业接班人社会嵌入与跨代创业 [J]. 科技进步与对策, 2020, 11 (17): 76-86.

[321] 吴炯, 王飞飞. 社会嵌入背景下家族企业接班人与高管团队的关系协调: 基于跨代创业的案例分析 [J]. 南开管理评论, 2021, 3 (26): 98-120.

[322] 吴希金, 于永达. 浅议管理学中的案例研究方法: 特点、方法设计与有效性讨论 [J]. 科学学研究, 2004 (S1): 105-111.

[323] 夏立军, 郭建展, 陆铭. 企业家的 "政由己出": 民营 IPO 公司创始人管理、市场环境与公司业绩 [J]. 管理世界, 2012 (9): 132-141.

[324] 谢洪明, 葛志良, 王成. 社会资本、组织学习与组织创新的关系研究 [J]. 管理工程学报, 2008, 22 (1): 5-10.

[325] 谢守祥, 王雅芬. 家族企业代际传承的相关问题理论综述 [J]. 中国矿业大学学报 (社会科学版), 2017, 19 (1): 66-71.

[326] 辛金国, 吴雪婷. 家族企业政治联系与传承绩效实证研究: 基于社会情感财富理论的分析 [J]. 浙江社会科学, 2016 (10): 72-80.

[327] 许永斌, 鲍树琛. 代际传承对家族企业风险承担的影响 [J]. 商业经济与管理, 2019 (3): 50-60.

[328] 严若森, 杜帅. 代际传承对家族企业创新投入的影响: 社会情感财富理论视角 [J]. 科技进步与对策, 2018, 35 (8): 84-91.

[329] 杨繁, 葛建华, 朱棣. 历史印记与创业研究述评与展望 [J]. 管理评论, 2020, 17 (5): 781-790.

[330] 杨付, 张丽华. 团队成员认知风格对创新行为的影响: 团队心理安全感和工作单位结构的调节作用 [J]. 南开管理评论, 2012, 15 (5): 13-25.

[331] 杨俊,薛红志,牛芳.先前工作经验、创业机会与新技术企业绩效:一个交互效应模型及启示[J].管理学报,2011,8(1):116-125.

[332] 杨林.企业家认知、组织知识结构与企业战略变革关系的作用机制分析[J].科学学与科学技术管理,2010,31(12):132-138.

[333] 杨学儒,朱沆,李新春.家族企业的权威系统与代际传承[J].管理学报,2009,6(11):1492-1500.

[334] 应焕红.代际冲突:家族企业传承困境及解决路径[J].现代经济探讨,2009(4):16-20.

[335] 于斌斌.家族企业接班人的胜任 绩效建模:基于越商代际传承的实证分析[J].南开管理评论,2012,15(3):61-71.

[336] 余菁.案例研究与案例研究方法[J].经济管理,2004,20:24-29.

[337] 于树江,何舒雅,李艳双.企业家精神对家族企业产业转型的影响机理剖析[J].财会月刊,2021(4):101-109.

[338] 余向前,张正堂,张一力.企业家隐性知识、交接班意愿与家族企业代际传承[J].管理世界,2013(11):77-88.

[339] 袁彦鹏,鞠芳辉,刘艳彬.双元价值平衡与社会企业创业策略:基于创业者身份视角的多案例研究[J].研究与发展管理,2020,32(3):36-49.

[340] 张阿城,曾婧婧.政策不确定性如何影响企业绩效:一项基于Meta分析的检验[J].科技进步与对策,2021,9(1):57-67.

[341] 张光磊,刘善仕,彭娟.组织结构、知识吸收能力与研发团队创新绩效:一个跨层次的检验[J].研究与发展管理,2012,24(2):19-27.

[342] 张建君,张志学.中国民营企业家的政治战略[J].管理世界,2005(7):94-105.

[343] 张京心,廖子华,谭劲松.民营企业创始人的离任权力交接与企业成长:基于美的集团的案例研究[J].中国工业经济,2017(10):174-192.

[344] 张治军.社会资本与家族企业成长:基于嵌入自我的观点[J].东岳论丛,2011,32(2):151-154.

[345] 赵剑.基于企业DNA视角的企业进化机制研究[D].西安:陕西科技大学,2010.

[346] 赵晶,孟维炬.继承人社会资本对代际传承中企业创新的影响[J].中国人民大学学报,2016,30(3):91-105.

[347] 赵晶,张书博,祝丽敏.传承人合法性对家族企业战略变革的影响[J].中国工业经济,2015(8):130-144.

[348] 郑伯埙,林姿葶,蔡卓宇.家长式领导与部属效能:多层次分析观点[C].天津:中国社会心理学会2008年全国学术大会,2008.

[349] 郑登攀,李生校,王功博.两代共存治理、继任者培养与家族企业技术创新:基于浙江省数据的分析[J].科学学与科学技术管理,2020,41(8):80-95.

[350] 郑维敏.正反馈[M].北京:清华大学出版社,1998.

[351] 钟健.基于基因视角的中小企业成长动力研究[D].南昌:江西财经大学,2010.

[352] 朱德胜,周晓珮.股权制衡、高管持股与企业创新效率[J].南开管理评论,2016,19(3):136-144.

[353] 朱建安,陈凌.传统文化、制度转型与家族企业成长:第十届创业与家族企业国际研讨会侧记[J].管理世界,2015(6):164-167.

[354] 朱仁宏,伍兆祥,靳祥鹏.言传身教:价值观一致性、家族传承与企业成长关系研究[J].南方经济,2017(8):68-83.

[355] 朱蓉,曹丽卿.创业企业组织印记的来源、蛹变与绩效:以京东集团为例[J].管理案例研究与评论,2018,11(5):502-518.

[356] 祝振铎,李新春,叶文平."扶上马、送一程":家族企业代际传承中的战略变革与父爱主义[J].管理世界,2018,34(11):65-79.

[357] 曾春影，茅宁，易志高．CEO初次进入职场时的经济形势与企业盈余管理：基于烙印理论的实证 [J]．山西财经大学学报，2018（7）：68-81．

[358] 周辉，朱晓林．家族企业代际传承中关系网络异化影响因素研究 [J]．科技进步与对策，2016，33（8）：106-112．

[359] 周晓东．基于企业高管认知的企业战略变革研究 [D]．杭州：浙江大学，2006．

[360] 周晓虹．传统与变迁 [M]．北京：三联书店，1998：347．

[361] 周晓虹．冲突与认同：全球化背景下的代际关系 [J]．社会，2008（2）：20-38．

[362] 周晓虹．试论当代中国青年文化的反哺意义 [J]．青年研究，1988（11）：22-26．

[363] 周燕，葛建华．权威、认同与家族企业代际传承问题 [J]．当代财经，2011（3）：73-79．

[364] 邹立凯，黄夏韵，李新春．历史的"遗产"：长寿家族企业价值观导向研究 [J]．南开管理评论，2021，28（15）：14-44．

[365] 邹立凯，梁强，王博．基于权威转换视角的家族企业二代子女继任方式研究 [J]．管理学报，2019，16（12）：1771-1780．